应用型高等院校经管类系列实验教材·会 计

会计综合模拟实验

KuaiJi ZongHe MoNi ShiYuan

罗韵轩/主编 郭 琛 丁春贵 卢 燕/副主编

经济科学出版社
Economic Science Press

图书在版编目（CIP）数据

会计综合模拟实验／罗韵轩主编．—北京：经济科学出版社，2010.4（2016.1 重印）
（应用型高等院校经管类系列实验教材．会计）
ISBN 978－7－5058－9158－6

Ⅰ.①会… Ⅱ.①罗… Ⅲ.①会计学－高等学校－教材 Ⅳ.①F230

中国版本图书馆 CIP 数据核字（2010）第 044160 号

责任编辑：白留杰 凌 敏
责任校对：杨晓莹
版式设计：代小卫
技术编辑：李 鹏

会计综合模拟实验
罗韵轩 主编
经济科学出版社出版、发行 新华书店经销
社址：北京市海淀区阜成路甲 28 号 邮编：100142
教材编辑中心电话：88191354 发行部电话：88191540
网址：www.esp.com.cn
电子邮件：espbj3@esp.com.cn
北京中科印刷有限公司印装
787×1092 16 开 13.75 印张 300000 字
2010 年 8 月第 1 版 2016 年 1 月第 5 次印刷
ISBN 978－7－5058－9158－6 全套定价：38.90 元
（图书出现印装问题，本社负责调换）

总　序

实践教学是高等教育本质的必然要求，是践行应用性人才培养的必经之路，是地方行业性教学型本科院校办学的重要特征。近几年来，各高校经济与管理类专业实验教学已经逐步开展，把实验教学作为教学改革的抓手、知识融合的平台以及联系社会的桥梁，然而如何进一步完善实验教学体系、提高实验实践教学水平与质量已经成为各高校亟待解决的问题。应用型高等院校经管类系列实验教材以提高高等院校经济与管理类专业实验教学的建设水平为目的，以实验教材建设为突破口，探讨高等院校经济与管理类实验教材的新方向、新思路、新内容、新模式。

本系列实验教材的编写紧紧围绕“知行合一，能力为尚，积淀特色，共享协作”的地方行业性教学型经济与管理类实验教学理念，贯彻以现代教育技术为基本手段，以实验资源共享与应用为条件，强化理论教学与实践教学互动与互补，“实践与理论相结合”和在“做中学”的指导思想，强调实验教材建设与实验课程建设、实验项目建设、实验教师队伍建设以及深化实验教学改革相结合，力图通过系列教材建设规范实验教学内容和实验项目，促进实验教学质量的提高。

（一）本系列实验教材内容与教学方式符合实验教学规律和要求。具体表现在以下几个方面：

1. 实验教材以实验项目为章节，按如下体例编写：实验目的和实验要求；实验的基本原理；实验仪器、软件和材料或实验环境；实验方法和操作步骤；实验注意事项；数据处理和实验结果分析；实验报告。当然，对于不同的课程，根据其本身的学科特点，实验教材的编写体例并不完全一致。

2. 增加综合性、设计性、创新性实验项目的比例，并逐步将科研成果项目转化为教材的实验项目。

3. 与当前流行的实验平台软件或硬件及教材内容紧密结合，符合一般软件要求。

4. 充分体现以学生为主体，明确实验教学的内涵。实验教学过程体现以学生操作为主，教师辅导为辅，少量时间教师讲解，大部分时间学生操作的特点。

5. 按实验教学规律分配学时，并且有多余的实验项目供学生利用开放实验室自主学习。

6. 内容精练，主次分明，详略得当，文字通俗易懂，图表与正文密切配合。

（二）本系列实验教材遵循实验教学规律，体现时代特色，总体来说，具有以下四个特点：

1. 与现代典型案例相结合。以培养应用型人才为原则，根据实验教学大纲，注重理论联系实际，教材具有较强的实践性、新颖性、启发性和适用性，有利于培养学生的实践能力和创新能力。

2. 建设形式新颖。实验教材分为纸质实验教材和网络资源的形式；纸质教材实验报告尝试做成活页形式，或做成可撕下的带切割线形式；在纸质教材出版，配套建有供学生实验前和实验后学习使用的网络资源。

3. 实验内容创新。对于实验教材编写内容上的创新，一是凸显应用型人才培养特色实验项目，提高了综合性、设计性、创新性实验项目的比例；二是将教师的科研成果转化为本科学生实验教学项目。

4. 编写程序严格。对实验教材的申请立项的实验教材经由学院领导及专家进行立项审查；实验教材初稿经由相关同行专家给出鉴定，最终审核后，送交出版社评审出版。

本系列教材得到各方面人士的指导、支持和帮助，尤其是得到中国经济信息学会实验经济学与经济管理实验室专业委员会的专家，广东金电集团等多家业界人士，以及各高校同行老师们的支持和帮助，我们在此表示由衷的感谢。本系列实验教材尚处于探索阶段，作为一种努力和尝试，存在诸多不足之处，竭诚希望得到广大同行及相关专家的批评指正。

应用型高等院校经管类系列实验教材编委会

2009 年 12 月

前　言

高等教育肩负培养高素质应用型、科研型、创新型人才的重要使命。基于教育部于2007年2月17日下发《关于进一步深化本科教学改革，全面提高教学质量的意见》，各高校纷纷采取具体措施和办法，加大教学投入，强化教学管理，深化教学改革，高度重视实践环节，提高学生的应用实践能力。

古人云："授之以鱼不如授人以渔。"在灌输专业知识的同时，应教会学生"捕鱼"的技巧，注重能力培养。会计学科的教学也不例外，包括理论教学和实践教学两部分，在"授之以鱼"的基础上"授之以渔"，采取新颖灵活、启发式的授课与考核方式，在完成教学任务的前提下，激发学生的学习主动性，使学生思维不仅仅局限于课堂，更注重应用实践能力的培养。

为配合教育部的相关改革以及我院金融行业性应用型本科院校的定位，贯彻"育人为本，理论为基，应用为重，特色为先"的教学理念，强化"实训、实验、实习""三位一体"的实践教学体系，培养理论与实践并重的应用型人才。在此背景下，我们编写此套应用型高等院校经管类（金融、会计、企业管理）实验系列教材。

国内会计本科实验教材种类繁多，内容不一，侧重点不同，比如侧重单项或阶段性模拟实验、综合性模拟实验等。综观现有会计综合性模拟实验教材，各版本各有其特色和优势，但也有其局限性，具体体现在：对企业会计核算全过程虽有比较全面完整的反映，但欠缺详细的会计核算操作规范，实验指导性欠强；会计实验教材体系结构欠合理，账、证、表等核算资料欠直观，一般只有原始凭证，较少附上与业务相关的各类记账凭证、账簿，需学生自购，难以统一，给教学和实验带来不便；另外在同类综合实验教材中，少有将会计电算化的实验内容综合于教材中。

《会计综合模拟实验》试图让学生进行会计岗位的角色体验，增强其模拟实验的兴趣，充分调动学生的积极性、主动性，锻炼其实际操作能力；同时考虑现有教材的局限性，采用简明、系统的框架体系，本着厚基础、重能力、求创新的总体思路，优化整合课程内容，突出会计学科的理论性与实践性交叉融合的特点，依据最新的企业会计准则和财税法规，注重应用性、实用性、可操作性，综合会计学原理、中级财务会计、会计电算化等单项实验的会计综合模拟实验教材，具体有如下特点：

1. 注重会计实验内容的综合性。本教材将企业财务会计与基础会计、成本会计、税务会计、电算化会计相结合，从手工模拟实验到电算化会计的应用，并相互验证结果，综合模拟企业会计核算的全过程。

2. 注重会计实验的全面性。循序渐进安排单项实验与综合实验的有机统一，促进实验课程教学目标的顺利实现。本教材选取一个会计期间某企业在供应、生产、销售等整个生产经营过程中实际发生的各种经济业务，从开设账户、设置账簿、经济业务发生时取得原始凭证、编制记账凭证、登记账簿、计算产品成本、核算财务成果、进行利润分配到编制财务报表，完成一个会计核算工作的循环过程，从而实现学生所学理论与企业实际操作的“零距离”。

3. 基于会计岗位角色体验方式，注重内容的新颖性、真实性。在岗位角色体验式基础上，科学设计各岗位实验项目，一人多岗、几人一岗或一人一岗，并且采取轮岗方式，使实验内容与理论教学相辅相成，紧密结合，避免出现脱节现象。使用与企业实际工作中完全相同格式的各种发票、结算凭证、记账凭证、账簿和表格，按照最新的《企业会计准则》、2007 年最新的税法规定、《会计人员工作规范》要求，对全部经济业务进行会计核算程序处理，让学生进行会计岗位的角色体验，增强其模拟实习的责任心，充分调动学习的积极性、主动性。

本套教材由主编罗韵轩老师和副主编郭琛、丁春贵、卢燕老师共同商讨后提出教材大纲并编写定稿，编写分工为：第一部分由罗韵轩老师编写；第二部分的第三章由丁春贵老师编写，第四章由郭琛老师编写，第五章由卢燕老师编写。在编写过程中承蒙兄弟院校和业界同行专家的大力支持和鼓励，同时得到了广东金融学院及教务处各位领导与会计系主任岳龙教授、顾中国教授、韩俊梅教授、李萍教授、肖伟才教授及财务会计教研室全体老师所给予的协助支持和有益建议，在此表示诚挚谢意！

由于经验与水平有限，加之时间仓促，书中疏漏之处在所难免，编者敬请同行、专家不吝赐教，促其改进完善。

编　者

目　录

第一部分　会计综合模拟实验基础知识

第二部分　会计综合模拟实验业务

第一部分

会计综合模拟实验基础知识

《会计综合模拟实验》是基于应用型人才的培养目标，本着学以致用的目的，将《会计学原理》、《中级财务会计》、《会计电算化》、《成本会计》等多门课程交叉融合的会计综合模拟实验教材，其将会计手工模拟实验和会计电算化相结合，并相互验证结果，综合模拟企业会计核算的全过程。

会计综合模拟实验概述

本章概括介绍了会计综合模拟实验的内涵与目的、程序与步骤、任务、要求及组织、考核方式等。

第一节　会计综合模拟实验的内涵与目的

会计综合模拟实验是以仿真的会计核算资料、规范的会计核算程序与步骤为基础，指导学生进行综合模拟，其主要特点是针对企业某一会计期间的业务，进行岗位角色的仿真综合模拟实验，理论与实践契合，帮助学生系统地理解、掌握会计理论和方法，全面提高学生的会计操作技能。

会计综合模拟实验与单项课程实验相比，其会计业务设置更系统、全面，学生可全面掌握会计各项技能、熟悉处理各种核算业务，具体有如下特点：（1）真实性。会计综合实验的岗位角色体验过程中，各种外来与自制原始凭证及记账凭证、账簿、报表是真实的；角色岗位、实验环境是真实的，如各种会计模拟实验的相关用具、印章、设施等。（2）岗位体验式。企业与会计工作有联系的岗位均应考虑设置，一般采用三种形式进行岗位体验，即一人多岗、几人一岗或一人一岗，并且采取轮换式。（3）综合性。在会计学科单项实验基础上，适用于会计系列多课程交叉融合的综合性实验。

通过会计综合模拟实验，可实现如下目的：

（1）实现会计理论与实务的有机结合。会计综合模拟实验是在仿真的模拟环境中进行的，学生如同置身于企业会计部门各岗位，根据实验内容的要求，通过建立一套完整的账簿体系，完成某企业某一会计期间（1个月）实际业务的处理，初步掌握各种会计核算方法及操作的基本技能，对会计核算程序的起点与终点有清晰系统的认识，明确会计确认、计量、报告的意义。具体包括：建账的方法；根据审核无误的原始凭证填制记账凭证、编制科目汇总表的方法与程序；登记现金日记账、银行存款日记账以及各种明细分类账和总分类账的方法与程序；掌握结账、对账、更正错账，编制资产负债表、利润表与现金流量表等基本技能。通过将所学会计理论运用到实践中，可培养学生的会计实务操作能力，增加对会计核算流程的感性认识，提升其职业敏感性。

（2）为后续会计专业课程的学习奠定基础。在会计核算实际操作中，可巩固和掌握所学理论知识，提高其运用能力，强化基本操作技能的训练，为后续会计专业课程的学习、适应会计工作奠定坚实基础，培养学生从事会计工作应具备的基本素质，形成良好的职业道德。

（3）解决校外实习难的问题。会计学科具有很强的社会实践性，要求学生具备一定的会计实践操作技能。校外实习环节可弥补课堂理论教学与实践相脱节的状况。但近年来，因实习经费紧张、企事业单位考虑保护商业机密、实际工作环境的限制以及会计工作的阶段性和时间性等原因，限制了校外实习开展；即使进行了校外实习，会计工作的严肃性也限制了其不能给学生提供足够的动手操作机会，所有会计凭证、账表都要求填制及经办人员签名、盖章，以明确其岗位职责。因此，为避免出现差错，多数情况下，实习单位极少给予实习学生动手操作机会，而更多是旁观实习。会计综合模拟实验仿真效果接近现实，在一定程度上解决了校外实习难的问题。

（4）提高会计实验的教学效果和质量。理论源于实践，又指导实践。如何在有限的会计实验教学时间里运用科学、合理、有效的方法和手段，提高教学效果和质量，是亟待解决的问题，如多媒体教学工具的应用、各类型企业会计工作过程的相关影像资料、财务软件的应用与设计等，为提高会计实验教学效果和质量奠定坚实基础。

第二节　会计综合模拟实验的核算程序与步骤

一、建　　账

根据会计综合模拟实验内容的安排，应开设总分类账、现金日记账、银行存款日记账和各类明细账。建账工作应包括如下内容：

1. 正确选用账簿形式和账页格式。总分类账、日记账采用订本式，其他明细账可采用活页式。根据明细账的性质确定其使用三栏式、数量金额式还是多栏式账页等。

2. 填写账簿启用表或经管人员一览表。填写账簿启用表或经管人员一览表，但其背面的目录部分需要在实验结束整理装订会计资料时完成。

3. 根据实验给出的期初建账资料开设账户。根据实验给出的期初建账资料，账户按资产类、负债类、所有者权益类、成本类和损益类五大类顺序开设。

4. 填写期初余额。根据实验给出的期初建账资料，填写建账日期和期初余额。如无余额，只开设账户即可。

5. 粘贴口取纸。粘贴口取纸，实验中此工作并非必需，但它可帮助会计人员快速找到所需账户。

二、处理日常经济业务

（一）填制与审核原始凭证

实验中每笔经济业务都配有相应的原始单据，如为空白的，需正确填制与审核；如已填写完整且正确无误，则要求认真审阅，目的是读懂原始凭证，明白其所载明的经济内容。

（二）填制记账凭证

根据经济业务逐笔将审核无误的原始凭证裁剪下来，分析编制相应的记账凭证（收款、付款、转账凭证），并按收字、付字和转字分别编号，选定应粘贴的原始单据，随即粘贴在记账凭证背面，注意原始单据的折叠方法和粘贴位置。

（三）登记日记账

以出纳身份，根据编制完成的收款凭证、付款凭证逐笔登记日记账，要求写明对方科目，每日终了结出余额。

（四）登记各明细账

以会计身份，根据编制完成的收款凭证、付款凭证、转账凭证及原始凭证逐笔登记所涉及的各种明细账。对需要平时结余额的账户，可随时结计余额；对平时不需要结余额的账户，可到月末结账时再结余额。

（五）编制科目汇总表

根据已编制完成的收款凭证、付款凭证、转账凭证，通过T形账，将发生额按相同科目汇总，再将汇总的借方发生额、贷方发生额过入科目汇总表内。注意保证所有科目的借方发生额之和等于所有科目的贷方发生额之和。实验一般按上旬、中旬、下旬分别进行科目汇总工作。

（六）登记总分类账

主管会计根据科目汇总表，将各账户的发生额合计数记入总分类账相应账户内，平时无须结出余额，到月末结账时一同结出。

三、对账、结账

（一）对账

对账的前提条件是全部经济业务都记入账户中，并结出各账户的余额。

1. 通过编制“总分类账户本期发生额及余额试算平衡表”，总分类账自身进行试算平衡。

2. 总分类账与各明细账及日记账的余额逐笔进行核对。

3. 通过编制“银行存款余额调节表”对银行存款日记账的正确与否进行核对。

（二）结账

结账的前提条件是对账的准确无误。结账内容包括月结和年结。会计结账是会计人员每月工作开始和结束的衔接纽带，具体结账方法总结如下：

1. 月结。

（1）日记账。现金、银行存款日记账，应按日结出余额。日结可自然进行，既可逐笔结余额，也可每隔五笔结一次余额，每日的最后一笔应自然结出当日余额，不必另起一行。因为如果会计在日结时总是另起一行，摘要栏内写“本日合计”，同时结出本日收入、支出合计及余额，此操作虽然可行，但一个月则需另起若干行写若干个“本日合计”，既占篇幅，又没必要。

现金、银行存款日记账的月结方法即在本月最后一笔记录下划一条通栏单红线，并在下一行的摘要栏中用红字居中书写“本月合计”，同时在该行结出本月发生额合计及余额，然后，在“本月合计”行下面再划一条通栏单红线。

（2）明细账。若某一明细账的业务量较大时，平时可每隔五天结一次余额。明细账在月结时应注意区别以下几种情况：

① 本月没有发生额的账户，不必进行月结，不划结账红线。

② 对需按月结出本月发生额的账户，如应交税费、生产成本、制造费用及各种损益类明细账等，由于会计报表须填写本月发生额，需结出“本月合计”发生额及余额，并在“本月合计”行下面划一条通栏单红线。

③ 不需按月结计本月发生额的账户，如各项应收、应付款及各项财产物资明细账等，只需在本月最后一笔记录下面划一条通栏单红线，表示“本月记录到此结束”。

（3）总分类账。登记总分类账可采用记账凭证核算程序、科目汇总表核算程序、汇总记账凭证和日记总账核算程序等，业务较多的总分类账账户，平时可每隔十天结一次余额或月末结出余额，在本月最后一笔记录下划一条通栏单红线，表示“本月记录到此结束”。

2. 年结。

（1）各账户封账。年终结账时，各账户按上述方法进行月结的同时，为反映全年各项资产、负债及所有者权益增减变动的全貌，便于核对账目，将所有总分类账账户结计全年发生额和年末余额，在摘要栏内注明“本年合计”字样，并在该行下面划通栏双红线，表示“年末封账”。

（2）结转新账。结转下年时，凡是有余额的账户，都应在年末“本年累计”行下面划通栏双红线，在下面摘要栏注明“结转下年”字样，把年末余额转入下年新账，同时应在下年新启用的账页第一行摘要栏内注明“上年结转”字样，并在余额栏内填写上年结转的余额。

对于新的会计年度建账，一般来说，总账、日记账和多数明细账应每年更换一次。但有些财产物资明细账和债权债务明细账，由于材料品种、规格和往来单位较多，更换新账，重抄一遍工作量较大，因此，可跨年度使用，不必每年更换，各种备查簿也可连续使用。

3. 提示。

（1）结计“过次页”发生额。结计“过次页”的发生额，应根据不同账户记录，采用不同的方法：

① 对需要按月结出本月发生额的账户，结计每张“过次页”的发生额合计数，应为从本月初至本月末止的发生额合计数，此举便于本月结账时加计“本月合计”数额。

② 对需要结计“本年累计发生额”的账户，结计前 11 个月的月结发生额及 12 月份“过次页”的本页合计数，应为从年初起至本页末止的累计数，此举便于年终结账时加计“本年累计”数额。

③ 结计“过次页”之后，在下一页第一行摘要栏内注明“承前页”字样，并在发生额和余额栏内填写上页结转数。

（2）结转账户余额。将本账户年末余额，以相反的方向记入最后一笔账下的发生额内。例如，某账户年末为借方余额，在结账时，将此项余额填列在贷方发生额栏内（余额如为贷方，则作相反记录)，在摘要栏填明“结转下年”字样，在“借或贷”栏内填“平”字并在余额栏的“元”位上填列“θ”符号，表示账目已经结平。

四、编制会计报表

(一) 资产负债表

报表中各项均需填写“期末余额”和“年初余额”。“期末余额”要根据总分类账账户期末余额直接填制或分析计算填列；“年初余额”要根据实验资料中的有关数据填列。

(二) 利润表

报表内各项均需填写“本期发生额”和“上期发生额”或“1～11月份累计发生额”。

(三) 现金流量表

此表可在教师指导下有选择性地编制，通过回顾理论所学，采用工作底稿法或T型账户法编制，也可直接根据相关科目分析填列。

(四) 所有者权益变动表

所有者权益变动表反映在某一特定时间内，所有者权益如何因企业经营的盈亏及现金股利的发放而发生变化。此表亦可在教师指导下有选择性地编制。

五、整理装订会计资料

(一) 会计凭证

首先检查各记账凭证填写内容是否齐全，所附原始凭证是否完整，粘贴、折叠是否符合要求，然后按一定的顺序（如记账凭证编号）和类别排列打孔、装订，并于其外表粘贴凭证封面。

(二) 会计账簿

主要指订本式、活页式、卡片式账簿的整理与装订。

1. 启用订本式账簿，对于未印制顺序号的账簿，应从第一页到最后一页顺序编写页数，不得跳页、缺号。

2. 使用活页式账簿，应将多余的空白账页剔出，按照资产类、负债类、所有者权益类、成本类、损益类顺序排列，定期装订成册。装订后按实际使用的账页顺序编写页数，另加目录，记明每个账户的名称和页次。

3. 记用账簿时，应在账簿封面上写明单位名称和账簿名称。扉页上应附“账簿使用登记表”或“账簿启用表”，并列明科目索引。

4. 系账绳，粘贴账簿封面。

（三）其他相关资料

1. 把属于税务部门、开户银行以及应寄给对方单位的资料装订在一起，传递给有关部门。
2. 会计报表单独装订。
3. 会计核算中填写完成的其他资料单独折叠存放。如试算平衡表、银行存款余额调节表等。

六、撰写会计实验报告

写明实验班级、实验人姓名、实验时间、实验内容、实验效果等。

第三节　会计综合模拟实验的任务、要求和组织

一、会计综合模拟实验的任务

会计综合模拟实验的任务是在会计岗位角色体验式基础上，依据最新的企业会计准则和财税法规，充分调动学生的积极性、主动性，锻炼其实际操作能力，做到理论与实务并重、演示实践性与验证性相结合，造就高素质的应用型会计人才，培训学生的认识观察能力以及运用所学知识分析解决问题的能力。

二、会计综合模拟实验的要求

（一）一般要求

进行会计综合模拟实验时，一般应遵循以下要求：

1. 按照企业或实际部门会计核算的程序和方法，以及所使用的凭证、账簿、报表来组织会计实务模拟操作。

2. 实际操作之前，应清楚会计综合模拟实验的目的和要求，并对相关理论内容进行认真复习，以便顺利完成各项实务模拟。

3. 各项实务模拟的基本操作规范需按照《会计基础工作规范》的要求进行。

4. 对企业发生的各项经济业务，需根据最新《企业会计准则》和《企业会计制度》的规定进行处理。

（二）具体要求

1. 模拟企业实际发生的经济业务作为实验内容，实验中使用的会计凭证、会计账簿和会计报表均应采用现行的标准、规范和格式。

2. 进行实验的学生，应以认真的态度、高度的责任心进入实验角色，并在实验指导教师的安排指导下，严格按实验操作程序进行，保质保量地在规定时间内完成实验任务。

3. 实验中要依据现行的财务会计制度、相应的财经法规、有关会计工作规定和规则处理会计事项，书写规范、字迹清晰、资料整洁、内容完整、计算准确、凭证和账簿装订符合要求。

4. 实验完毕，指导教师应根据以上各项要求的完成情况，综合评定实验成绩。

（三）运作方式

会计综合模拟实验一般采用“岗位角色体验”的混岗运作方式和分岗运作方式，不同的运作方式其要求也不相同。

1. 混岗运作方式。采用混岗运作方式要求每一位实习学生独立完成全部会计模拟实验的内容。其优点是，可让学生在整个实验过程中，对各项专业技能得到系统的、全面的掌握，便于在学生人数多的情况下组织集中实习。其缺点在于，首先，不能使学生感受到实际工作中会计机构各岗位的业务分工和内部牵制制度，以及会计凭证在各岗位之间的传递过程；其次，工作量较大，耗用时间长。

2. 分岗运作方式。采用分岗运作方式，要求对实习学生分组，在每一组内按照会计机构内部各岗位的分工，进行分岗操作，学生能在实习过程中，熟悉明确各会计岗位的基本职责，掌握各类经济业务的账务处理过程，以及原始单据和其他会计凭证在各岗位之间的传递程序和方式；同时也能了解到财务部门与企业内部其他部门之间，以及与有经济业务往来的外部各有关单位之间的财务关系，掌握相关经济业务的账务处理方法。使学生有身临其境的感受，直观性、真实性强是此运作方式的优点。但此方式在操作过程中组织难度较大，而且学生对实习内容的全面了解和掌握程度明显低于混岗运作方式。

3. 纯手工实务操作与电算会计相结合的运作方式。为了能将电算会计实验与手工操作有机结合，有两种选择：一是混岗式的手工操作与分岗式的电算会计相结合；二是分岗式的手工操作与混岗式的电算会计相结合，这样能取得最佳实验效果。

三、会计综合模拟实验的组织

会计综合模拟实验应按以下分类、步骤顺序进行。

第一类实验内容：手工操作环境下的会计实务模拟，具体包括以下两个步骤：

第一步，学生在实验教师指导下，先熟悉相应的会计核算必备知识、实验示例，或由实验教师对实务操作方法做讲解和演示，要求学生将凭证、账簿、报表等理论知识与相关实物对照，强化对会计核算流程的感性认识。

第二步，在实验教师指导下，首先了解本书第二部分案例中企业基本资料的内容、经济业务有关金额的来龙去脉及会计核算各方法的内在联系；然后由学生进行实际操作。学生按岗位角色、按组分工，编制记账凭证、科目汇总表、登记明细账、日记账与总分类账，计算成本、利润，最后编制会计报表，以达到全面系统地掌握会计核算过程。

第二类实验内容：计算机环境下的电算会计业务操作实验，对手工会计实验的数据结果进行电算会计的检验。

学生根据本教程提供的原始数据，在指定的用友财务软件环境下，进行上机操作，完成凭证录入、账簿数据生成和打印报表等全部会计电算化工作。

学生在完成会计综合模拟实验后，应提交实验报告。

实验结束后，由实验课指导教师根据学生在实验过程中的表现、提交的书面实验结果和实验报告等进行成绩评定。

第四节　会计综合模拟实验的考核方式

会计综合模拟实验考核是会计模拟系统的重要环节，也是提高实验质量、促进实验过程良性运行的有力保证。因此，建立一套科学合理、行之有效的考核项目，并进行量化考核是非常必要的。

一、全能考核

1. 填制有关原始凭证；
2. 填制记账凭证和有关分配表；
3. 登记现金日记账；
4. 登记银行存款日记账；
5. 登记明细账；
6. 编制科目汇总表；
7. 登记总账；
8. 编制会计报表。

二、岗能考核

会计工作岗位的考核包括：出纳、会计机构负责人或者会计主管人员、财产物资核算、工资核算、成本费用核算、财务成果核算、资金核算、往来结算、总账报表、稽核、档案管理等。

三、考核项目

实验考核项目的确定，决定于该实验的要求、环节和内容。具体考核项目应包括以下基本内容：

1. 实验日记。在实验过程中，要求结合实验内容，撰写实验日记。通过该环节提高学生运用会计理论，认识和解决实际问题的能力；同时，实验日记也是编写实验报告的基本素材。

2. 实验技能。实验技能是会计模拟实务的核心，也是考核的重点项目。具体内容包括审核和填制会计凭证、登记账簿、编制会计报表、装订会计档案，以及对会计核算程序及方法的分析等项目。

3. 实验纪律。主要包括实验制度的遵守和实验课堂表现两大方面，严格的实验纪律是模拟实验有序进行的重要保证；否则，难以取得良好的实验效果。

4. 实验报告。实验报告是完成会计模拟实验的书面总结，该环节主要考核学生能否以某一个或几个实验项目的内容作为中心议题，准确地阐述各种性质经济业务的处理依据、相关制度及会计政策，以及能否结合实验内容的重点和难点提出问题，并联系实际提出具体的改进措施。

四、实务考核标准

为规范会计模拟实践环节的教学，提高学生分析、解决问题的能力，对学生会计模拟实践过程必须进行科学、合理、严格的考核，为此制定如表 1－1 所示的考核标准，教师在指导过程中可依据参考标准，结合实际选用。

表 1－1　　　　会计综合模拟实验考核参考标准

项　目	考核内容	量化标准	成绩（%）
凭　证	1. 原始凭证 2. 记账凭证 3. 凭证装订	1. 编号不规范，每处扣 1 分 2. 填制不符合要求，每处扣 1 分，累计扣分不高于 5 分 3. 分录填写不正确，每笔扣 2 分 4. 漏填凭证，每张扣 2 分 5. 凭证装订及封面填写不规范，扣 1～3 分	20
账　簿	1. 日记账 2. 明细分类账 3. 总分类账	1. 账户开设不符合要求，每处扣 2 分，累计扣分不高于 20 分 2. 缺少账户，每个扣 2 分 3. 登账、结账不规范，每处扣 1 分，累计扣分不高于 20 分	20
报　表	1. 资产负债表 2. 利润表 3. 现金流量表 4. 所有者权益变动表 （现金流量表、所有者权益变动表可根据实际情况选择是否编制）	1. 缺少主表每张扣 10 分，附表每张扣 5 分，报表不平衡每张扣 5 分 2. 数据填写错误，每处扣 1 分，累计扣分主表每张不高于 10 分，附表不高于 5 分 3. 装订及封面填写不规范，每处扣 1 分，累计扣分不高于 3 分	20

续表

项　目	考核内容	量化标准	成绩（%）
会计电算化	1. 期初余额 2. 记账凭证 3. 账簿 4. 会计报表	1. 缺少一项扣2分 2. 累计扣分不高于5分	10
实验报告	内容完整、规范	1. 字数少于3 000字，扣10分 2. 内容不完整酌情扣分，累计扣分不高于15分	20
纪律	1. 考勤 2. 实验纪律	1. 迟到早退一次扣1分 2. 不遵守实验室规章制度，一次扣3分	10

五、会计综合模拟实验资料准备

指导教师可结合实际情况来安排实验资料，参考表1－2准备。表中数量考虑了填报错误率的问题，仅供参考。另会计报表选择适用2006年颁布的最新《企业会计准则》中的报表格式，本教材中已给出相应的空白表格，可在实验中选用。

表1－2　　会计综合模拟实验参考资料备用

材料名称	数量	材料名称	数量
收款凭证	1本（40张）	三栏式明细账	50张
付款凭证	1本（40张）	多栏式明细账	25张
转账凭证	2本（80张）	数量金额式明细账	25张
（或）通用记账凭证	2本（160张）	资产负债表	2张（新准则）
现金日记账	4页	利润表	2张（新准则）
银行日记账	4页	现金流量表	2张（新准则）
总分类账	1本	所有者权益变动表	1张（新准则）
科目汇总表	9张	试算平衡表	2张
凭证封面	3套	装订用线绳	若干

第二章

会计综合模拟实务操作基础知识

会计人员应根据财政部颁布的《会计基础工作规范》和《会计电算化工作规范》要求，进行会计实务操作。

《会计基础工作规范》是我国会计人员手工处理实务的操作指南，主要从会计基础工作、会计机构和人员、会计核算一般要求、填制凭证、登记账簿、编制财务会计报告、会计电算化、会计档案与工作交接、会计监督即内部控制制度建设等方面对会计实务操作进行规范。

第一节　会计基础知识

一、会计基础工作的内容

会计基础工作是实现会计目标、职能的最基本手段，具体包括会计核算和会计监督这两项基础工作。

（一）会计核算

根据《会计基础工作规范》的规定，企业在进行会计核算时应遵循以下要求：

1. 各单位应按照《中华人民共和国会计法》和国家统一会计制度的规定建立会计账册，进行会计核算，及时提供合法、真实、准确、完整的会计信息。

2. 各单位发生的会计事项，应及时办理会计手续、进行会计核算。

3. 各单位的会计核算应当以实际发生的经济业务为依据，按照规定的会计处理方法进行，保证会计指标的口径一致、会计处理方法前后各期一致，具有可比性。

4. 会计年度自公历 1 月 1 日起至 12 月 31 日止。

5. 会计核算以人民币为记账本位币。收支业务以外国货币为主的单位，也可以选定某种外国货币作为记账本位币，但是编写的会计报表应当折算为人民币反映。境外单位向国内有关部门编制的会计报表，应当折算为人民币反映。

6. 各单位根据国家统一会计制度的要求，在不影响会计核算要求、会计报表指标汇总和对外统一会计报表的前提下，可根据实际情况自行设置和使用会计科目。

7. 会计凭证、会计账簿、会计报表和其他会计资料的内容和要求必须符合国家统一会计制度的规定，不得伪造、变造会计凭证和会计账簿，不得设置账外账，不得报送虚假会计报表。

8. 各单位对外报送的会计报表格式由财政部统一规定。

9. 实行会计电算化的单位，对使用的会计软件及其生成的会计凭证、会计账簿、会计报表和其他会计资料的要求，应当符合财政部关于会计电算化的有关规定。

10. 各单位应当建立会计档案，妥善保管。实行会计电算化的单位，有关电子数据、会计软件资料等应当作为会计档案进行管理。会计档案建档要求、保管期限、销毁办法等依据《会计档案管理办法》的规定进行。

11. 会计记录的文字应当使用中文，少数民族自治地区可以同时使用少数民族文字。中国境内的外商投资企业、外国企业和其他外国经济组织也可同时使用某种外国文字。

（二）会计监督

会计监督是指会计工作按照一定目的和要求，利用会计核算所提供的信息，对经济活动进行控制，使之达到预期目标。它是各单位内部经济管理的需要，也是各单位自我约束的一种机制。会计工作是一项政策性非常强的工作，发挥会计监督作用，揭露并制止一切违法、违纪行为，也是会计基础工作的一项重要内容。

会计监督工作的主要特点如下：

1. 会计监督工作主要是利用会计核算工作提供的各种价值指标进行货币监管。例如，利用资产指标，可了解企业一定日期的资产总额及其结构，监督、考核企业资产的利用状况，以提高企业资产的使用效果等。

2. 会计监督工作是与会计核算工作同时进行的，包括事前、事中和事后监督。例如，事后监督是指以事先制定的目标、标准和要求为准绳，通过分析会计资料，对经济活动的合理性、合法性和有效性进行考核和评价。

3. 会计机构、会计人员应当对原始凭证进行审核和监督。对不真实、不合法的原始凭证，不予受理。对弄虚作假、严重违法的原始凭证，在不予受理的同时，应当予以扣留，并及时向单位领导人报告，请求查明原因，追究当事人的责任。对记载不明确、不完整的原始凭证，予以退回，要求经办人员更正、补充。

4. 会计机构、会计人员对伪造、变造、故意毁灭会计账簿或者账外设账行为，应当制止和纠正；制止和纠正无效的，应向上级主管单位报告，请求作出处理。

5. 会计机构、会计人员应对实物、款项进行监督，督促建立并严格执行财产清查制度。发现账簿记录与实物、款项不符时，应当按照国家有关规定进行处理。超出会计机构、会计人员职权范围的，应立即向本单位领导报告，请求查明原因，作出处理。

6. 会计机构、会计人员对指使、强令编造、篡改财务报告行为，应当制止和纠正；制止和纠正无效的，应当向上级主管单位报告，请求处理。

7. 会计机构、会计人员应当对财务收支进行监督。

（1）对审批手续不全的财务收支，应当退回，要求补充、更正。

（2）对违反国家统一的财政、财务、会计制度规定的财务收支，应当制止和纠正；制止和纠正无效的，应当向单位领导人提出书面意见请求处理。单位领导人应当在接到书面意见起10日内作出书面决定，并对决定承担责任。

（3）对严重违反国家利益和社会公众利益的财务收支，应当向主管单位或者财政、审计、税务机关报告。

8. 会计机构、会计人员应当对单位制定的预算、财务计划、经济计划、业务计划的执行情况进行监督。

9. 各单位必须依照法律和国家有关规定接受财政、审计、税务等机关的监督，如实提供会计凭证、会计账簿、会计报表和其他会计资料以及有关情况，不得拒绝、隐匿、谎报。

10. 按照法律规定，委托会计师事务所审计的单位应配合注册会计师的工作，如实提供会计凭证、账簿、会计报表和其他资料以及有关情况，不得拒绝、隐匿、谎报；不得要求注册会计师出具不当的审计报告。

二、会计基础工作规范

财政部制定的《会计基础工作规范》是贯彻执行《中华人民共和国会计法》（以下简称《会计法》）等会计法规的重要途径，目的是不断加强会计基础工作，建立规范的会计工作秩序，提高会计工作水平。

国家机关、社会团体、企事业单位、个体工商户和其他组织的会计基础工作，应当符合《会计基础工作规范》的规定。各单位应当依据有关法律、法规和规范的规定，加强会计基础工作，严格执行会计法规制度，保证会计工作依法有序地进行。单位领导人对本单位的会计基础工作负有领导责任。

（一）会计工作法规体系

会计工作法规是组织和从事会计工作必须遵守的法律规范，是经济法规、制度的重要组成部分。随着我国会计法规制度的建设和完善，目前已基本形成以《会计法》为核心、以会计准则和会计制度为基础的健全会计工作法规体系。

1. 《会计法》。《会计法》是我国会计工作的根本大法，也是我国进行会计工作的基本依据，在我国会计工作法规体系中居于最高层次地位。

《会计法》共七章五十二条，包括总则、会计核算、公司与企业会计核算的特别规定、会计监督、会计机构和会计人员、法律责任及附则。

2. 会计准则体系。会计准则体系的总体目标是规范会计行为，提高信息质量，满足投资人、债权人、社会公众、有关部门和管理当局对会计信息的需求，是会计核算工作中进行业务处理的基本依据和规范。

我国企业会计准则体系包括1项基本会计准则、38项具体会计准则和企业会计准则——

应用指南。该会计准则体系自2007年1月1日起在上市公司施行，并鼓励其他企业执行。

（1）基本会计准则。基本会计准则规定了整个准则体系的目的、假设和前提条件、会计信息质量要求、会计要素及其确认、会计计量属性、财务报告的总体要求等内容。

（2）具体会计准则。根据基本准则制定的具体会计准则，是会计业务处理的规范，包括1~38号企业具体会计准则。

（3）企业会计准则——应用指南。企业会计准则——应用指南是企业执行会计准则过程中具体操作的依据，其中包括会计科目和主要账务处理。

3. 会计制度。会计制度是国家财政部门制定的一系列会计核算制度，其结构和内容包括：一般规定、会计科目和会计报表、主要会计事项分录举例和一些必要的会计法规。

一般规定部分，对会计要素和重要经济业务事项的确认、计量、报告等，以条款的形式作出了原则规定；会计科目和会计报表部分，规定了经济业务事项应当设置的会计科目及使用说明、会计报表的格式及编制说明；附录部分列举主要会计事项的具体账务处理方法。会计制度的种类及适用情况见表2-1。

表2-1　　会计制度的种类及适用情况归类

会计制度名称	适用对象
《企业会计制度》	除金融企业以外的大、中型企业（如果执行会计准则体系，则不执行本制度）
《小企业会计制度》	小规模企业
《金融企业会计制度》	金融企业（如果执行会计准则体系，则不执行本制度）
《民间非营利组织会计制度》	民间非营利组织（如基金会等）

4. 其他会计法规。会计活动涉及的范围相当广泛，与其有关的会计法规不可能全部包括在会计法、会计准则和会计制度中。其他会计法规的分类及内容见表2-2。

表2-2　　其他会计法规的分类及内容归类

分　类	主要内容
会计人员方面的法规	《会计人员职权条例》、《中华人民共和国注册会计师法》、《总会计师条例》、《会计专业职务试行条例》、《会计从业资格管理办法》等
会计工作方面的法规	《会计基础工作规范》、《企业财务会计报告条例》、《会计档案管理办法》、《会计电算化管理办法》、《关于会计核算软件评审问题的补充规定》等
会计监督方面的法规	《会计监督管理办法》、《内部会计控制规范》等

（二）《会计基础工作规范》的框架

为了加强会计基础工作，建立规范的会计工作秩序，提高会计工作水平，根据《中华人民共和国会计法》的有关规定，财政部于1996年6月制定发布了《会计基础工作规范》。其是结合市场经济发展对会计工作新的要求，在财政部1984年4月发布的《会计人员工作规则》基础上重新修订，对会计基础工作方面的有关内容，作出了比较系统的规定。根据

《会计基础工作规范》的要求，国家机关、社会团体、企业、事业单位、个体工商户和其他组织的会计基础工作，应符合本规范的规定。

（三）内部会计管理制度

综合管理需要，建立健全内部控制制度。

1. 建立内部会计管理体系。主要内容包括：单位领导人、总会计师对会计工作的领导职责；会计部门及会计机构负责人、会计主管人员的职责和权限；会计部门与其他职能部门的关系；会计核算的组织形式等。

2. 建立会计人员岗位责任制度。主要内容包括：会计人员的工作岗位设置；各岗位的职责和标准；各岗位的人员和具体分工；会计工作岗位轮换办法和考核办法。

3. 建立账务处理程序制度。主要内容包括：会计科目及其明细科目的设置和使用；会计凭证的格式、审核要求和传递程序；会计核算方法；会计账簿的设置；编制会计报表的种类和要求；单位会计指标体系。

4. 建立内部牵制制度。主要内容包括：内部牵制制度的原则；组织分工；出纳、会计及相关岗位的职责和权限。

5. 建立稽核制度。主要内容包括：稽核工作的组织形式和具体分工；稽核工作的职责、权限；审核会计凭证和复核会计账簿、会计报表的方法。

6. 建立原始记录管理制度。主要内容包括：原始记录的内容和填制方法、格式、审核；原始记录填制人的责任；原始记录签署、传递、汇集要求。

7. 建立定额管理制度。主要内容包括：定额管理的范围；制定和修订定额的依据、程序和方法；定额的执行；定额考核和奖惩办法等。

8. 建立计量验收制度。主要内容包括：计量检测手段和方法；计量验收管理的要求；计量验收人员的责任和奖惩办法。

9. 建立财产清查制度。主要内容包括：财产清查的范围、组织、期限和方法；对财产清查中发现问题的处理办法；对财产管理人员的奖惩办法。

10. 建立财务收支审批制度。主要内容包括：财务收支审批人员和审批权限；审批程序等。

11. 建立财务会计分析制度。主要内容包括：财务会计分析的主要内容、基本要求和组织程序、具体方法；财务会计分析报告的编写要求等。

（四）会计电算化工作规范

《会计电算化工作规范》是我国会计人员进行电算化处理会计实务的操作指南，主要从会计电算化基础工作、会计软件来替代手工记账，建立内部管理制度对会计电算化操作进行规范。这里重点介绍替代手工记账、建立会计电算化内部管理制度。

1. 替代手工记账。采用电子计算机替代手工记账是指应用会计软件输入会计数据，对会计数据进行处理，并打印输出会计账簿和报表。替代手工记账是会计电算化的目标之一，替代手工记账的单位，应配备适用的会计软件和相应的计算机硬件设备，并配备相应的会计电算化工作人员，建立严格的内部管理制度。

采用计算机替代手工记账的单位，计算机与手工并行3个月以上（一般不超过6个月），且计算机与手工核算的数据相一致，并应接受有关部门的监督。

计算机与手工并行工作期间，可采用计算机打印输出的记账凭证替代手工填制的记账凭证，根据有关规定进行审核并装订成册，作为会计档案保存，并据以登记手工账簿。如果计算机与手工核算结果不一致，应接受有关部门的监管。

记账凭证的类别，可采用通用记账凭证或收款、付款、转账三种凭证的形式，也可在收款、付款、转账三种凭证的基础上，按照经济业务和会计软件功能模块的划分进一步细化，以方便记账凭证的输入和保存。

计算机内会计数据的打印输出和保存是一项重要工作，根据会计电算化的特点，应注意以下问题：

（1）采用计算机打印输出书面会计凭证、账簿、报表，应当符合国家统一会计制度的要求，采用中文或中外文对照，字迹清晰，作为会计档案保存，保存期限按《会计档案管理办法》的规定执行。

（2）在当期所有记账凭证数据和明细分类账数据都存储在计算机内的情况下，总分类账可从这些数据中产生，因此可用“总分类账户本期发生额及余额对照表”替代当期总分类账。

（3）现金日记账和银行存款日记账的打印，由于受到打印机条件的限制，可采用计算机打印输出的活页账页装订成册，要求每天登记并打印；每天业务较少，不能满页打印的，可按旬打印输出。一般账簿可根据实际情况和工作需要按月或按季、按年打印；发生业务少的账簿，可满页打印。

（4）在保证凭证、账簿清晰的条件下，计算机打印输出的凭证、账簿中表格线可适当减少。

采用磁盘、光盘等介质存储会计账簿、报表，作为会计档案保存。替代手工记账后，各单位应做到当天发生业务，当天登记入账，期末及时结账并打印输出会计报表；要灵活运用计算机对数据进行综合分析，定期或不定期地向单位领导报告主要财务指标和分析结果。

2. 建立会计电算化内部管理制度。开展会计电算化的单位应根据工作需要，建立健全会计电算化岗位责任制、操作管理制度、计算机硬软件和数据管理制度、档案管理制度等，保证会计电算化工作的顺利开展。其中，建立会计电算化岗位责任制，需明确各工作岗位的职责范围，切实做到事事有人管，人人有专责，办事有要求，工作有检查。会计电算化后的工作岗位可分为基本会计岗位和电算化会计岗位。基本会计岗位可包括会计主管、出纳、会计核算各岗、稽核、会计档案管理等。电算化会计岗位和工作职责一般可划分为电算主管、软件操作、审核记账、计算机维护、电算审查、数据分析等。

三、会计机构和会计人员

（一）会计机构设置

1. 会计机构的含义。会计机构是指为实现会计职能所建立的，由专职会计人员和会计工作的物质条件等若干要素构成的、相对稳定的、直接从事和组织领导本单位会计工作的职能部门。会计机构是有效组织和开展会计工作，充分发挥会计核算、监督、参与经营决策等管理职能的重要条件。现实中，由于各单位管理体系不同，会计机构的设置应与本单位的管理机构相匹配，如会计司、财务部、财务处、会计科等。

2. 会计机构的设置要求。为了科学、合理地组织和开展会计工作，保证充分发挥会计的职能和作用，各单位应当设置会计机构。由于各个单位的规模、业务、组织机构以及管理体制等方面存在着较大差别，《会计基础工作规范》对设置会计机构没有法律的强制性规定，而是作出了原则性要求。《会计基础工作规范》要求各单位根据会计业务的需要，选择设置会计机构，或在有关机构中设置会计人员并指定会计主管人员，或委托经批准设立从事会计代理记账业务的中介机构代理记账。

（二）会计人员配备

会计人员是指直接从事本单位会计工作的人员，是会计工作中最基本的主体。配备与会计工作要求相适应的，具有一定素质和数量的会计人员，是充分发挥会计职能，提高会计信息质量的前提条件。

1. 会计人员的从业资格。从事会计工作的人员必须取得会计从业资格证书，这是《会计法》的规定，即没有取得会计从业资格的人员从事会计工作是违反法律规定的行为。

（1）会计证及其会计从业资格管理制度。会计证是具有一定会计专业知识和技能的人员从事会计工作的资格证书，是会计人员从事会计工作的“准入证”，即从事会计工作必须具备的最低要求和前提条件。《会计法》明确规定，会计人员必须取得从业资格证书，才能从事会计工作；同时，还规定：因有提供虚假财务报告，做假账，隐匿或者故意销毁会计凭证、会计账簿、财务会计报告，贪污、挪用公款，职务侵占等与会计职务有关的违法行为被依法追究刑事责任的人员，不得取得或重新取得从业资格证书。除前款规定的人员外，因违法违纪行为被吊销从业资格证书的人员，自被吊销会计从业资格证书之日起5年内，不得重新取得会计从业资格证书。

《会计从业资格管理办法》的主要内容是：

① 明确了从业资格证书的性质。会计从业资格证书，是证明能够从事会计工作的合法凭证，一经取得，在全国范围内有效。

② 规定了从业资格证书的管理部门。由县以上财政部门会计管理机构按照属地原则对所辖范围内的会计人员从业资格进行管理。对个别中央业务部门，考虑到实际需要，经财政部授权，可负责所辖部门或系统的从业资格管理，包括发证、年检、继续教育等。

③ 规定了取得从业资格的条件和取得证书的途径。取得从业资格证书，有两条途径：一是具备教育部门认可的中专（含中专）以上会计类专业学历，自毕业之日起2年内（含2年），可申请不参加从业资格考试，取得会计从业资格。二是不具备规定学历，或具备规定学历在规定期限之后想从事会计工作的，必须通过会计从业资格考试，合格后，取得从业资格证书。考试一般每年一次，考试科目、考试大纲由财政部统一制定。考试科目为：财政法规、会计基础知识、会计实务、初级会计电算化或者珠算（五级）。

④ 对会计从业资格证书实行注册登记和年检制度。会计从业资格证书实行注册登记制

度。取得从业资格证书的人员，被聘用从事会计工作应由本人或者本人所在单位提出申请，按照管理部门的规定时间到从业资格部门进行注册登记。因工作单位、学历、会计专业技术资格或职称发生变更时，应持有效证明按会计从业资格管理部门有关规定到会计从业资格管理部门办理变更登记手续。因调任等原因离开原工作单位到其他单位继续从事会计工作的，应到原办理注册登记的管理部门办理从业档案调转手续，并于30日之内，到新单位所在地区的会计从业资格管理部门重新办理注册登记手续。

对会计从业资格证书实行定期年检制度。按管理办法规定，原则上对会计从业资格证书每两年进行一次年检。主要审核持证人员完成会计人员规定的继续教育内容和学时情况，工作单位、学历、专业技术资格变更情况，已注册登记的持证人员遵守财经纪律、法规和依法履行会计职责情况。

（2）会计专业职务与技术资格考试。会计人员取得会计从业资格证书上岗是对会计人员最基本的要求。为更好体现会计从业人员的业务水平，区分会计人员的业务技术等级，选拔优秀会计人才，将竞争机制引入会计人员聘用中。我国目前还通过设置专业技术人员的专业技术职务与会计技术资格考试和考核来确认会计人员的专业技术职务和业务技能。

① 会计专业职务的任职资格与基本职责。根据《会计专业职务试行条例》的规定，会计专业职务分高级会计师、会计师、助理会计师、会计员。高级会计师为高级职务，会计师为中级职务，助理会计师和会计员为初级职务。

② 会计技术资格考试。为确认会计人员的技术任职资格，1992年3月21日，财政部、人事部联合发布了《会计专业技术资格考试暂行规定》，对会计技术的任职资格，实行全国统一考试。1998年起，对会计专业技术资格考试制度又进行了完善和调整。2000年9月8日，财政部、人事部又对原《会计专业技术资格考试暂行规定》和《会计专业技术资格考试暂行规定实施办法》进行了修订，修订后的暂行规定和实施办法，自公布之日起施行。

2. 会计机构负责人的任职资格。会计机构负责人（会计主管人员），是在一个单位具体负责会计工作的中层领导人员，负有组织管理单位所有会计工作的责任，其政治素质好坏、业务水平高低及有无较强组织协调能力，直接关系到单位整个会计工作的水平和质量。会计机构负责人任用是否得当，对单位能否正确执行国家的财政政策，能否取得较好的经济效益，能否有效地维护广大投资者和债权人的利益关系重大。

除《会计法》规定的任职资格外，《会计基础工作规范》对会计机构负责人（会计主管人员）的任职基本条件作了具体规定，包括政治素质、工作经历、政策业务水平、组织能力、身体条件。

（三）会计人员的权利和义务

会计人员的权利和义务，是会计法律关系内容的重要组成部分，其除了具有与其他会计法律关系主体共同的一般权利和义务以外，结合会计人员的工作性质，又有特殊权利和义务。

会计人员同其他所有会计法律关系的主体如单位负责人、相关业务部门的人员、会计监督部门的人员等，对违反《会计法》和国家统一会计制度的行为，都有检举权，同时，有维护和保证会计信息资料真实、完整的义务。

四、会计人员的职业道德和法律责任

（一）会计职业道德

1. 会计职业道德的含义。会计职业道德是指在会计职业活动中应遵循、体现会计职业特征，调整会计职业关系的职业行为准则和规范。

会计职业道德不仅是会计人员提高素质的内在要求，也是人们对会计职业行为的客观要求。从现代企业两权分离的受托责任观出发，会计目标决定了会计所承担的经济责任和社会责任。同时，会计信息质量直接影响着社会经济发展和社会经济秩序的健康运行，因此，会计职业道德问题受到了社会广泛关注。

2. 会计职业道德规范的主要内容。通过会计职业道德规范对会计人员职业行为加以约束是会计职业道德建设的重要途径。《会计基础工作规范》中对会计人员的职业道德作出规定，具体包括：

（1）爱岗敬业。爱岗是指会计人员热爱本职工作，安心本职岗位，并为做好本职工作尽心尽力、尽职尽责。敬业是指人们对其所从事的会计职业或行业的正确认识和恭敬态度，认真对待本职工作，将身心与本职工作融为一体。

（2）诚实守信。诚实守信是指会计人员要实事求是，严格按照会计准则、会计制度进行记账、算账和报账，做到手续完备、账目清楚、数字准确，不伪造账目，不弄虚作假，如实地反映企业经济业务事项。同时，还要依法保守本单位的商业秘密，除法律规定和单位领导人同意外，不能私自向外界提供或者泄露本单位的会计信息。

（3）廉洁自律。会计人员必须树立正确的人生观和价值观，严格划分公私界限，做到不贪、不占、不收礼、不同流合污，正确处理会计职业权利与职业义务的关系，增强抵制行业不正之风的能力。

（4）客观公正。客观是指会计人员开展会计工作时，要以客观事实为依据，真实地记录和反映实际经济业务事项，会计核算要准确，记录要可靠，凭证要合法。公正是指制定与实施会计法规制度、履行会计职能时，要做到公平公正、不偏不倚，维护会计主体和社会公众的利益。

（5）坚持原则。坚持原则，要求会计人员在处理经济业务的过程中，不为主观或他人意志所左右，严格按照会计法律、国家统一的会计制度以及与会计工作相关的法律制度办事，确保会计信息的真实、完整，维护国家利益、社会公众利益和正常经济秩序。

（6）提高技能。提高技能，是指会计人员通过学习、培训和实践等途径，不断提高会计理论水平、会计实务能力，以及职业判断能力、自动更新知识的能力、提供会计信息的能力、沟通交流能力和职业经验。运用所掌握的知识、技能和经验，开展会计工作，履行会计职责，以适应深化会计改革和会计国际化的需要。

（7）参与管理。参与管理，是指会计人员不能消极被动地局限于记账、算账和报账，要树立参与管理的意识，经常主动地向领导反映经营管理活动中的情况和存在的问题，主动提出合理化建议，协助领导决策，参与经营活动，给领导做好参谋。

（二）会计法律责任

1. 会计法律责任的概念。法律责任是指违反法律规定的行为应当承担的法律后果，即对违反者的制裁。它是一种通过对违法行为进行惩罚来实现法律规则的要求。会计法律责任是指会计人员或有关单位及其负责人因违反《会计法》义务而必须承担的不利后果，它是《会计法》中一项重要而基本的法律制度。

2. 会计法律责任的种类。《会计法》上规定的会计法律责任分为行政责任和刑事责任。

（1）行政责任。行政责任是指违法行为人违反法律规定，尚未构成犯罪，依照法律、法规规定应当承担的行政法律责任。追究行政责任，是指国家授权的有关单位对违反《会计法》的单位或个人依法采取的行政制裁措施。在《会计法》“法律责任”一章中，规定行政责任有两种形式，即行政处罚和行政处分。

（2）刑事责任。刑事责任是最为严厉的法律责任，是指犯罪行为人依法应当承担的刑事法律责任。追究刑事责任，是指国家审判机关对严重违反《会计法》并触犯《刑法》的单位或个人依法采取的刑事制裁措施。

3. 违反《会计法》规定的相关法律责任。

（1）违反会计核算等规定的法律责任。根据《会计法》第四十二条规定，违反会计核算等规定的行为主要有：不依法设置会计账簿；私设会计账簿；未按照规定填制、取得原始凭证，或者填制、取得的原始凭证不符合规定；以未经审核的会计凭证为依据登记会计账簿，或者登记会计账簿不符合规定；随意变更会计处理方法；向不同的会计资料使用者提供的财务会计报告编制依据不一致；未按照规定使用会计记录文字或记账本位币；未按照规定保管会计资料，致使会计资料毁损、灭失；未按照规定建立并实施单位内部会计监督制度，或者拒绝依法实施的监督，或者不如实提供有关会计资料及情况；任用会计人员不符合本法规定。

《会计法》对违反会计核算等规定的行为，规定了较严厉的处罚措施，主要内容是：

有违反上述所列行为之一的，由县级以上人民政府财政部门责令限期改正，可对单位并处3 000元以上5万元以下的罚款；对其直接负责的主管人员和其他直接责任人处2 000元以上2万元以下的罚款；属于国家工作人员的，还应当由其所在单位或者有关单位依法给予行政处分。

会计人员有上述所列行为之一、情节严重的，由县级以上人民政府财政部门吊销会计从业资格证书。这是对会计人员的特别规定，会计人员违反会计核算等规定，不仅要与直接负责的主管人员一样予以罚款或其他行政处分，情节严重的，还要加处吊销会计从业资格证书的处罚。

有关法律对上述所列行为的处罚另有规定的，依照有关法律规定办理。这是因为，上述所列行为不仅违反《会计法》规定，而且可能违反了其他有关法律规定，如《公司法》、《证券法》等。

有违反上述所列行为之一、构成犯罪的，依法追究刑事责任。违反会计核算等规定的行为，一般不会单独构成刑事责任。个别违反会计核算等规定的行为，有可能构成刑事责任，多数情况下是利用虚假会计核算进行偷税等违法经济活动。

（2）伪造或变造会计凭证、会计账簿，编制虚假财务会计报告的法律责任。伪造会计凭证，是指以虚假的经济业务或者资金往来为前提，编造虚假会计凭证的行为。变造会计凭证，是指采取涂改、挖补以及其他方法改变会计凭证真实内容的行为。伪造会计账簿，是指违反《会计法》和国家统一的会计制度规定，根据伪造或变造的虚假会计凭证填制会计账簿，或者不按要求登记账簿，或者对内对外采用不同的确认标准、计量方法等手段编造虚假会计账簿的行为。变造会计账簿，是指采用涂改、挖补或者其他手段改变会计账簿真实内容的行为。编制虚假财务会计报告，是指违反《会计法》、会计准则和国家统一的会计制度规定，根据虚假的会计账簿记录编制财务会计报告，或者凭空捏造虚假财务会计报告以及对财务会计报告擅自进行没有依据的修改行为。根据《会计法》的规定，伪造或变造会计凭证、会计账簿，编制虚假财务会计报告的，应当承担刑事和行政的法律责任。

（3）隐匿或者故意销毁依法应当保存的会计凭证、会计账簿、财务会计报告的法律责任。《会计法》第四十四条规定：隐匿或者故意销毁依法应当保存的会计凭证、会计账簿、财务会计报告，构成犯罪的，依法追究刑事责任。有上述行为尚不构成犯罪的，由县级以上人民政府财政部门予以通报，可对单位并处5 000元以上10万元以下的罚款；属于国家工作人员的，还应当由其所在单位或者有关单位依法给予撤职直至开除的行政处分；对其中的会计人员，并由县级以上人民政府财政部门吊销会计从业资格证书。这是对隐匿或者故意销毁依法应当保存的会计资料而承担法律责任的规定。

所谓“隐匿”，是指用隐藏、转移、封锁等手段掩盖会计资料，不使他人知道的行为。这种行为的特点是采用秘密手段将会计资料掩盖起来，以防止他人发现或者知道。其目的是为了躲避执法部门的监督检查，掩盖犯罪事实。

所谓“故意销毁”，是指明知销毁会计资料的后果仍然采取烧毁、撕毁等手段，有意识地毁坏、消灭会计凭证、会计账簿、财务会计报告的行为。这种行为的特点是行为人在主观上确有故意，而不是过失；在客观上必须实施销毁行为。否则，不构成违法行为。具体表现有：故意销毁保管期未满，应当保存的会计凭证、会计账簿、财务会计报告；故意销毁保管期满但未结清的债权债务原始凭证和涉及其他未了事项的原始凭证；故意不按照有关销毁会计档案规定销毁会计凭证、会计账簿、财务会计报告。

（4）授意、指使、强令会计机构、会计人员及其他人员伪造、变造会计凭证、会计账簿，编制虚假财务会计报告，或者隐匿、故意销毁依法应当保存的会计凭证、会计账簿、财务会计报告的法律责任。《会计法》第四十五条规定：授意、指使、强令会计机构、会计人员及其他人员伪造、变造会计凭证、会计账簿，编制虚假财务会计报告，或者隐匿、故意销毁依法应当保存的会计凭证、会计账簿、财务会计报告，构成犯罪的，依法追究刑事责任；尚不构成犯罪的，可以处5 000元以上5万元以下的罚款；属于国家工作人员的，还应当由其所在单位或者有关单位依法给予降级、撤职、开除的行政处分。这是对授意、指使、强令他人伪造、变造或者隐匿、故意销毁会计资料行为应当承担法律责任的规定。

所谓“授意”，是指行为人通过暗示方式使他人伪造、变造会计凭证、会计账簿，编制虚假财务会计报告，或者隐匿、故意销毁依法应当保存的会计凭证、会计账簿、财务会计报告的违法行为。这里讲的“他人”应作广义理解，既包括法人、自然人，同时也应包括单位及其会计机构、会计人员，即有条件实施违法行为的单位和个人。

所谓“指使”，是指行为人利用职权或者特殊地位，通过明示方式，要求他人伪造、变造会计凭证、会计账簿，编制虚假财务会计报告，或者隐匿、故意销毁依法应当保存的会计凭证、会计账簿、财务会计报告的违法行为。

所谓“强令”，是指明知其命令是违反法律的，而利用职权强迫他人执行其命令，实施伪造、变造会计凭证、会计账簿，编制虚假财务会计报告，或者隐匿、故意销毁依法应当保存的会计凭证、会计账簿、财务会计报告的违法行为。

（5）单位负责人对会计人员进行打击报复应当承担的法律责任。这里所谓“打击报复”，是指单位负责人对依法履行职责、抵制违反《会计法》规定行为的会计人员，通过各种方式进行打击报复的行为。通常采取的形式主要有：实行降级处分、降职处分、调离工作岗位处分、解聘处理、开除处理、谩骂殴打、在其他方面故意刁难歧视等。

五、会计档案和会计工作交接

（一）会计档案管理

《会计法》第二十三条规定：各单位对会计凭证、会计账簿、财务会计报告和其他会计资料应当建立档案，妥善保管。会计档案的保管期限和销毁办法，由国务院财政部门会同有关部门制定。

1. 会计档案的概念和种类。会计档案是指会计凭证、会计账簿、财务会计报告等会计核算专业资料。会计档案一般分为：

（1）会计凭证类，包括原始凭证、记账凭证、汇总凭证等。

（2）会计账簿类，包括总账、日记账、明细账、固定资产卡片、辅助账等。

（3）财务会计报告类，分为月度、季度、年度财务会计报告，包括会计报表、附表、附注及相关文字分析材料，主要财务指标快报等。

（4）其他类，包括银行存款余额调节表、银行对账单、会计移交清册、会计档案保管清册、会计档案销毁清册等。根据规定，各单位的预算、计划、制度等文件材料属于文书档案，不属于会计档案。

会计机构、会计人员要妥善保管会计凭证。

（1）会计凭证应当及时传递，不得积压。

（2）会计凭证登记完毕后，应当按照分类和编号顺序保管，不得散乱丢失。

（3）记账凭证应当连同所附的原始凭证或者原始凭证汇总表，按照编号顺序，折叠整齐，按期装订成册，并加具封面，注明单位名称、年度、月份和起讫日期、凭证种类、起讫号码，由装订人在装订线封签外签名或者盖章。

（4）原始凭证不得外借，其他单位如因特殊原因需要使用原始凭证时，经本单位会计机构负责人、会计主管人员批准，可以复制。向外单位提供的原始凭证复制件，应当在专设的登记簿上登记，并由提供人员和收取人员共同签名或者盖章。

（5）从外单位取得的原始凭证如有遗失，应当取得原开出单位盖有公章的证明，并注明原来凭证的号码、金额和内容等，由经办单位会计机构负责人、会计主管人员和单位领导人批准后，才能代作原始凭证。如确实无法取得证明的，如火车、轮船、飞机票等凭证，由当事人写出详细情况，由经办单位会计机构负责人、会计主管人员和单位领导人批准后，代作原始凭证。

2. 会计档案的归档。各单位每年形成的会计档案，应由财务会计部门按照归档要求负责整理立卷或装订。当年形成的会计档案在会计年度终了后，可暂由本单位财务会计部门保管1年。保管期满之后，原则上应由财务会计部门编制清册，移交本单位的档案部门保管；未设立档案部门的，应当在财务会计部门内部指定专人保管。

档案部门接收保管的会计档案，原则上应当保持原卷册的封装，个别需要拆封重新整理的，应当会同原财务会计部门和经办人共同拆封整理，以分清责任。

对会计档案应当进行科学管理，做到妥善保管，存放有序，查找方便，不得随意堆放，严防毁损、散失和泄密。

保存的会计档案应当积极为本单位提供和利用。会计档案原件原则上不得借出，如有特殊需要，须经本单位负责人批准，在不拆散原卷册的前提下，可以提供查阅或复制，并应履行借出手续和限期归还。

（1）会计凭证的归档及装订。

① 会计凭证装订前的整理。会计凭证记账后，会计部门应定期对各种会计凭证分类整理，装订成册。装订的范围包括原始凭证、记账凭证、科目汇总表、银行对账单等。科目汇总表的工作底稿也可装订在内，作为科目汇总表的附件。

装订会计凭证前，应做好的准备工作主要是：

第一，分类整理会计凭证，按顺序排列，并检查日数、编号是否齐全。发现会计凭证缺号时，应及时查明原因。

第二，检查记账凭证中会计主管、记账人、复核人、制单人等有关人员的签名或者印章是否齐全。

第三，检查记账凭证是否附有必需或者必要的原始凭证。检查原始凭证纸张的大小，要将大张的原始凭证折叠成与记账凭证大小相同，并要注意避开装订线，且保持数字完整。

第四，剔除会计凭证中可能存在的大头针、订书针、回形针等金属物。

第五，按会计凭证汇总日期（如上旬、中旬、下旬）归集，确定拟装订成册的册数。装订会计凭证时，每本厚度以1.5cm左右为宜。

② 装订会计凭证。一般来说，会计凭证的装订以月份为单位，每月末将凭证装订成册。装订好的会计凭证按年分月妥善保管归档。

装订前，要以会计凭证的左上侧为准，放齐，准备好装订机、线绳、铁夹、胶水、凭证封皮、包角纸等用具和材料。

装订每本会计凭证时，应当加具封面。封面一般应用上好的牛皮纸印制，其大小应略大于记账凭证。将凭证封皮和封底分别附在要装订的会计凭证上，再拿一张质地相同、面积为记账凭证1/2的纸放在封皮上角，做护角线。然后，在凭证的左上角画一边长为5cm的等腰三角形，用夹子夹住，用装订机在底线上分布均匀地打两个眼儿；再用大针引线绳穿过两个眼儿，在凭证的背面打结，再将护角向左上侧面折，并将一侧剪开至凭证的左上角，然后抹上胶水，向上折叠，将侧面和背面的线绳扣粘住。待胶水晾干后，要在凭证本的侧脊上面写上“某年某月第几册共几册”的字样。装订人在装订线封签处签名或盖章。每本会计凭证封面上，应当填写单位名称，所属年度、月份、凭证种类、起讫号码、凭证张数等。装订线上应加贴封签，由装订人加盖骑缝章。

若记账凭证所附同一种原始凭证数量过多，也可把这些原始凭证装订成册，另行保管。对各种重要的原始凭证（如各种合同、提货单、押金收据），以及随时要查阅的单据，可编目录，单独装订保管，但都应在有关记账凭证上注明，以便查阅。

装订成册的会计凭证，应指定专人负责保管。年度终了，应交财会档案室登记归档。需要调阅会计凭证时，须经会计主管人员同意，并办理调阅手续。

（2）会计账簿的归档及装订。年终，会计部门应将已更换的各种活页账簿、卡片账簿以及必要的备查簿连同账簿使用登记表装订成册，加上封面，并统一编号，由有关人员签章，与订本账簿一并归档保管。

装订会计账簿前，首先要按照账簿启用表的使用页数核对各个账户是否相符，账页数是否齐全，序号排列是否连续；账簿启用时，应将扉页填制完整，并贴上印花税票；之后，按会计账簿封面、账簿启用表、账户目录、该账簿按页数顺序排列的账页、封底的顺序装订。

装订订本式会计账簿时，应做到牢固、平整，不得折角、缺角、错页、漏页，不得加夹空白账页。同时，会计账簿的封口要严密，并要加盖有关印章。在封面上，应当注明账簿名称及所属年度、编号等。编号一般一年一编。

装订活页式账簿应保留使用过的账页，将账页数填写齐全，除去空白页，撤掉账夹，用质地上好的牛皮纸封面、封底装订成册，并按要求填写封面。三栏式、数量金额式、多栏式等不同格式的活页账，应当按类别排序，不得混装。

（3）会计报表的装订。年终，会计部门应将全年编制的会计报表按时间先后顺序整理，装订成册，加具封面，归档保管。会计报表一般按会计报表封面、会计报表编制说明、按编号排列的各种会计报表、会计报表封底的顺序装订，最后编制卷号归档。

3. 会计档案的保管期限。因为会计档案的重要程度不同，其保管期限也有所不同。根据《会计档案管理办法》的规定，会计档案保管期限分为永久和定期两类。永久即指会计档案须永久保存；定期是指会计档案应保存达到法定的时间，会计档案的定期保管期限分为3年、5年、10年、15年和25年五种。会计档案的保管期限是从会计年度终了后的第一天算起。

4. 会计档案的销毁。根据规定，会计档案保管期满需要销毁的，可以按照规定程序予以销毁。销毁的基本程序和要求是：

（1）编造会计档案销毁清册。会计档案保管期满需销毁的，由本单位档案部门提出意见，会同财务会计部门共同进行审查和鉴定，并在此基础上编制会计档案销毁清册。会计档案销毁清册是销毁会计档案的记录和报批文件，一般应包括的内容是：会计档案名称、卷号、册数、起止年度和档案编号、应保管期限、已保管期限、销毁日期等。单位负责人应当在会计档案销毁清册上签署意见。

（2）专人负责监销。销毁会计档案时，应由单位的档案机构和会计机构共同派人监销；国家机关和各级财政部门销毁会计档案时，应由同级财政、审计部门派人监销。监销人在销毁会计档案前应当按照会计档案销毁清册所列内容，清点核对所要销毁的会计档案；销毁后，监销人应当在会计档案销毁清册上签章，并将监销情况报告本单位负责人。

（3）不得销毁的会计档案。对于保管期满但未结清的债权债务原始凭证和涉及其他未了事项的原始凭证，不得销毁，而应当单独抽出立卷，保管到未了事项完毕时为止。单独抽出立卷的会计档案，应在会计档案销毁清册和会计档案保管清册上列明。另外，正在建设期间的建设单位，其保管期满的会计档案也不得销毁。

（二）会计工作交接的基本要求

会计人员工作交接是会计工作中的一项重要内容，其目的是使会计工作能够前后衔接，保证会计工作连续进行，正确判断移交人员和接管人员相关责任的有效措施。同时，严格的会计交接工作手续可防止因会计人员的变更出现账目不清、财务混乱等现象。会计交接不仅涉及会计工作的连续性，而且关系到有关人员的法律责任，因此要求交接双方和监交人员以及其他相关人员必须认真对待。

根据《会计法》的规定，会计人员调动工作或者离职、单位撤销、单位合并、分立等情况必须办理会计工作交接，会同有关人员办理清理工作，编制决算，未移交前，不得离职。

会计人员调动工作或者离职，必须与接管人员办清交接手续。一般会计人员办理交接手续，由会计机构负责人（会计主管人员）监交；会计机构负责人（会计主管人员）办理交接手续，由单位负责人监交，必要时主管单位可派人会同监交。

除《会计法》规定的“会计人员在调动工作或离职时必须办理会计工作交接”的情形之外，会计人员在临时离职或其他原因暂时不能工作时，也应办理会计工作交接，《会计基础工作规范》对此作了进一步规定：

1. 临时离职或因病不能工作、需要接替或代理的，会计机构负责人（会计主管人员）或单位负责人必须指定专人接替或代理，并办理会计工作交接手续。

2. 临时离职或因病不能工作的会计人员恢复工作时，应当与接替或代理人员办理交接手续。

3. 移交人员因病或其他特殊原因不能亲自办理移交手续的，经单位负责人批准，可由移交人委托他人代办交接，但委托人应当对所移交的会计凭证、会计账簿、财务会计报告和其他有关资料的真实性、完整性承担法律责任。

（三）办理会计工作交接的基本程序

办理会计工作交接的基本程序如下：

1. 交接前的准备工作。会计人员在办理会计工作交接前，必须做好以下准备工作：

（1）已经受理的经济业务尚未填制会计凭证的，应当填制完毕。

（2）尚未登记的账目应当登记完毕，结出余额，并在最后一笔余额后加盖经办人印章。整理好应该移交的各项资料，对未了事项和遗留问题要写出书面说明材料。

（3）编制移交清册，列明应该移交的会计凭证、会计账簿、财务会计报告、公章、现金、有价证券、支票簿、发票、文件、其他会计资料和物品等内容；实行会计电算化的单位，从事该项工作的移交人员应在移交清册上列明会计软件及密码、会计软件数据盘等内容。

（4）会计机构负责人（会计主管人员）移交时，应将财务会计工作、重大财务收支问题和会计人员情况等向接替人员介绍清楚。

2. 移交点收。移交人员离职前，必须将本人经管的会计工作在规定的期限内，全部向接管人员移交清楚，接管人员应认真按照移交清册逐项点收。实行会计电算化的单位，交接双方应在计算机上对有关数据进行实际操作，确认有关数字正确无误后，方可交接，具体要求是：

（1）现金要根据会计账簿记录余额进行当面点交，不得短缺，接替人员发现不一致或“白条抵库”现象时，移交人员在规定期限内负责查清处理。

（2）有价证券的数量要与会计账簿记录一致，有价证券面额与发行价不一致时，按照会计账簿余额交接。

（3）会计凭证、会计账簿、财务会计报告和其他会计资料必须完整无缺，不得遗漏。如有短缺，必须查清原因，并在移交清册中加以说明，由移交人负责。

（4）银行存款账户余额要与银行对账单核对相符，如有未达账项，应编制银行存款余额调节表调节相符；各种财产物资和债权债务的明细账户余额，要与总账有关账户的余额核对相符；对重要实物要实地盘点，对余额较大的往来账户要与往来单位、个人核对。

（5）公章、收据、空白支票、发票、科目印章以及其他物品等必须交接清楚。

（6）移交人员从事会计电算化工作的，要对有关电子数据在实际操作状态下进行交接。

会计机构负责人、会计主管人员移交时，必须将全部财务会计工作、重大财务收支和会计人员的情况等，向接替人员详细介绍。对需要移交的遗留问题，应当写出书面材料。

3. 专人负责监交。为了明确责任，会计人员办理工作交接时，必须有专人负责监交。通过监交，保证双方都按照国家有关规定认真办理交接手续，防止流于形式，保证会计工作不因人员变动而受影响；保证交接双方处在平等的法律地位上享有权利和承担义务，不允许任何一方以大压小、以强凌弱，或采取非法手段进行威胁。移交清册应当经过监交人员审查和签名、盖章，作为交接双方明确责任的证件。

4. 交接后的有关事宜。

（1）会计工作交接完毕后，交接双方和监交人在移交清册上签名或盖章，并应在移交清册上注明：单位名称、交接日期、交接双方和监交人的职务和姓名、移交清册页数以及需要说明的问题和意见等。

（2）接管人员应继续使用移交前的账簿，不得擅自另立账簿，以保证会计记录前后衔接，内容完整。

（3）移交清册一般应填制一式三份，交接双方各执一份，存档一份。

（四）办理会计工作交接后移交人与接交人的会计责任划分

《会计基础工作规范》第三十五条规定：移交人员对移交的会计凭证、会计账簿、会计报表和其他会计资料的合法性、真实性承担法律责任。

根据上述规定，如果移交人员所移交的会计资料是在其经办会计工作期间内发生的，那么应当对其合法性、真实性负责，即使接替人员在交接时因疏忽没有发现所交接会计资料在合法性、真实性方面的问题，如事后发现，也应由原移交人员负责，不应以已经交接而推卸责任；如果所发现的会计资料合法性、真实性问题不在原移交人员的经办期间发生，而是在其后，则不应由原移交人员承担责任，而应由接管人员承担责任。

（五）会计工作交接书（范例）

资料：华泰公司出纳人员崔斌因工作需要，经公司有关部门批准调离出纳岗位，由潘杰接管崔斌的工作。2009 年 7 月 1 日，在监交人尚枚的监交下，完成了交接必要程序，所填“出纳员交接书”如下：

出纳员交接书

原出纳员崔斌，因工作调动，财务处已决定将出纳工作移交给潘杰接管，现办理如下交接：

一、交接日期

2009 年 7 月 1 日

二、具体业务的移交

1. 库存现金：6 月 30 日账面余额 1 460 元，与实存相符，与总账相符；
2. 库存国库券：328 000 元，经核对无误；
3. 银行存款余额：5 120 000 元，经编制“银行存款余额调节表”核对相符。

三、移交的会计、凭证、账簿、文件

1. 本年度现金日记账 2 本；
2. 本年度银行存款日记账 3 本；
3. 空白现金支票 28 张（0461 号至 0488 号）；
4. 空白转账支票 15 张（1350 号至 1364 号）；
5. 付款委托书 1 本；
6. 信汇登记簿 1 本；
7. 银行对账单 1 ~6 月份 6 张；6 月份未达账项说明一份；

……

四、印鉴

1. 华泰公司财务处转讫印章 1 枚；
2. 华泰公司财务处现金收讫印章 1 枚；
3. 华泰公司财务处现金付讫印章 1 枚。

五、交接前后工作责任的划分

2009 年 7 月 1 日前的出纳责任事项由崔斌负责；2009 年 7 月 1 日起的出纳工作由潘杰负责。以上移交事项均经交接双方认定无误。

六、本交接书一式三份，双方各执一份，存档一份

移交人：崔斌（签名盖章）　　接管人：潘杰（签名盖章）

监交人：尚枚（签名盖章）

华泰公司财务处（公章）

2009 年 7 月 1 日

六、财会部门各工作岗位职责

（一）设置财会工作岗位的意义

财会工作岗位，是对一个单位的财务会计工作进行具体分工而设置的各个职能岗位。在财务机构内部设置各工作岗位，有利于明确各岗位的职责，建立岗位责任制，配备数量适当的财会人员；有利于财务会计工作的程序化和规范化，加强会计基础工作，强化会计管理职能，提高工作效率和质量。

（二）财会工作岗位设置的原则

1. 根据本单位会计业务的需要。各单位应根据会计业务需要设置财会工作岗位，由于各单位所属行业的性质、自身的规模、业务内容和数量以及会计核算与管理的要求等不同，会计工作岗位的设置条件和要求也不相同。在设置财会工作岗位时，必须结合单位的实际情况，有的分设，有的合并，有的不设，以满足会计业务需要为原则。

2. 符合内部牵制制度的要求。财会工作岗位，可以一人一岗、一岗多人。出纳人员不得兼管稽核、会计档案保管，以及收入、费用、债权债务账目的登记工作。从现实中税收检查、审计和会计工作秩序整顿中暴露出的问题看，不少单位在财会工作岗位设置上存在岗位职责不清、人浮于事、手续混乱等问题，为徇私舞弊或贪污挪用等违法乱纪行为留下了可乘之机，隐患甚大，造成损失，应值得各单位重视和引以为戒。

3. 有利于会计人员全面熟悉业务，不断提高业务素质。会计人员的工作岗位应当有计划地进行轮换，不仅可激励会计人员改进工作，在一定程度上也有助于防止违法乱纪，保护会计人员。

4. 有利于建立岗位责任制。财会工作岗位的设置包括：会计机构负责人或者会计主管人员、出纳、财产物资核算、工资核算、成本费用核算、财务成果核算、资金核算、往来结算、总账报表、稽核、档案管理等。这种设置方法，基本包括了会计业务的主要内容，为建立岗位责任制提供了比较完整的基础，是单位在具体制订工作岗位设置方案时比较理想的参考方案。

（三）财会工作岗位的设置及相关职责

1. 财务副总/总监岗位的职责。

（1）组织编制本单位的各项财务、成本计划。

（2）组织开展财务成本分析。

（3）审查或参与拟订经济合同、协议及其他经济文件。

（4）参加生产经营管理会议，参与经营决策。

（5）负责向本单位领导、职工代表大会报告财务状况和经营成果。

（6）负责拟定公司资本预算、资本运营等重要理财方案。

（7）负责保管财务印鉴，并就出纳所填制的银行结算单据进行审核，并在结算单据、公司对外的原始凭证上加盖财务专用章或相关印鉴。

2. 出纳岗位职责。

（1）负责登记现金日记账、银行存款日记账的工作，做到日清月结。

（2）在会计主管的领导下，负责现金收付和银行结算业务，保管现金、有价证券、印章、空白支票及银行印鉴卡等有关资料。

（3）负责管理银行账户，办理银行结算业务，月终及时对账，并根据需要编制银行存款余额调节表。

（4）负责统一管理管理处的发票和收据，做好各下属部门领用和核销工作。

（5）加强货币资金的管理，严格执行国家有关现金管理和银行账户管理法规制度，不得挪用公款，不得出借公司账户。

（6）出纳岗位权限：在办理收付款业务时，有权对收付款原始凭证进行复核，发现不符合规定的收支凭证有权拒绝办理。对领用的空白支票有权督促当事人及时报销，对不及时报销的人员有权拒绝其再次领用空白支票。

3. 会计主管岗位职责。

（1）认真贯彻执行《中华人民共和国会计法》、《会计基础工作规范》及其他财经、会计法规。

（2）在财务总监的领导下，组织会计循环过程，依法进行会计核算，全面实行会计电算化，实行会计监督，做好预测、计划、控制、核算、分析工作。

（3）根据审核无误的原始凭证，按照财会制度的规定，编制记账凭证，负责登记总账、往来明细账及净资产类明细账。

（4）定期编报各种内外会计报表，及时、准确、真实、完整地提供各种会计信息，提出改进财务管理工作的建议和措施，为领导决策提供可靠依据。

（5）加强对往来款项的管理，对各种应收暂付款项要及时催收；对各种应付暂收款项要及时清偿。对确实无法收回的应收款和无法支付的应付款，应认真查明原因，做到原因明、责任清，并编制应收应付款的清查报表，经上级批准后方可处理。

（6）负责妥善保管财务印鉴（不含财务名章）及有关证件，协助财务总监协调、督促、检查各岗位会计工作，必须与出纳员共同清点库存现金，以保证库存现金账实相符。

（7）严格按照《会计档案管理办法》的规定，定期进行会计档案的立卷归档和移交工作，会同有关部门销毁过期档案。

4. 工资核算岗位职责。

（1）监督工资基金的使用；

（2）审核发放工资、奖金；

（3）负责工资的明细核算；

（4）负责工资分配的核算；

（5）计提应付福利费和工会经费等费用。

5. 成本费用核算岗位职责。

（1）拟定成本核算办法；

（2）制订成本费用计划；

（3）负责成本管理基础工作；

（4）核算产品成本和期间费用；

（5）编制成本费用报表并进行分析；

（6）协助管理在产品和自制半成品。

6. 资金核算与往来结算岗位职责。

（1）资金核算岗位的职责一般包括：

① 拟定资金管理和核算办法；

② 编制资金收支计划；

③ 负责资金调度；

④ 负责资金筹集的明细分类核算；

⑤ 负责企业各项投资的明细分类核算。

（2）往来结算岗位的职责一般包括：

① 建立往来款项结算手续制度；

② 办理往来款项的结算业务；

③ 负责往来款项结算的明细核算。

（3）债权债务管理的岗位职责主要负责对债权债务的核对。

7. 财产物资核算岗位职责。

（1）执行固定资产、材料、低值易耗品等财产物资管理制度。

（2）按规定及时办理固定资产新增手续，并建立固定资产卡片，协同物资管理部门建卡入账，做到账账、账实相符；定期和不定期地对财产物资进行清查，制定财产物资的调转和报废制度，对调转和报废的财产物资要及时进行清理。

（3）负责登记低值易耗品备查账。

（4）负责对材料购入、领用、清查盘点的数量及金额进行核算登记，准确登记材料明细账，及时同保管人员对账。

（5）定期收回材料保管账，及时归档。

（6）及时编制固定资产报表及统计资料。

8. 财会综合岗职责。财会综合岗具体包括稽核、档案保管、财务损益核算、登记总账及编制报表等。

（1）稽核岗位职责。

① 经费执行的事后稽核。定期对账簿、会计报表进行检查，账簿设置和使用是否符合规定，记账、核算、更正是否符合要求，账、表之间相关数据是否正确，报表是否及时。对不符合规定和要求的，及时提出予以改正。

② 往来款项的分析与清理。

（2）档案保管岗位职责。

① 负责签收、登记、发送、保管文书档案。

② 按照会计制度的要求，及时整理、装订、保管各类凭单、报表及账册。

③ 建立会计档案查阅登记制度。凡其他部门或单位查阅会计档案，必须经各层级会计负责人同意，并办理查阅登记手续。

④ 根据票据管理的规定，管理票据的领用和注销登记工作。

(3) 财务损益核算岗位职责。

① 负责登记主营业务收入、其他业务收入、营业税金及附加，以及其他损益类明细账簿。

② 负责销售业务、现金折扣、销售退回等相关业务的处理，根据实际情况对收入进行预算和计划。

③ 负责登记实收资本、资本公积、盈余公积、本年利润、利润分配等所有者权益类明细账簿。

(4) 登记总账及编制报表岗位职责。

① 编制科目汇总表。

② 登录总账和结账。

③ 总账试算平衡。

④ 安排各会计人员核对总账与明细账，保证账证、账账和账实相符。

⑤ 编制会计报表和相关报告。

第二节　会计核算程序

所谓会计核算程序，是指企业所采用的会计凭证、账簿、财务会计报告的种类、格式以及记账程序相互结合的方式。任何单位在手工会计系统下进行会计核算时，都要填制凭证、登记账簿和编制会计报告。但由于各单位规模不同，业务有别，财会人员水平各异，管理要求不一致，各单位所采用的会计核算程序也应有所不同，选择适合本单位经营规模和管理需要的会计核算程序对于保证会计信息质量，提高会计工作效率，规范各种会计核算的组织工作，节约人力、物力，充分发挥会计在经济管理中的应有作用，都具有非常重要的意义。

目前我国企业采用的会计核算程序主要有记账凭证核算程序、科目汇总表核算程序、汇总记账凭证核算程序和日记总账核算程序等。这些会计核算程序有许多共同点，但也有区别，其中最主要的区别在于登记总账的依据和方法不同。结合本书实训的要求，简单介绍企业常用的科目汇总表核算程序。

科目汇总表核算程序是指根据各种记账凭证，先定期（每月、每半月、每旬）将所有记账凭证涉及的账户本期增减变化情况汇总后编制科目汇总表，然后根据科目汇总表登记总分类账，并定期编制会计报表的账务处理程序。

本教材第二部分第三章的企业基本资料采用科目汇总表核算程序，企业可选用收款凭证、付款凭证、转账凭证三种记账凭证，也可采用通用记账凭证格式记账，并需设置现金日记账、银行存款日记账、总分类账及明细分类账。科目汇总表可每旬汇总一次，也可每月汇总一次。

从科目汇总表核算程序的账务处理步骤可看出，由于总分类账是根据科目汇总表一次或分次登记的，大大减少了登记总账的工作量。但科目汇总表按相同总账科目汇总归类，使各账户之间对应关系不清楚，不便于分析经济业务的来龙去脉和查对账目，适用于规模较大、业务量较多、记账凭证数量较多的会计主体。

第三节　会计工作书写规范

一、会计书写基本规范

会计书写规范是指会计工作人员在经济业务活动的记录过程中，对接触的数码和文字的一种规范化书写方法。作为一名合格的会计人员，书写应当规范，正确、清晰地书写计算结果，为决策者提供准确、可靠的会计信息，提升会计工作质量，更好地为管理决策服务。

财会书写的内容包括阿拉伯数码的书写、数字大写及汉字书写两大部分。在外资企业则需外文记账，外文书写也应当规范。

财会书写基本规范的要求：正确、规范、清晰、整洁、美观。

1. 正确，指对业务发生过程中的数字和文字要准确、完整地记录下来，这是书写的基本前提。只有对所发生的经济业务正确地反映出其发生的全过程、内容及结果，书写才有意义。

2. 规范，指对有关经济活动的记录书写一定要符合财会法规和会计制度的各项规定，符合财会人员的要求。无论是记账、核算、分析、编制报表，都要书写规范，数字准确，文字适当，分析有理，文字及数字要严格按格式书写。

3. 清晰，指对有关经济活动的记录书写字迹清楚，容易辨认，账目条理清晰，使人一目了然，没有模糊不清之感。

4. 整洁，指账面干净，清洁；文字数字、表格条理清晰，整齐分明；书写字迹端正，大小均匀，无参差不齐及涂改现象。

5. 美观，书写除正确、规范、清晰、整洁外，还需尽量使结构安排合理，字迹流畅、大方，给人以美感。

二、数字书写规范

阿拉伯数字书写规范是指要符合手写体的规范要求，阿拉伯数字是世界各国的通用数字，书写顺序是由高位到低位，从左到右依次写出各位数字。具体数字书写的要求如下：

1. 高度。每个数字要紧贴底线书写，其高度占全格的1/2。除6、7、9外，其他数字高低要一致。“6”的上端比其他数字高出1/4，“7”和“9”的下端比其他数字低出1/4。

2. 角度。各数字的倾斜度要一致，一般要求上端向右倾斜60°。

3. 间距。每个数字要大小一致，排列应保持同等距离，每个字上下左右要对齐。在印有数位线的凭证、账簿、报表上，每一格只能写一个数字，不得几个数字挤在一个格里，也不得在数字中间留有空格。

4. 尽量保持个人的独特字体和书写特色，使别人难以模仿或涂改。

除此之外，不要把“0”和“6”、“1”和“7”、“3”和“8”、“7”和“9”写混，在阿拉伯数字的整数部分，可从小数点起向左按“三位一节”空1/4汉字的位置或用分位点“,”分开。

三、文字书写规范

文字书写，是指与经济业务活动相联系的文字书写，包括数字的大写和企业名称、会计科目、项目、商品类别、计量单位及摘要、财务分析报表的书写等。

（一）文字书写的基本要求

1. 简明扼要准确，指用简短的文字把经济业务发生的内容记述清楚，在栏格有限的情况下，文字数目的多少以可写满但不超出该栏格为限。会计科目写全称，不要简化，子、细目要准确，符合会计制度的规定，不能用表述不清、记叙不准的语句或文字。

2. 字迹工整清晰，指书写时用正楷或行书，不能用草书；不宜过大，一般上下要留空隙，不宜过少；不能过于稠密，适当留字距；不能写得大小不一。

（二）中文大写数字的写法

中文大写数字是用于填写需要防止涂改的销货发票、银行结算凭证、收据等，因此，在书写时不能写错。如果写错，则该张凭证作废，需重新填制凭证。

1. 数字大写的基本要求。

（1）大写金额前要冠以“人民币”字样，“人民币”与金额首位数字间不留空位，数字之间更不能留空位，写数与读数顺序要一致。

（2）人民币以元为单位，元后无角、分的需要写“整”字。如果到角为止，角后也可写“整”字；如果到分为止，分后不写“整”字。

（3）金额数字中间连续几个“0”时，可只写一个“零”字，如500.70元，应写作“人民币伍佰元零柒角整”。

（4）表示位的文字前必须有数字，如“拾元整”应写作“壹拾元整”。

（5）切忌用其他字代替，如“零”不能用“另”代替，“角”不能用“毛”代替等。

2. 大写金额写法示例如表2-3所示。

表2-3　大写金额写法举例

小写金额	大写金额		
	正确写法	容易写错为	错误原因
¥4 000.00	人民币肆仟元整	人民币：肆仟元整	“人民币”后多一个冒号
¥6 250.40	人民币陆仟贰佰伍拾元零肆角（整）	人民币陆仟贰佰伍拾元肆角（整）	漏一个“零”字
¥503 000.00	人民币伍拾万零叁仟元整	人民币伍拾万叁仟元整	漏一个“零”字
¥20 093 000.00	人民币贰仟零玖万叁仟元整	人民币贰仟零零玖万叁仟元整	多写一个“零”字
¥7 600 000.37	人民币柒佰陆拾万元零叁角柒分	人民币柒佰陆拾万零叁角柒分	漏一个“元”字

第二部分

会计综合模拟实验业务

会计综合模拟实验的企业基本资料

一、企业概况

1. 企业名称：广发工厂。
2. 性质：国有企业、一般纳税人。
3. 主要产品：A 产品、B 产品、C 产品。
4. 开户银行：工商银行广州市支行。
5. 账号：95288。
6. 纳税人登记号：913598。
7. 企业机构：

（1）两个基本生产车间：一车间和二车间；

（2）管理部门：企管办公室、供销科、财务科；
（3）医务所。
8. 生产组织和工艺过程：
（1）一车间生产 A 产品和 B 产品；
（2）二车间生产 C 产品；
（3）各种产品所耗原材料均为开工时一次投入；
（4）单步骤大量生产各主要产品。

二、会计核算方法

1. 采用科目汇总表核算形式，每 10 天汇总一次，汇总后立即登记总账。
2. 库存现金限额为 2 000 元。
3. 采用一次报销备用金制度。
4. 材料目录中规定：
（1）甲材料每公斤计划单位成本为 95 元。
（2）乙材料每公斤计划单位成本为 210 元。
（3）丙材料每公斤计划单位成本为 60 元。
（4）其他材料及包装物、低值易耗品均采用实际成本计价。发出包装物的成本按先进先出法计算。领用包装物、低值易耗品采用一次摊销法。
5. 采用直线法分类计提折旧。生产用房屋月折旧率为 0.8%，机器月折旧率为 1%，非生产用固定资产折旧率为 0.6%。
6. 该厂采用计时工资制。按当月应付工资数进行分配，并作为计提福利费、工会经费、教育经费的基数。
7. 坏账准备按应收账款的 3‰计提。
8. 采用品种法计算产品成本。
9. 长期股权投资按成本法计算。
10. 所得税税率为 25%，无其他纳税调整事项。

三、业务资料

1. 广发工厂 2009 年 12 月初部分账户期初余额如表 3－1 所示。

表 3－1　　**部分账户期初余额**　　单位：元

总　账	金　额	明细账	借或贷	金　额
库存现金	2 000			
银行存款	1 808 000			
交易性金融资产	35 000	A 公司股票	借	35 000

续表

总　账	金　额	明细账	借或贷	金　额
应收票据	15 000	洪海公司	借	15 000
应收账款	25 000	科达公司	借	15 000
		新新公司	借	10 000
坏账准备	75		贷	
原材料	719 800	甲材料 2 000 公斤，单价 95 元	借	190 000
		乙材料 2 500 公斤，单价 210 元	借	525 000
		丙材料 80 公斤，单价 60 元	借	4 800
材料成本差异	400	甲材料差异	借	1 300
		乙材料差异	贷	900
长期股权投资	400 000	G 公司股票	借	400 000
持有至到期投资	100 000	国库券	借	100 000
无形资产	80 000	商标权	借	80 000
固定资产	1 610 000	一车间厂房	借	450 000
		一车间机器	借	350 000
		二车间厂房	借	400 000
		二车间机器	借	250 000
		非生产用固定资产	借	160 000
累计折旧	180 000		贷	
短期借款	320 000	市工商银行	贷	320 000
应付票据	20 000	通海公司	贷	20 000
应付职工薪酬	12 000	职工福利 10 000 职工教育经费 2 000	贷	12 000
应付账款	150 000	长虹公司	贷	150 000
长期借款	200 000	市建设银行	贷	200 000
应交税费	80 000	应交所得税	借	80 000
实收资本	3 000 000	国家资本	贷	2 500 000
		D 公司法人资本金	贷	500 000
盈余公积	200 000	法定盈余公积金	贷	130 000
		任意盈余公积金	贷	70 000
本年利润	793 125		贷	793 125

2. “本年利润”中各转入数据的 1 ~ 11 月份累计数：

（1）主营业务收入：2 500 000 元；

（2）其他业务收入：75 000 元；

（3）营业外收入：3 225 元；

（4）主营业务成本：800 000 元；

（5）其他业务成本：35 000 元；

（6）销售费用：140 000 元；

（7）管理费用：800 000 元；

（8）财务费用：7 700 元；

（9）营业外支出：2 400 元。

四、广发工厂 2009 年 12 月份发生的会计事项及账务资料

1. 1 日，收到银行通知，用银行存款支付通海公司到期的商业承兑汇票 20 000 元。

2. 1 日，向惠州市物资公司购入甲材料 2 000 公斤，单价 92 元，增值税率 17%，用信汇方式支付货款。

3. 1 日，向河源市贸易公司购入乙材料 700 公斤，单价 215 元，增值税率 17%，货款暂欠。

4. 2 日，甲、乙两种材料验收入库，结转材料成本差异。

5. 2 日，因该厂急需用钱，将差三个月到期的洪海公司签发并承兑的半年期计息商业汇票一张到银行贴现，该汇票面值为 15 000 元，年利率为 5%，银行贴现率为 6%（假定无追索权）。

6. 3 日，用银行存款支付前欠长虹公司货款 150 000 元。

7. 3 日，用现金支付李四困难补助 600 元。

8. 4 日，采购员王燕借支差旅费 1 500 元，用现金支票支付。

9. 4 日，购入 M 公司股票 10 000 股作为交易性金融资产，每股买价 5 元，另支付相关税费 1 000 元。上述款项以银行存款支付。

10. 4 日，购入 N 公司当日发行的期限 3 年的债券 1 000 张准备持有至到期。该债券每张面值 100 元，票面利率 5%，每年付息一次，每张债券买价 117 元，另付交易费用 3 000 元，全部款项以银行存款支付。

11. 4 日，购入不需要安装的设备一台，价款 60 000 元，增值税率 17%，支付包装费、运费 800 元，价款及包装费、运费均用支票支付，该设备交一车间使用。

12. 5 日，以转账支票向百货商场购入办公用品 1 500 元，立即全部领用：一车间 600 元，二车间 500 元，管理部门 400 元。

13. 6 日，用支票购入本市物资公司出售的圆筒 100 个，单价 18 元，增值税率 17%，圆筒已验收入库，准备用于包装产品。

14. 6 日，一车间领用甲材料 1 500 公斤，用于生产 A 产品和 B 产品，A 产品消耗定额 900 公斤，B 产品消耗定额 600 公斤；二车间领用乙材料 800 公斤用于生产 C 产品。

15. 6 日，发出丙材料 60 公斤，用于维修工作，其中一车间领用 35 公斤，二车间领用 15 公斤，管理部门领用 10 公斤。

16. 7 日，转售给黄河工厂甲材料 100 公斤，单价 150 元，货款与增值税已收存银行。同日，结转已售甲材料成本。

17. 8 日，一车间出售一台不需用的设备，该设备原价 30 000 元，已提折旧 18 000 元，

设备作价16 000元已存入银行。出售时以银行存款支付拆卸费500元，并结转出售机器损益。

18. 9日，职工李刚报销职工培训学费500元，用现金支票支付。

19. 11日，职工张英报销医药费1 000元，用现金支票支付。

20. 11日，将款项10 000元汇往天津市工商银行，开立采购专户，以采购员王燕的姓名为户名。

21. 12日，接银行付款通知，本月电话费2 000元已付。

22. 13日，供销科领用包装用圆筒50个。

23. 15日，收到科达公司转来款项15 000元，归还前欠货款，货款已存入银行。

24. 16日，收到银行转来的电费付款通知，本月电费2 500元，电费每度0.5元。经查定，一车间A产品用电1 200度，B产品800度，照明500度；二车间C产品1 200度，照明300度；管理部门1 000度。

25. 17日，销售A产品60箱，每箱4 000元，增值税率17%，收到杭州某公司支票一张，送存银行。

26. 18日，根据工资汇总表分配本月工资，同时通过银行发放工资。工资汇总如下：

制造A产品生产工人工资：25 000元；

制造B产品生产工人工资：20 000元；

一车间管理人员工资：3 000元；

制造C产品生产工人工资：30 000元；

二车间管理人员工资：4 000元；

企业管理部门工资：10 000元；

医务人员工资：1 000元。

27. 18日，按工资总额的14%提取职工福利费，按工资总额的2%提取工会经费，按工资总额的1.5%提取职工教育经费。同日，开出转账支票将提取的工会经费交厂工会。

28. 20日，销售B产品90箱给杭州物资公司，每箱3 500元，增值税率17%，用银行存款代垫运杂费1 000元，已办妥托收手续。

29. 21日，销售C产品70箱给长沙贸易公司，每箱6 000元，增值税率17%，收到不带息的6个月期限的商业承兑汇票一张。

30. 22日，采购员王燕返厂，报销差旅费1 200元，退回现金300元。同日，王燕报销用南京市工商行采购专户款项采购的丙材料普通发票一张，价款7 000元。该材料110公斤全部验收入库。当天收到银行转来的南京采购专户余款3 000元的收款通知。

31. 23日，采用信汇方式，支付离休干部赵辉本月工资1 000元，款项已汇出。

32. 23日，职工食堂采购炊具用款150元，以现金支付。

33. 23日，厂部召开先进生产者表彰大会，用现金购买奖品200元。

34. 23日，用支票向本市劳保用品商店购入工作服400套，每套90元，增值税率17%，工作服验收入库（其增值税可抵扣）。

35. 23日，一车间领用工作服100套，二车间领用50套。

36. 24日，经财产清查发现丙材料盘亏2公斤，圆筒盘盈2个，一车间盘亏机器一台，账面原价70 000元，已提折旧66 000元。

37. 24 日，经厂部审批，盘亏机器作营业外支出，圆筒盘盈冲减管理费用，丙材料盘亏系保管员李兵管理不善所致，损失由李兵赔偿。

38. 24 日，经查实，应收账款中新新公司因破产，所欠款项无法追回，冲减坏账准备。另外，2008 年已冲销的广州 W 公司应收款 20 000 元又收到入账。

39. 24 日，二车间报废机器一台，原价 5 000 元，已提折旧 4 800 元，用现金支付清理费用 100 元。报废机器残料交废品公司收购，获现金 200 元，同时结转固定资产清理损益。

40. 25 日，接受华夏公司投资转入机床一台，账面原价 45 000 元，已提折旧 15 000 元，评估确认价为 25 000 元。机床交一车间使用。

41. 25 日，根据投资合同，将原值为 7 000 元的二车间设备投向远东公司，该设备已提折旧 3 000 元，双方协议作价 5 500 元。

42. 25 日，从广州市商业银行借入三年期借款 400 000 元，借款存入银行，该项借款用于购建固定资产。

43. 26 日，银行通知本月存款利息 1 500 元已入户。

44. 26 日，摊销商标权价值 1 000 元。

45. 26 日，用银行存款支付产品展览费 2 500 元。

46. 26 日，收到 G 公司分来的税后股利 5 000 元存入银行。G 公司与本企业所得税率均为 25%。

47. 27 日，按规定计提本月折旧额。

48. 27 日，计算并结转原材料应分摊的材料成本差异。

49. 28 日，按生产工人工资计算并分配一车间的制造费用，同时结转二车间制造费用。

50. 29 日，本月产品全部完工，其中 A 产品 60 箱，B 产品 90 箱，C 产品 70 箱。计算产品生产成本并结转已销产品成本。

51. 30 日，提取坏账准备。

52. 31 日，计算应交增值税，同时上交应交的增值税金。

53. 31 日，结转损益类账户；计算全年应交所得税并结转“所得税费用”账户。

54. 31 日，把“本年利润”转到“利润分配——未分配利润”账户。

55. 31 日，按税后利润的 10% 提取法定盈余公积金，按 5% 提取任意盈余公积，按税后利润的 20% 向投资者分配利润，并用银行存款支付。

56. 31 日，结转利润分配各明细账，计算年末未分配利润。

57. 31 日，交清所欠税金。

第四章

企业会计综合模拟手工实验

实验一　建立账簿和登记期初余额

一、实验目的和要求

根据企业设置的会计科目开设账户，并登记期初余额，要求了解建立账簿和开启账簿的规则，根据实验资料分别开设总分类账、日记账和明细分类账，掌握开设账簿的方法，并登记各账户的期初余额。

二、实验内容

1. 设置会计账簿。
2. 建立总分类账。
3. 建立日记账、明细分类账。
4. 登记各账簿的期初余额。

三、实验资料

1. 账簿资料见“会计综合模拟实验专用账册”。
2. 期初建账资料见第三章“会计综合模拟实验的企业基本资料”。
3. 期初建账要求：根据广发工厂 2009 年 12 月初期初余额涉及的会计科目开设总分类账户、现金日记账、银行存款日记账和有关明细分类账户。

四、实验操作知识

（一）会计账簿的概述

会计账簿简称账簿，是按照会计科目开设账户并由具有一定格式、相互联结的账页组成，以会计凭证为依据，用来序时、分类地记录经济业务，能够对全部经济业务活动进行全面、系统、连续、分类地记录和核算经济业务的簿籍，是积累、储存经济业务资料的数据库。合理设置账簿和正确无误地登记账簿是会计核算工作的重要环节。

会计账簿按不同的标准有多种分类。账簿按其用途可分为序时账簿、分类账簿和备查账簿；按其外表形式可分为订本式账簿、活页式账簿和卡片式账簿。

（二）会计账簿的基本内容

1. 账簿封面。账簿封面主要包括账簿名称、会计单位和账簿记账时期等。

2. 账簿启用交接表。账簿启用交接表主要包括单位名称、账簿名称、账簿编号、账簿页数、启用日期、使用单位公章、经管人员、接交记录等。

3. 账页。账页是构成账簿的主要部分，虽然根据其反映的经济业务不同具有多种格式，但其基本内容都包括：账户名称、日期栏、凭证种类和号数栏、摘要栏、金额栏、总页次和分页次等。

（三）设置会计账簿

设置会计账簿是指会计人员根据会计法规、制度的规定，结合会计核算工作的需要，建立会计账册的工作，即建账。

设置会计账簿是会计核算工作中最重要的基础环节。会计主体在设置账簿体系时，既要考虑符合国家统一规定的要求，又要结合本单位的业务特点及管理要求，设置功能各异、结构合理的账簿体系。例如，现金日记账、银行存款日记账和分类账是公司法和税法要求会计单位必须设置的账簿。此外，当一个单位有外汇收支业务时，就应设置外汇收支日记账。

会计账簿可以把大量分散的核算资料，通过归类、整理、积累、储存起来，形成完整、系统的会计信息。设置会计账簿的目的是为会计核算工作提供必要的手段。

1. 设置会计账簿的基本原则。

（1）兼顾国家统一规范及会计主体的具体情况。单位在设置会计账簿时要遵守会计法律、制度统一规定的要求，依法设置会计账簿。同时，又要结合本单位的业务特点以及管理要求，设置功能各异、结构合理的账簿体系。

（2）要全面反映会计对象的内容。单位设置会计账簿时要能满足全面、系统地反映本单位经济活动的全貌，为单位经营管理提供所需的会计核算资料，不能有任何遗漏。

（3）便于为编制财务报告提供资料。设置和登记账簿的主要目的之一是为编制财务报告提供资料。在设置账簿时就应该考虑到期末编制财务报告的需要，使所设置的账簿的种类和内容与编制财务报告接轨。

(4) 设置账簿要体现效益性原则。单位在设置账簿的数量、账簿的格式时，应与单位的规模大小、业务的繁简及管理的需要等相适应，力求简明、实用，避免多设账、重复设账，避免浪费人力、物力。

2. 设置会计账簿的程序。新成立的单位在成立初始以及原有单位在会计年度开始，都要建账。建立账簿是企业单位进行会计核算的起点。由于各单位的会计核算建立在持续经营与会计分期等假设之上，因此，在每个会计期初，应将上期期末各账户的期末余额过入本期各账簿中，作为期初余额，同时对期末无余额的账户或未开设的账户，比如损益类账户，也要根据企业的实际需要建立新账簿。企业在结束旧账时，也应开设新账。

在年初建账时，重点是按照上一年度设置的账簿体系设置新的账簿并开设账户，如果本年度的经营规模、经营业务及会计工作组织等发生变化，可以调整增加和减少某些账户。同时，年初建账时，总分类账、日记账和多数明细分类账应每年更换一次，但有些财产物资明细分类账和债权债务明细分类账，由于材料品种、规格和往来单位较多，更换新账时重抄一遍工作量较大，因此，可以跨年度使用，不必每年度更换一次。另外，各种备查账簿也可连续使用。

3. 设置会计账簿的方法。

(1) 账簿的开启。账簿的开启包括填写账簿封面、账簿启用交接表和账户目录，见《会计综合模拟实验专用账册》。填写启用交接表时，应填明启用日期和启用账簿的起止页数，如启用的是订本式账簿，起止页数已经印好不需再填，如启用的是活页式账簿，起止页数可以等到装订成册时再填；还要填写记账人员姓名和会计主管姓名，并加盖印章和单位财务公章。

填写账户目录时，订本式账簿要顺序编定页数，不得跳页、缺号，可根据实际需要保留空白账页。填写活页式账簿时，要按账户顺序编列分页号，一个账户编一个号，当一个账户记载两页以上时，可在分页号后加编附号，如某账户的分页号是5号，有三页账页，则分页号分别编为5-1、5-2和5-3。年终装订成册，装订后再按实际使用的账页编定页数，另加账户目录。

(2) 设置总分类账的方法。总分类账是按照总分类科目设置，用来分类登记全部经济业务的账簿。总分类账对所属明细分类账起着统驭、控制的作用。同时，它也是编制会计报表的主要依据。因此，每一个会计主体都必须设置总分类账。

在设置总分类账时，应根据提供会计信息的要求，按照国家统一的《企业会计准则——应用指南》及会计制度中规定的会计科目开设账户，以保证会计核算指标的可比性，便于在一个部门乃至全国范围内综合汇总和分析利用。

在保证提供统一核算指标的前提下，各单位可以根据本单位的具体情况和经济管理要求，对统一的会计科目作必要的增补或兼并。

① 总分类账的格式。总分类账的格式主要有三栏式、多栏式、棋盘式等，但通常采用的是三栏式账页。

② 总分类账的外表形式应采用订本式账簿。总分类账簿是用来核算经济业务的总括内容的账簿，具有统驭性的作用。为保护总分类账记录的安全完整，总分类账的外表形式应采

用订本式账簿。

订本式账簿是指把许多账页装订成册的账簿。这种账簿的账页固定，既可防止账页散失，也可防止抽换账页。由于账页固定，预留账页数与实际需要量可能不一致，使用起来欠灵活，而且在同一时间内只能由一人登记账簿，不便于分工记账。

③ 填写总分类账目录。三栏式总分类账目录页以《企业会计准则——应用指南》中设定的会计科目的顺序填写，并结合企业的实际业务特点，各企业可以根据本单位的具体情况和经济管理要求，对统一的会计科目作必要的增补或兼并，这样有利于会计报表的编制。

④ 总分类账期初余额的登记。登记时，在总分类账的第一行余额栏内填写上月或上年结转的余额，并在摘要栏注明“上月结转”或“上年结转”字样，作为期初余额。

（3）设置明细分类账的方法。明细分类账是根据明细科目设置，用来分类、连续地记录有关经济业务的详细情况的账簿。明细分类账对各有关会计要素项目进行较为详细的分类反映，是对有关总分类账的补充，起着详细说明的作用，同时，还可以为编制会计报表提供所需的详细资料。

① 明细分类账应根据国家统一会计制度的规定和单位管理的需要设置。明细分类账是对总分类账的进一步分类，其提供的明细核算资料，大部分主要为企业内部管理服务。国家统一的会计制度也只对少数明细科目的名称作出了明确规定，大部分则只规定了设置的方法和原则。例如，企业会计制度中关于“固定资产”明细科目设置的规定是“企业应当按固定资产类别、使用部门和每项固定资产进行明细核算”。因此，单位在设置明细分类账时，对于有明确规定的应按照会计制度的规定设置明细分类账户；对于没有明确规定的，应按照会计制度规定的方法和原则，以及单位管理的需要设置明细分类账户。

② 根据企业经济管理的需要选择明细分类账格式。明细分类账的账页格式主要有三栏式、数量金额式和多栏式等，企业应根据经济管理的需要选择适合的明细分类账的格式。

三栏式明细分类账账页，适用于只需要反映金额的经济业务，如“应收账款”、“应付账款”等不需要进行数量核算的债权、债务结算账户。它与三栏式总分类账的格式、登记方法相同。

数量金额式明细分类账账页，一般用于反映存货收、发、存的详细情况，适用于既要进行金额核算，又要进行实物数量核算的各种财产物资账户，如“原材料”、“库存商品”等账户的明细分类核算。

多栏式明细分类账账页，一般用于反映费用、成本、收入情况，适用于借方或贷方需要设多个明细科目或明细项目的账户，可分为借方多栏式明细分类账，如“生产成本”、“制造费用”、“管理费用”等账户；贷方多栏式明细分类账，如“主营业务收入”、“营业外收入”等账户；借贷多栏式明细分类账，如“本年利润”、“利润分配”、“应交增值税”等账户。它们详细反映费用成本的构成情况，充分满足对费用和成本分析、控制的需要。

③ 明细分类账的外表形式一般采用活页式、卡片式账簿。明细分类账提供明细核算的具体资料，是对有关总分类账的补充，起着详细说明的作用。因此，为了便于账页的重新排列和记账人员的分工，明细分类账采用活页式和卡片式账簿。

活页式账簿是指账页不固定，采用活页形式的账簿。这种账簿页数可根据需要确定，可随时增加账页，并且可同时由多人进行分工记账。账簿的空白账页，在使用时需连续编号，装置在账夹中，并由有关人员盖章，以防散失。使用完毕不再登账时，将其装订成册，以便保管。

卡片式账簿是指用印有记账格式的卡片，详细登记各项经济业务的账簿。卡片不固定在一起，数量可根据经济业务量增减。使用完毕不再登账时，将卡片穿孔固定保管。

（4）设置日记账的方法。日记账包括现金日记账和银行存款日记账。现金日记账是由出纳人员根据现金收款凭证和付款凭证，按照经济业务发生时间的先后顺序，逐日逐笔进行登记单位现金增加、减少及结存情况的账簿。银行存款日记账是由出纳人员根据银行存款收款凭证和付款凭证，按照经济业务发生时间的先后顺序，逐日逐笔进行登记单位银行存款增加、减少及结存情况的账簿。现金、银行存款日记账其实就是现金、银行存款的明细分类账。设置了现金、银行存款日记账，就不需要再设置现金、银行存款的明细分类账。

现金、银行存款日记账每日及每月终了都需要进行“日清月结”的工作。其中现金日记账根据现金收款、付款凭证按经济业务的先后顺序逐日逐笔进行登记，银行存款日记账根据银行存款收款、付款凭证按经济业务的先后顺序逐日逐笔进行登记。

① 现金日记账和银行存款日记账的账页格式和外表形式。日记账的账页一般有三栏式和多栏式两种格式。日记账的格式要与企业采用的账务处理程序相适应，并能满足企业对现金、银行存款的管理要求，一般采用的多为三栏式，只要求反映增加、减少和结余三个项目的资料。

为了加强货币资金的管理，保证货币资金及有关账簿资料的安全、完整，日记账必须采用订本式账簿，不得用银行对账单或其他方法代替日记账。

② 日记账期初余额的登记。登记时，在日记账的第一行余额栏内填写上月或上年结转的余额，并在摘要栏注明“上月结转”或“上年结转”字样。

实验二　填制与审核会计凭证

一、实验目的和要求

通过会计凭证的实验，熟悉会计凭证的内容，掌握原始凭证的填制方法和审核方法，并掌握根据原始凭证判断会计分录并填制记账凭证的基本技能；掌握各种记账凭证的填制方法和审核方法。同时，还要注意了解会计凭证的传递与保管方面的内容。

二、实验内容

1. 原始凭证的填制及审核。
2. 记账凭证的填制及审核。
3. 科目汇总表的编制。
4. 记账凭证的更正及装订。
5. 记账凭证的传递与保管。

三、实验资料

1. 所有经济业务的原始凭证、记账凭证、科目汇总表等另附。

2. 填制要求：

（1）根据广发工厂2009年12月发生的经济业务及相关原始凭证，分别填制记账凭证。

（2）将填制的记账凭证及所附原始凭证装订成册。

（3）审核已填制的记账凭证。

（4）根据各种记账凭证编制科目汇总表。

四、实验操作知识

会计凭证是记录经济业务发生和完成情况的书面证明，也是登记账簿的依据。任何单位在处理任何经济业务时，都必须由执行和完成该项经济业务的有关人员从单位外部取得或自行填制有关凭证，以书面形式记录和证明所发生的经济业务的性质、内容、数量、金额等，并在凭证上签名或盖章，以对经济业务的合法性和凭证的真实性、完整性负责。任何会计凭证都必须经过有关人员的严格审核并确认无误后，才能作为记账的依据。合法地取得、正确地填制和审核会计凭证，是会计核算的基本方法之一，也是会计核算工作的起点，在会计核算中具有重要意义。

会计凭证按照编制的程序和用途不同，分为原始凭证和记账凭证。这是会计凭证最基本的分类。

（一）原始凭证

原始凭证是在经济业务发生或完成时取得或填制的，用以记录或证明经济业务的发生或完成情况、明确经济责任的书面证明。每项经济业务的发生都必须取得或填制原始凭证，这是填制、审核会计凭证最基本的要求。

1. 原始凭证的分类。原始凭证按照来源不同，可以分为外来原始凭证和自制原始凭证。

（1）外来原始凭证。外来原始凭证是指在经济业务发生或完成时，从其他单位或个人直接取得的原始凭证。如购买货物取得的增值税专用发票，销售货物取得的支票，职工出差取得的飞机票、火车票等。

（2）自制原始凭证。自制原始凭证是指由本单位内部经办业务的部门或个人，在完成某项经济业务时自行填制的原始凭证。

自制原始凭证按其填制手续不同，又可分为一次凭证、累计凭证、记账编制凭证和汇总原始凭证四种。

2. 原始凭证的基本内容。无论哪种原始凭证，一般都具有下列基本内容：

（1）原始凭证名称。如发票、收据、领料单等。原始凭证的名称主要用于明确交易或事项的性质。

（2）接受凭证的单位名称。在实际工作中也称为“抬头”，主要用于证明交易或事项发生、完成的事实。

（3）原始凭证的填制日期和编号，主要用于记录交易或事项发生、完成的时间，明确交易或事项所属的期间。

（4）经济业务的主要内容，包括对交易或事项的简要说明，如摘要、用途、实物名称、计量单位、数量、单价等。

（5）经济业务所涉及的大小写金额。

（6）填制凭证的单位名称或填制人姓名及经办人员的签名或者签章，主要是据以明确经济责任。

有的原始凭证，不但要满足财务会计工作的需要，还要满足生产、计划、统计及其他业务部门的需要，所以在某些自制原始凭证上还应注明有关生产、计划和统计等方面的资料，如注明计划定额、合同编号等。

3. 原始凭证的审核。保障会计信息可靠性必须从源头做起，即充分发挥会计监督作用，对取得和自制的原始凭证所反映的经济业务进行认真严格的审核。只有经过审核的原始凭证，才能据以编制记账凭证，作为登记账簿的依据。

原始凭证的审核内容包括以下三个方面：

（1）原始凭证的合法、合理性。审核原始凭证时，首先应审核它所反映的经济业务是否符合国家有关方针政策、法令、准则、制度和其他规定等，即审核其合法性。例如，固定资产折旧计算方法是否符合财务通则的规定，前后各期是否一致等。其次，要审核它所记录的经济业务内容是否符合计划，有无违反财经纪律，不按制度、手续、计划办理的事项；有无扩大成本、费用开支范围的情况，以及是否严格执行经济合同的有关规定，有无不讲经济效果、铺张浪费，甚至虚报冒领、贪污舞弊等不法行为。

（2）原始凭证的完整性。即审核原始凭证所记录的经济业务内容是否完整，手续是否完备，应填写的项目是否填写齐全，有关经办人员是否都已签章，是否经过主管人员审批同意等。如果发现填写内容不完整，签章手续不齐备，要退回原经手单位或个人补填，补办手续后才能受理。

（3）原始凭证的正确性。即审核原始凭证中文字和数字是否填写清楚，数字计算是否正确，大小写金额是否相符等。如果发现数字计算有误、书写不清的原始凭证，应退还给经办人员进行更正或重新填写。发票、支票等票据若有数字错误，必须退回重新填制，不得更改。

4. 原始凭证审核结果的处理。原始凭证的审核是一项政策性很强、十分细致和严肃的工作。会计机构和会计人员必须认真执行《中华人民共和国会计法》所赋予的职责、权限，坚守制度、坚持原则，按照国家统一的会计制度的规定对原始凭证进行审核。

会计机构和会计人员审核原始凭证时，对于不真实、不合法的原始凭证有权不予接受，并向单位负责人报告；对记载不准确、不完整，手续不完备，数字有差错的原始凭证，应当予以退回，并要求按照国家统一的会计制度的规定更正、补充。

原始凭证只有经过审核无误后，才能作为编制记账凭证和登记账簿的依据。

（二）记账凭证

记账凭证是指会计人员根据审核无误的原始凭证或原始凭证汇总表归类整理编制的，用来确定经济业务应借、应贷会计科目及其金额（会计分录）而填制的作为记账依据的一种会计凭证。它是登记账簿的直接依据。

记账凭证与原始凭证都是会计凭证，二者的本质区别在于记账凭证载有会计分录，因而能够作为登记账簿的直接依据，而绝大多数原始凭证上所登记的只是已经发生的经济业务内容，一般不能满足登记账簿的需要。

1. 记账凭证的分类。记账凭证主要有三种分类方法。

（1）按其用途不同，可分为专用记账凭证和通用记账凭证两种。

① 专用记账凭证。专用记账凭证是专门用于某一类经济业务的记账凭证，分为收款凭证、付款凭证、转账凭证三种。收款凭证是用来记录库存现金和银行存款等货币资金收款业务的凭证，它是根据库存现金和银行存款收款业务的原始凭证填制的；付款凭证是用来记录库存现金和银行存款等货币资金付款业务的凭证，它是根据库存现金和银行存款付款业务的原始凭证填制的；转账凭证是用来记录与库存现金、银行存款等货币资金收付款业务无关的转账业务的凭证，它是根据有关转账业务的原始凭证填制的。

② 通用记账凭证。通用记账凭证是适用于所有经济业务的记账凭证。采用这种记账凭证的企业单位，不分收款业务、付款业务还是转账业务，而统一采用一种格式的记账凭证。

（2）按其填制方式不同，可分为复式记账凭证和单式记账凭证。

① 复式记账凭证。复式记账凭证就是把一项经济业务涉及的应借、应贷的各个会计科目，都填列在一张记账凭证中。也就是说每张记账凭证中应登记两个或两个以上的会计科目，反映一项经济业务的完整内容。前述各种专用记账凭证和通用记账凭证，都属于复式记账凭证。

② 单式记账凭证。单式记账凭证就是把某项经济业务所涉及的每个会计科目，分别填制记账凭证，每张记账凭证只填列一个会计科目，其对方科目只供参考，不凭以记账。也就是把某一项经济业务的会计分录，按其所涉及的会计科目，分别填制两张或两张以上的记账凭证。借方科目填制借项记账凭证，贷方科目填制贷项记账凭证。

（3）按其反映的业务数量分类，可分为非汇总记账凭证和汇总记账凭证。

① 非汇总记账凭证。非汇总记账凭证是没有经过汇总的记账凭证，前面介绍的专用及通用记账凭证都是非汇总记账凭证。

② 汇总记账凭证。汇总记账凭证是根据非汇总记账凭证按一定的方法汇总填制的记账凭证。汇总记账凭证按汇总方法不同，可分为分类汇总记账凭证和全部汇总记账凭证。分类汇总记账凭证是根据一定期间的记账凭证按其种类分别汇总填制的，如汇总收款凭证、汇总付款凭证和汇总转账凭证；全部汇总记账凭证是根据一定期间的全部记账凭证汇总填制的，如科目汇总表。根据汇总的记账凭证登记总分类账可以大大减少总分类账的登记工作量。

2. 记账凭证的基本内容。记账凭证按不同标志划分为不同类型，不同种类的记账凭证其格式和内容是各不相同的，但为满足记账的要求，各种记账凭证都应具备下列基本内容（也即凭证要素）：

（1）填制凭证的日期。

（2）凭证编号。

（3）经济业务摘要。

（4）会计科目（包括一级科目和明细科目）。

（5）金额和记账方向。

（6）所附原始凭证张数。

（7）填制、审核等人员签名或者盖章。

3. 记账凭证的填制要求。记账凭证是登记账簿的直接依据，而且也是成本核算和利润计算的依据，为了保证账簿记录的正确无误，填制记账凭证时应做到记录真实、内容完整、分录正确、书写清楚和填制及时。填制记账凭证应符合以下几项要求：

（1）填制记账凭证的依据是审核无误的原始凭证。

（2）记账凭证日期的填写。记账凭证日期的年、月、日应写齐全。记账凭证的日期，一般应填写会计人员填制记账凭证当天的日期，但也可以根据管理需要，填制经济业务发生的日期，或月末日期。因此，它可能与所依据的原始凭证日期一致，也可能不一致。一般来说，记账凭证日期的填写具体要求如下：

① 报销差旅费应填写报销当日日期。

② 现金收、付业务应填写现金收、付的日期。

③ 银行收款业务应填写财会部门收到银行进账单或银行进账单戳记的日期，但是，当实际收到进账单的日期与银行戳记日期相隔较远或月初收到上月银行收款凭证时，则应按财会部门实际办理转账业务的日期填写。

④ 银行付款业务应填写财会部门开出付款单据或承付的日期。

⑤ 计提费用、分配利润等转账业务应填写当月月末日期。

（3）编写记账凭证编号。编写记账凭证时，必须连续编号，不得跳号或重号。编号时，可以采用统一编号，也可以按凭证类别的顺序编号。使用哪种方法编号，应根据各单位经济业务事项发生数量的多少或需要编制记账凭证种类的多少来决定。

① 单位经济业务量较小时，一般按统一编号，一般适用于通用记账凭证，每月从第 1 号记账凭证起，按照经济业务发生的顺序依次编号。如记字 1 号、记字 2 号等，编至最后一笔经济业务事项结束。

② 单位经济业务量较大时，应当按凭证类别的顺序编号，比较适用于专用记账凭证。它具体又可以分为两种方式：一是使用专用记账凭证时，按收款凭证、付款凭证和转账凭证分别进行顺序编号，每一类都从第 1 号起依次进行编号；二是将记账凭证分为现金收、付，银行存款收、付和转账业务 5 类，每一类都从第 1 号起连续进行编号。

③ 如果一笔经济业务要填制两张以上复式记账凭证，可以采用分数编号法编号。例如，第 6 号转账凭证的经济业务需要填制两张转账凭证，则可编为转字 $6\frac{1}{2}$、转字 $6\frac{2}{2}$。前面的整数表示业务顺序，分子表示两张中的第一张和第二张。经济业务事项的合计数只填写在最后一张凭证上，第一张凭证上的合计行的金额栏处用对角线划去。分数编号方法，原则上只限于转账凭证使用。

（4）记账凭证摘要的填写。记账凭证的摘要栏是对经济业务的简要说明。它没有统一的模式，填写的基本要求是真实准确、简明扼要。对记账凭证摘要的几点要求是：

① 现金、银行存款的收付款项应写明收付对象、结算种类、支票号码和款项主要内容。

② 财产、物资收付事项应写明物资名称、计量单位、规格、数量、收付单位。

③ 往来款项要写明对方单位和款项内容。

④ 待处理事项应写明对象内容、发生时间。

⑤ 财物损益事项应写明发生的时间、内容。

⑥ 内部转账事项应写明经济业务事项内容。

⑦ 调整账目事项应写明被调整账目的记账凭证日期、编号及原因。例如对于冲销或补充等差错事项，应写明“注销×月×日×号凭证”或“订正×月×日×号凭证”字样。

⑧ 摘要如果在记账凭证的一行内写不下，可以转入下一行，不受记账凭证行次限制。

（5）会计科目的填写。

① 会计科目必须逐个填写汉字科目全称，不得简写或只写会计科目的编号而不写名称，不得用省略符号代替。需要登记明细账的，还应列明二级科目和明细科目的名称，以便登记有关明细账。如使用会计科目章，要用蓝色印油，并与横格底线平行盖正。

② 填制会计科目时应先填写借方科目，后填写贷方科目。

③ 每张记账凭证只能反映一项经济业务，除少数特殊业务外，不能把不同内容、不同类型的业务合并，编制一组会计分录，填在一张记账凭证上，也不能人为地把一笔业务任意割裂开来，填制在几张凭证上。

（6）金额栏数字的填写。

① 填写记账凭证的金额栏时，阿拉伯数字书写要规范，金额合计数的借、贷方金额必须相符。合计数前要写人民币元的缩写“￥”，不是合计金额则不需填写货币符号。

② 填写金额不得跳行，对多余空行应划斜线注销，应从金额栏最后一笔金额数字下的右上角处至合计数行上面左下角处划一条对角线注销。要注意两端都不能划到有金额数字的行次上。

（7）附原始凭证。记账凭证记录的经济业务必须以能证明该项业务的原始凭证作为附件。凡能证明经济业务内容的各种原始凭证，不论张数多少，都应按要求附在该记账凭证后面。具体要求如下：

① 除结账和更正错误的记账凭证可以不附原始凭证外，其他记账凭证必须附有原始凭证。

② 如果一张原始凭证涉及几张记账凭证，一种方法是把原始凭证附在一张主要的记账凭证后面，并在其他记账凭证上注明“本记账凭证附件包括×字×号记账凭证业务”或“原始凭证附在×字×号记账凭证后面”等字样；另一种方法是把原始凭证进行复印，把复印件附在其他记账凭证上。

③ 填写原始凭证张数时，应当使用阿拉伯数字，应当采用横排方式自左至右书写。

（8）记账凭证的签名或盖章。记账凭证填制完成后，要由有关人员签名或盖章，以示负责。其一般过程是：

① 凭证填制人员填制完成后在制单处签章；

② 稽核人员审核后签章；

③ 会计主管人员复核后签章；

④ 对收、付款凭证，出纳员在办理款项收付后在出纳栏内签章，表明其对该款项已经进行了收付；

⑤ 记账人员根据记账凭证登记账簿后，在记账栏内签章。

注意盖姓名章要用红色印油。

（9）过账符号的填写。为了防止在记账过程中漏记或重记，也为了便于日后核对账目时进行查找，记账人员在根据记账凭证登记有关明细账后，必须要认真填写过账符号栏，即记账后在记账符号栏内画“√”，表示已经记账。

（10）对于现金和银行存款之间的收付业务（也称相互划转业务），即将现金存入银行，或从银行提取现金业务，为避免重复记账，目前的惯例是统一按减少方填制付款凭证，而不再填制收款凭证。如，从银行提取现金业务，填制银行存款付款凭证；将现金存入银行业务，填制现金付款凭证。

4. 记账凭证的审核。记账凭证应对以下内容进行审核：

（1）记账凭证所记录的经济业务与所附原始凭证所反映的经济业务是否相符；记账凭证是否附有原始凭证；所附原始凭证的构成要素是否齐全，内容是否合法、真实；所附原始凭证张数与记账凭证上所列原始凭证张数是否相符等。

（2）记账凭证的应借、应贷会计科目是否正确，账户对应关系是否清楚，所使用的会计科目及其核算内容是否符合会计制度的规定。

（3）金额计算是否正确；记账凭证所反映的每项经济业务内容的数量、单价及据以计算的金额是否正确，合计金额是否正确。

（4）摘要是否填写清楚、项目填写是否完整以及有关人员签章是否齐全等。

（5）记账凭证书写是否正确、清楚，是否使用规定的书写用笔及墨水书写，是否有污染、涂抹、刮擦、挖补等情况。

5. 记账凭证错误的更正。记账凭证如发现错误，要区分不同的情况采取不同的更正方法。

（1）对于在填制记账凭证时、登记账簿之前发现记账凭证填制的错误，应由原制证人员重新填制。

（2）对于已经登记入账的记账凭证，在当年内发现记账凭证填制错误时，可以采用：

① 红字更正法，适用于会计科目发生的错误。具体更正方法是：先填制一张与错误凭证内容相同的记账凭证，并在摘要栏中注明“冲销×月×日×号凭证”字样，再用蓝字重新填制一张正确的记账凭证，在摘要栏中注明“更正×月×日×号凭证”字样。

② 补充登记法，适用于记账凭证所填列的会计科目正确，只是金额数字填制错误。其更正方法是：将正确数字与错误数字之间的差额，另编一张调整的记账凭证，调增金额时用蓝字，并在摘要栏中注明“补充×月×日×号凭证”字样；调减金额时用红字，并在摘要栏中注明“冲减×月×日×号凭证”字样。

③ 银行存款收付业务的记账凭证发生错误时不能采用补充登记法，一律使用红字更正法。

（3）对于发现以前年度记账凭证有错误的，应当用蓝字填制一张更正的记账凭证。

（4）登记总账后，发现科目汇总表有差错，但记账凭证和明细账没有错误，可编制一张更正的汇总表，冲减的科目金额用红字，调增的科目金额用蓝字。

6. 记账凭证的保管与装订。

（1）记账凭证的保管。

① 记账凭证应当连同所附的原始凭证或者原始凭证汇总表，按照编号顺序，折叠整齐，按期装订成册，并加具封面，由装订人在装订线封签处签名或者盖章。

② 如果原始凭证数量过多，可以单独装订保管，在封面上注明记账凭证日期、编号、种类，同时在记账凭证上注明“附件另订”以及原始凭证名称和编号。

③ 对于各种经济合同、存出保证金收据以及涉外文件等重要原始凭证，应当另编目录，单独登记保管，并在有关的记账凭证和原始凭证上相互注明日期和编号。

（2）记账凭证的装订。记账凭证的装订就是指把定期整理完毕的记账凭证按照编号顺序，外加封面、封底，装订成册，并在装订线上加贴封签。记账凭证的装订方法如下：

① 装订凭证前，要把所有应归档的记账凭证收集齐全，不能有遗漏。在采用专用记账凭证时，要对记账凭证进行分类，按收、付、转三类，或者现金收、付，银行存款收、付和转五类进行分类整理，并按编号顺序排好。

要摘除掉凭证中的大头针等所有铁器。如果原始凭证过大，要折叠成比记账凭证略小的面积，注意装订线处的折叠方法，使装订后仍能展开查阅。原始凭证过小时，可在记账凭证面积内分开均匀粘平。

② 装订凭证时，要加封面、封底。在封面上，应写明单位名称、年度、月份、记账凭证的种类、起讫日期、起讫号数，以及记账凭证和原始凭证的张数，并在封签处加盖会计主管的骑缝图章。

装订凭证时，还要将凭证整理整齐，用铁夹沿凭证左侧夹紧，然后，在凭证的左上角斜线打两个孔，距离一般以不影响翻看凭证内容为宜。用线绳将两个孔及凭证的两个边一并捆绑结实，最后将多余的线绳去掉，在装订线上加一张装订纸，装订后将纸剪开打成三角封包，并将装订者印章盖于骑缝处，在脊背处注明年、月、日和册数的编号。注意，装订好的记账凭证应将绳结包入封皮里边，凭证不易被抽取，以防有人盗窃会计凭证从中舞弊。

装订凭证时，原则上以一张科目汇总表为一册，应将科目汇总表附在整册凭证的上面。如果一本凭证过多时，也可分为两册以上装订，每册的厚度应尽量保持一致，用分数进行编号；如记账凭证较少，也可将两张或三张科目汇总表的记账凭证合并装订一册，但不得跨月装订。

经济业务1

银行承兑汇票（卡片） 1

签发日期贰零零玖年零玖月零壹日 第 号

<table>
<tr><td rowspan="3">收款人</td><td>全 称</td><td colspan="3">通海公司</td><td rowspan="3">承申请兑人</td><td>全 称</td><td colspan="3">广发公司</td></tr>
<tr><td>账 号</td><td colspan="3">8020559</td><td>账 号</td><td colspan="3">95288</td></tr>
<tr><td>开户银行</td><td>工行深圳支行</td><td>行号</td><td></td><td>开户银行</td><td>工行广州支行</td><td>行号</td><td></td></tr>
<tr><td colspan="2">汇票金额</td><td>人民币（大写）</td><td colspan="4">贰万元整</td><td colspan="3">千 百 十 万 千 百 十 元 角 分
¥ 2 0 0 0 0 0 0</td></tr>
<tr><td colspan="2">汇票到期日</td><td colspan="3">2009年12月1日</td><td colspan="5"></td></tr>
<tr><td colspan="5" rowspan="2">本汇票请你行承兑，此项汇票款我单位按承兑协议于到期日前足额交存你行，到期请予支付。
此致
承兑银行
承兑申请人盖章
年 月 日</td><td>承兑协议编号</td><td></td><td>交易合同号码</td><td colspan="2"></td></tr>
<tr><td colspan="2">（印章：工商银行广州市支行 转讫）
汇票签发人
盖 章
负责 经办</td><td colspan="3">科目（付）________
对方科目（收）________
转账
日期 年 月 日
复核 记账</td></tr>
<tr><td colspan="5">备注：</td><td colspan="5"></td></tr>
</table>

此联承兑行支付票款时作付出传票

经济业务2－1

广东省增值税专用发票

发票联 №20000012

开票日期：2009年12月1日

<table>
<tr><td rowspan="2">购货单位</td><td colspan="4">名 称：广发工厂
纳税人识别号：080808080808080808
地 址 、电 话：
开户行及账号：工商银行广州市支行
987654321123456789</td><td>密码区</td><td colspan="3">（略）</td></tr>
</table>

货物或应税劳务名称	规格型号	单位	数量	单价	金额	税率	税额
甲材料		千克	2000	92.00	184000.00	17%	31280.00
合 计					184000.00		31280.00
价税合计（大写）	贰拾壹万伍仟贰佰捌拾元整					（小写）	¥215280.00

<table>
<tr><td>销货单位</td><td>名 称：惠州市物资公司
纳税人识别号：010101010101010101
地 址 、电 话：惠州市西环路10号
开户行及账号：工商银行惠州市支行</td><td>备注</td><td>（印章：惠州市物资公司 发票专用章）</td></tr>
</table>

收款人：李四 复核：王水 开票：李平 销货单位：（章）

经济业务2－2

异1

工商银行 信汇凭证（回单） 1

委托日期 2009年12月1日　　　第　号

汇款人	全　称	广发工厂		收款人	全　称	惠州市物资公司	
	账　号 或住址	95288			账　号 或住址		
	汇　出 地　点	广东省广州市县	汇出行名称：工行广州市支行		汇　入 地　点	广东省惠州市县	汇入行名称：工行惠州市支行

金额	人民币（大写）	千	百	十	万	千	百	十	元	角	分
	叁拾叁万肆仟伍佰元整		¥	3	3	4	5	0	0	0	0

汇款用途：购买材料

上列款项已根据委托办理，如需查询，请持此回单来行面洽。

单位主管　　会计　　复核　　记账

汇出行盖章　　年　月　日

（印章：工商银行 广州市支行 2009.12.01 转讫）

此联是汇出行给汇款人的回单

经济业务3

广东省增值税专用发票

发票联

№20000012

开票日期：2009年12月1日

购货单位	名　　称：广发工厂 纳税人识别号：0808080808080808 地址、电话： 开户行及账号：工商银行广州市支行 987654321123456789				密码区	（略）		
货物或应税劳务名称	**规格型号**	**单位**	**数量**	**单价**	**金额**	**税率**	**税额**	
乙材料		千克	700	215.00	150500.00	17%	25585.00	
合　计					150500.00		25585.00	
价税合计（大写）	壹拾柒万陆仟零捌拾伍元整				（小写）¥176085.00			
销货单位	名　　称：河源市贸易公司 纳税人识别号：0101010101010101 地址、电话：河源市××路××号 开户行及账号：工商银行河源市支行 2020202020202020				备注	（印章：河源市贸易公司 发票专用章）		

收款人：李四　　复核：王水　　开票：李平　　销货单位：（章）

经济业务4

广发工厂材料入库验收单

验收日期：2009年12月2日

类别	原料及主要材料
发票编号	

编号	
来源	惠州市物资公司 河源市贸易公司

品名	规格	单位	数量		实际价格			计划价	
			来料数	实际数	单价	总价	合计数	单价	总价
甲材料		千克	2000	2000	92.00	184000.00	184000.00	95.00	190000.00
乙材料		千克	700	700	215.00	150500.00	150500.00	210.00	147000.00
合计						334500.00	334500.00		337000.00

供销主管　　验收保管　　采购　　制单

经济业务5－1

贴现凭证（代申请书）

填写日期　2009年12月2日

① 第　号

申请人	名称	广发工厂	贴现汇票	种类	银行承兑汇票	号码	
	账号	95288		发票日	2009年9月2日		
	开户银行	工商银行广州市支行		到期日	2010年3月2日		
汇票承兑人（或银行）	名称	洪海公司	账号	39665	开户银行	工行东山办事处	
汇票金额（即贴现金额）	人民币（大写）	壹万伍仟元整（票面利率5%）				￥15000.00	
贴现率每月	5‰	现贴利息	￥144.37	实付贴现金额	￥15144.37		

兹根据你行“商业汇票承兑、贴现暂行办法”的规定，附送承兑汇票申请贴现，请核准。此致

________（贴现银行）

申请人盖章

银行审批

工商银行 广州市支行 2009.12.02 转讫

负责人____信贷员____

会计分录：

（借）________

对方科目（贷）________

复核______记账______

此联作银行汇票贴现付出传票

经济业务5-2

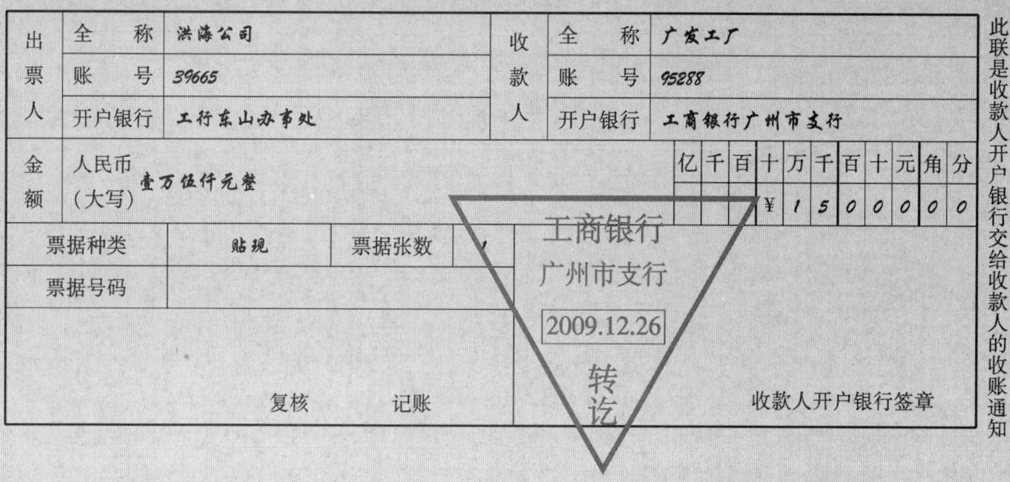

××银行 进账单（收账通知） 3

2009年12月2日

出票人	全称	洪海公司	收款人	全称	广发工厂
	账号	39665		账号	95288
	开户银行	工行东山办事处		开户银行	工商银行广州市支行

金额	人民币（大写）壹万伍仟元整	亿	千	百	十	万	千	百	十	元	角	分
					¥	1	5	0	0	0	0	0

票据种类	贴现	票据张数	1
票据号码			

复核　　记账

工商银行 广州市支行 2009.12.26 转讫

收款人开户银行签章

此联是收款人开户银行交给收款人的收账通知

经济业务6

中国工商银行
转账支票存根
IX II0112595

科　　目＿＿＿＿＿

对方科目＿＿＿＿＿

签发日期2009年12月3日

收款人：长虹公司
金　额：150000.00
用　途：支付前欠货款

单位主管　　会计

复　　核　　记账

经济业务7

领 款 单

领款部门（人）：李四　　2009年12月3日　　字第　号

<table>
<tr><td rowspan="3" colspan="4">领到　　现　金
人民币（大写）陆佰元整</td><td colspan="8">金　额</td></tr>
<tr><td>十</td><td>万</td><td>千</td><td>百</td><td>十</td><td>元</td><td>角</td><td>分</td></tr>
<tr><td></td><td></td><td>¥</td><td>6</td><td>0</td><td>0</td><td>0</td><td>0</td></tr>
<tr><td colspan="12">领款用途：职工困难补助费</td></tr>
<tr><td>领导审批</td><td>同意付给。
王方</td><td>部门负责人意见</td><td>请领导批示。
李双</td><td colspan="4">领款人盖章</td><td colspan="4">李四</td></tr>
</table>

经济业务8

借 款 单

2009年12月4日　　字第15号

<table>
<tr><td>借款人姓名</td><td>王燕</td><td rowspan="2">借款理由</td><td rowspan="2">差旅费</td></tr>
<tr><td>所属部门</td><td>采购部</td></tr>
<tr><td>借款金额</td><td>壹仟伍佰元整</td><td>核准借款金额</td><td>人民币（大写）壹仟伍佰元整</td></tr>
<tr><td colspan="2">审批意见：同意借支王燕
12月4日（批准日期）</td><td colspan="2">归还方式：回来报账。</td></tr>
</table>

主管：　　会计：　　出纳：张雨　　借款人：刘雪

经济业务9－1

中国工商银行
转账支票存根
IX II0112595

科　　目＿＿＿＿＿
对方科目＿＿＿＿＿
签发日期 2009 年 12 月 4 日

收款人：M公司
金　额：51000.00
用　途：购买股票

单位主管　　　　会计
复　　核　　　　记账

经济业务9－2

收款收据

2009 年 12 月 4 日　　　　No. 1200234

收款单位	M公司	交款单位	广发工厂	金额								
				百	十	万	千	百	十	元	角	分
金额（大写）	人民币伍万壹仟元整				¥	5	1	0	0	0	0	0
事由	出售股票			备注：								

第三联　记账联

会计主管：赵　　　　收款人：周　　　　制单：张

经济业务 10 –1

中国工商银行
转账支票存根
IX II0112595

科　　目 ________
对方科目 ________
签发日期 2009 年 12 月 4 日

收款人：N 公司
金　额：120000.00
用　途：购长期债券

单位主管　　　会计
复　　核　　　记账

经济业务 10 –2

收款收据

2009 年 12 月 4 日　　　　No. 1200234

收款单位	N 公司	交款单位	广发工厂	金额								
				百	十	万	千	百	十	元	角	分
金额（大写）	人民币拾贰万元整			¥	1	2	0	0	0	0	0	0
事由	债券投资			备注：								

第三联　记账联

会计主管：赵　　　收款人：周　　　制单：张

经济业务10－3

说　　明

广发工厂购入N公司当日发行的期限3年的债券1 000张准备持有至到期。该债券每张面值100元，票面利率5%，每年付息一次，每张债券买价117元，另付交易费用3 000元。

经济业务11－1

中国工商银行
转账支票存根
IX II0112595

科　　目＿＿＿＿＿
对方科目＿＿＿＿＿
签发日期 2009年12月4日

收款人：明达机械制造有限公司
金　额：71000.00
用　途：生产用

单位主管　　　　会计
复　　核　　　　记账

经济业务12－3

领 料 单

用途：办公用　　2009年12月5日　　字第3456号

领料部门	品　名	规格型号	单　位	数　量		单　价	金　额
				请　领	实　领		
一车间	办公用品						600.00
二车间							500.00
管理部门							400.00
合计							1500.00
物料号码	备注：						

领料部门负责人：×××　　领料人：×××　　会计：××　　发料人：××

经济业务13－1

广东省增值税专用发票

发票联

№20000012

开票日期：2009年12月6日

<table>
<tr><td rowspan="4">购货单位</td><td colspan="4">名　　称：广发工厂
纳税人识别号：0808080808080808
地址、电话：
开户行及账号：工商银行广州市支行
987654321123456789</td><td>密码区</td><td colspan="3">（略）</td></tr>
<tr><td colspan="2">货物或应税劳务名称</td><td>规格型号</td><td>单位</td><td>数量</td><td>单价</td><td>金额</td><td>税率</td><td>税额</td></tr>
<tr><td colspan="2">圆筒</td><td></td><td>个</td><td>100</td><td>18.00</td><td>1800.00</td><td>17%</td><td>306.00</td></tr>
<tr><td colspan="6">合　计</td><td>1800.00</td><td></td><td>306.00</td></tr>
<tr><td colspan="2">价税合计（大写）</td><td colspan="7">贰仟壹佰零陆元整　　（小写）￥2106.00</td></tr>
<tr><td>销货单位</td><td colspan="4">名　　称：广州市物资公司
纳税人识别号：0101010101010101
地址、电话：中山大道100号，38671234
开户行及账号：工商银行广州城东支行</td><td>备注</td><td colspan="3">广州市物资公司 发票专用章</td></tr>
</table>

收款人：李四　　复核：王水　　开票：李平　　销货单位：（章）

经济业务 13－2

中国工商银行

转账支票存根

IX II0112595

科　　目 ________

对方科目 ________

签发日期 2009 年 12 月 6 日

收款人：广州市物资公司
金　额：2106.00
用　途：包装产品

单位主管　　　　会计

复　　核　　　　记账

经济业务 13－3

入　库　单

2009 年 12 月 6 日　　　　字第 6719 号

单位：元

发货地点		广州		供应单位	广州市物资公司			备　注		
库号	编号	名　称	单位	规　格	入　库			单张数据	实　收	
					数量	单价	金额		数量	金额
		圆筒	个		100	18.00	1800.00		100	1800.00

第三联　送交财务会计

会计：×××　　保管：×××　　采购员：××　　制单：×××

经济业务14－1

领 料 单

领料部门：一车间

用　　途：生产A产品　　　　2009年12月6日　　　　字第1701号

品　名	规格型号	单　位	数　量		单　价	金　额
			请领	实领		
甲材料		公斤	900	900	95.00	85500.00
物料号码	备注：					

领料部门负责人：××× 领料人：××× 会计：×× 发料人：××

经济业务14－2

领 料 单

领料部门：一车间

用　　途：生产B产品　　　　2009年12月6日　　　　字第1701号

品　名	规格型号	单　位	数　量		单　价	金　额
			请领	实领		
甲材料		公斤	600	600	95.00	57000.00
物料号码	备注：					

领料部门负责人：××× 领料人：××× 会计：×× 发料人：××

经济业务14－3

领料单

领料部门：二车间

用　　途：生产C产品　　　　2009年12月6日　　　　字第1701号

品　　名	规格型号	单　　位	数　　量		单　　价	金　　额
			请领	实领		
乙材料		公斤	800	800	210.00	168000.00
物料号码	备注：					

领料部门负责人：×××　　　领料人：×××　　　会计：××　　　发料人：××

经济业务15

领料单

用途：维修用　　　　2009年12月6日　　　　字第3456号

领料部门	品　名	规格型号	单　位	数　　量		单　价	金　额
				请领	实领		
一车间	丙材料		公斤	35	35		2100.00
二车间				15	15		900.00
管理部门				10	10		600.00
合计							3600.00
物料号码	备注：						

领料部门负责人：×××　　　领料人：×××　　　会计：××　　　发料人：××

经济业务16－1

广东省增值税专用发票 №20000012

发票联

开票日期：2009年12月7日

购货单位	名称：黄河工厂 纳税人识别号： 地址、电话： 开户行及账号：工商银行广州城北支行			密码区	（略）		
货物或应税劳务名称	规格型号	单位	数量	单价	金额	税率	税额
甲材料		千克	100	150.00	15000.00	17%	2550.00
合计					15000.00		2550.00
价税合计（大写）	壹万柒仟伍佰伍拾元整				（小写）￥17550.00		
销货单位	名称：广发工厂 纳税人识别号：080808080808080808 地址、电话： 开户行及账号：工商银行广州市支行 95288			备注			

广发工厂 1331351361378 发票专用章

收款人：李四　　复核：王水　　开票：李平　　销货单位（章）：

经济业务16－2

××银行 **进账单**（收账通知） 3

2009年12月7日

出票人	全称	黄河工厂	收款人	全称	广发工厂
	账号	35667		账号	95288
	开户银行	工商银行东街支行		开户银行	工商银行广州市支行
金额	人民币（大写）	壹万柒仟伍佰伍拾元整		亿千百十万千百十元角分	￥1755000
票据种类	银行本票	票据张数	1		
票据号码					
复核　记账				收款人开户银行签章	

工商银行 广州市支行 2009.12.02 转讫

此联是收款人开户银行交给收款人的收账通知

经济业务16－3

材料出仓单　12

2009年12月7日

字　号

编号	材料名称	单位	规格	数量	单价	金额								附注
						十	万	千	百	十	元	角	分	
	甲材料	千克		100	95.00		¥	9	5	0	0	0	0	销售
合　计							¥	9	5	0	0	0	0	

记账　　保管　　制票

（三）财会附件

经济业务17－1

闲置废旧设备有偿转让评估划价表

2009年12月8日

设备名称	编织机		数　量		1台
原值	30000.00	已提折旧	18000.00	处理价格	16000.00
部门主管	专业技术管理科		固定资产管理科	经办人	
冯　云	李　靖		王长明	贾　凡	

经济业务 17－2

广东省工业销售统一发票

记 账 联

发票代码：137030720567

No. 82102432

客户名称：胜利工厂　　2009年12月8日

项 目	单 位	数 量	单 价	金额 千	百	十	万	千	百	十	元	角	分
出售固定资产							1	6	0	0	0	0	0
人民币合计（大写）壹万陆仟元整						¥	1	6	0	0	0	0	0
备注：													

第三联 记账联

填票人　　收款人　　单位名称（盖章）

广发工厂 1331351361378 发票专用章

经济业务 17－3

××银行 进账单（收账通知） 3

2009年12月8日

出票人	全 称	胜利工厂	收款人	全 称	广发工厂
	账 号	45218		账 号	95288
	开户银行	广州市商业银行		开户银行	工商银行广州市支行

金额	人民币（大写）壹万陆仟元整	亿	千	百	十	万	千	百	十	元	角	分
					¥	1	6	0	0	0	0	0

票据种类	转账支票	票据张数	1
票据号码			
复核　记账			收款人开户银行签章

工商银行 广州市支行 2009.12.02 转讫

此联是收款人开户银行交给收款人的收账通知

经济业务17－4

中国工商银行
转账支票存根
IX II0112595

科　　目＿＿＿＿＿
对方科目＿＿＿＿＿
签发日期 2009年12月8日

收款人：××拆卸公司
金　额：500.00
用　途：设备拆卸费

单位主管　　　　会计
复　　核　　　　记账

经济业务17－5

固定资产清理损益计算表

2009年12月8日

清理项目	编织机	清理原因	不需用
固定资产清理借方发生额		固定资产清理贷方发生额	
清理支出内容	金　额	清理收入内容	金　额
固定资产净值	12000.00	出售固定资产价款	16000.00
支付拆卸费	500.00		
借方合计	12500.00	贷方合计	16000.00
固定资产清理 净收益 净损失	金额：叁仟伍佰元整　¥3500.00		

复核：孙晓红　　　　制单：李丹

经济业务 18－1

行政事业单位收款收据

No. 1200000

2009 年 12 月 9 日

收款单位	临海市培训学校	交款单位	广发工厂	金额								
				百	十	万	千	百	十	元	角	分
金额（大写）	伍佰元整						¥	5	0	0	0	0
事 由												

第二联 收据联

临海市培训学校财务专用章

会计主管：王明　　收款人：丁凡　　制单：张青

经济业务 18－2

中国工商银行

现金支票存根

IX II0112595

科　　目 ________

对方科目 ________

签发日期 2009 年 12 月 9 日

收款人：临海市培训学校
金　额：500.00
用　途：培训费

单位主管　　会计

复　　核　　记账

经济业务 19－1

中国工商银行
现金支票存根
IX II0112595

科　　目 ________
对方科目 ________
签发日期 2009 年 12 月 11 日

收款人：市人民医院
金　额：1000.00
用　途：住院医药费

单位主管　　　　会计
复　　核　　　　记账

经济业务 19－2

收　款　收　据

2009 年 12 月 11 日　　　　No. 1200234

<table>
<tr><td rowspan="2">收款单位</td><td rowspan="2">市人民医院</td><td rowspan="2">交款单位</td><td rowspan="2">广发工厂</td><td colspan="9">金　　额</td><td rowspan="4">第三联　记账联</td></tr>
<tr><td>百</td><td>十</td><td>万</td><td>千</td><td>百</td><td>十</td><td>元</td><td>角</td><td>分</td></tr>
<tr><td>金额（大写）</td><td colspan="3">人民币壹仟元整</td><td></td><td></td><td>¥</td><td>1</td><td>0</td><td>0</td><td>0</td><td>0</td><td>0</td></tr>
<tr><td>事　由</td><td colspan="3">职工张英住院医药费　现金收讫</td><td colspan="9">备注：</td></tr>
</table>

会计主管：赵　　　　收款人：周　　　　制单：张

经济业务20

汇票委托书（存根） 1

委托日期 2009 年 12 月 11 日　　　　第　　号

汇款人	广发工厂			收款人	天津电子有限公司									
账号或住址	95288			账号或住址										
兑付地点	省天津市县	兑付行	工商银行 天津市支行	汇款用途	购买材料									
汇款金额	人民币（大写）壹万元整			千	百	十	万	千	百	十	元	角	分	
						¥	1	0	0	0	0	0	0	

此联由汇款人留存作记账凭证

经济业务21

委邮

委托收款凭证（支款通知） 5

委托日期：2009 年 12 月 12 日　　　　委托号码：

收款单位	全　称	广州市电信公司		付款单位	全　称	广发工厂
	账号或地址	31257			账号或地址	95288
	开户银行	工行东城支行	行号		开户银行	工商银行广州市支行

委收金额	人民币（大写）贰仟元整	千	百	十	万	千	百	十	元	角	分
					¥	2	0	0	0	0	0

款项内容	电话费	委托收款凭据名称		附记单证张数	
备注：	付款人注意： 1. 根据结算办法，上列委托收款如在付款期限内未拒付，即视同全部同意付款，以此联代付款通知。 2. 如需提前付或多付款时，应另写书面通知送银行办理。 3. 系全部或部分拒付，应在付款期限内另填拒绝付款理由书送银行办理。				

工商银行 广州市支行 2009.12.02 转讫

此联付款人开户银行给付款人按期付款的通知

经济业务22

领　料　单

领料部门：供销科

用　　途：包装用　　　　2009年12月13日　　　　字第1701号

品　　名	规格型号	单　　位	数　　量		单　　价	金　　额
			请领	实领		
圆筒		个	50	50	18.00	900.00
物料号码	备注：					

领料部门负责人：×××　　领料人：×××　　会计：××　　发料人：××

经济业务23－1

（附式十一）电汇凭证

××银行 **电汇凭证**（收款通知） 1

□普通　□加急　　　　委托日期2009年12月15日

汇款人	全　称	科达公司	收款人	全　称	广发工厂
	账　号	65879		账　号	95288
	汇出地点	省 深圳 市/县		汇入地点	广东省 广州 市/县
汇出行名称		工商银行深圳市支行	汇入行名称		工商银行广州市支行

金额	人民币（大写）壹万伍仟元整	亿	千	百	十	万	千	百	十	元	角	分
					¥	1	5	0	0	0	0	0

	支付密码
汇出行签章	附加信息及用途： 工商银行 广州市支行 2009.12.02 转讫 复核　记账

此联汇出行给汇款人的回单

规格：8.5×17.5cm

经济业务 23 –2

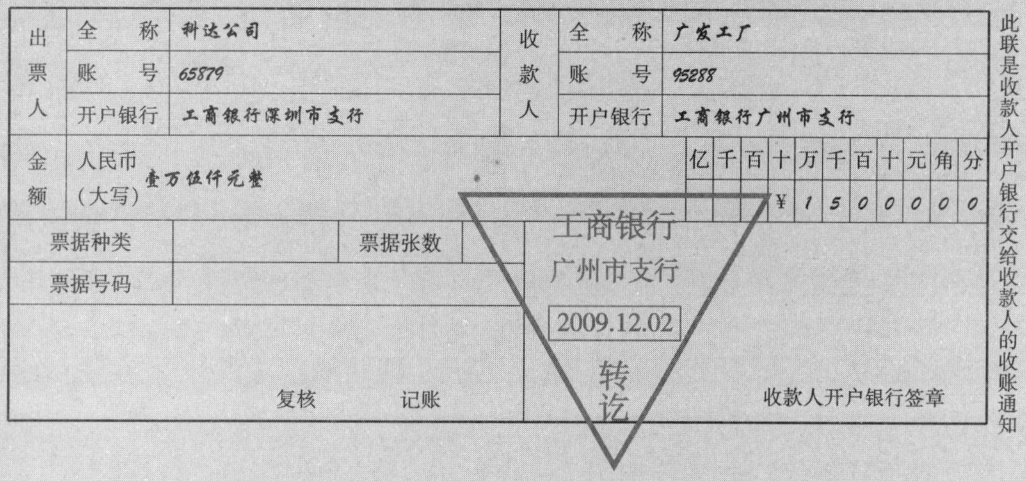

×× 银行 **进账单**（收账通知） 3

2009 年 12 月 15 日

出票人	全称	科达公司	收款人	全称	广发工厂
	账号	65879		账号	95288
	开户银行	工商银行深圳市支行		开户银行	工商银行广州市支行

金额	人民币（大写）壹万伍仟元整	亿	千	百	十	万	千	百	十	元	角	分
					¥	1	5	0	0	0	0	0

票据种类		票据张数	
票据号码			
复核　记账			收款人开户银行签章

此联是收款人开户银行交给收款人的收账通知

经济业务 24 –1

电费分配表

部门、产品		生产用电				照明用电		
		单位	用电数量	单价	金额	用电数量	单价	金额
一车间	A产品	度	1200	0.5	600.00	500	0.5	250.00
	B产品	度	800		400.00			
二车间	C产品	度	1200		600.00	300		150.00
管理部门		度				1000		500.00
合计		度	3200	0.5	1600.00	1800	0.5	900.00

经济业务24－2

委邮

委托收款凭证（支款通知） 5

委托日期：2009年12月14日　　委托号码：

<table>
<tr><td rowspan="3">收款单位</td><td>全　称</td><td colspan="3">广州市供电局</td><td rowspan="3">付款单位</td><td>全　称</td><td colspan="10">广发工厂</td></tr>
<tr><td>账号或地址</td><td colspan="3">48369</td><td>账号或地址</td><td colspan="10">95288</td></tr>
<tr><td>开户银行</td><td>工行东城支行</td><td>行号</td><td></td><td>开户银行</td><td colspan="10">工商银行广州市支行</td></tr>
<tr><td rowspan="2">委收金额</td><td colspan="6" rowspan="2">人民币（大写）贰仟伍佰元整</td><td>千</td><td>百</td><td>十</td><td>万</td><td>千</td><td>百</td><td>十</td><td>元</td><td>角</td><td>分</td></tr>
<tr><td></td><td></td><td></td><td>¥</td><td>2</td><td>5</td><td>0</td><td>0</td><td>0</td><td>0</td></tr>
<tr><td>款项内容</td><td>电费</td><td>委托收款凭据名称</td><td colspan="2"></td><td>附记单证张数</td><td colspan="11"></td></tr>
<tr><td>备注：</td><td colspan="16">付款人注意：
1. 根据结算办法，上列委托收款如在付款期限内未拒付，即视同全部同意付款，以此联代付款通知。
2. 如需提前付或多付款时，应另写书面通知送银行办理。
3. 系全部或部分拒付，应在付款期限内另填拒绝付款理由书送银行办理。</td></tr>
</table>

此联付款人开户银行给付款人按期付款的通知

工商银行 广州市支行 2009.12.02 转讫

经济业务24－3

广东省增值税专用发票　　№ 20000012

发票联

开票日期：2009年12月16日

<table>
<tr><td rowspan="4">购货单位</td><td colspan="5">名　　称：广发工厂
纳税人识别号：080808080808080808
地 址、电 话：
开户行及账号：工商银行广州市支行 987654321123456789</td><td>密码区</td><td colspan="2">（略）</td></tr>
<tr><td>货物或应税劳务名称</td><td>规格型号</td><td>单位</td><td>数量</td><td>单价</td><td>金额</td><td>税率</td><td>税额</td></tr>
<tr><td>电</td><td></td><td>瓦时</td><td>5000</td><td>0.5</td><td>2500.00</td><td>17%</td><td>425.00</td></tr>
<tr><td colspan="5">合　计</td><td>2500.00</td><td></td><td>425.00</td></tr>
<tr><td colspan="9">价税合计（大写）　贰仟玖佰贰拾伍元整　　（小写）¥2925.00</td></tr>
<tr><td>销货单位</td><td colspan="5">名　　称：广州市供电局
纳税人识别号：010101010101010101
地 址、电 话：广州市××路××号
开户行及账号：工行东城支行　48369</td><td>备注</td><td colspan="2"></td></tr>
</table>

广州市供电局 发票专用章

收款人：李四　　复核：王水　　开票：李平　　销货单位（章）：

经济业务 25－1

广东省增值税专用发票

发票联

№ 20000012

开票日期：2009年12月17日

购货单位	名称：杭州某公司 纳税人识别号： 地址、电话： 开户行及账号：工商银行杭州市支行	密码区	（略）				
货物或应税劳务名称	规格型号	单位	数量	单价	金额	税率	税额
A产品		箱	60	4000.00	240000.00	17%	40800.00
合计					240000.00		40800.00
价税合计（大写）	贰拾捌万零捌佰元整				（小写）¥280800.00		
销货单位	名称：广发工厂 纳税人识别号：080808080808080808 地址、电话： 开户行及账号：工商银行广州市支行 95288	备注					

广发工厂 1331351361378 发票专用章

收款人：李四　复核：王水　开票：李平　销货单位（章）：

经济业务 25－2

××银行 进账单（收账通知） 3

2009年12月17日

出票人	全称	杭州某公司	收款人	全称	广发工厂
	账号	36958		账号	95288
	开户银行	工商银行杭州市支行		开户银行	工商银行广州市支行
金额	人民币（大写）	贰拾捌万零捌佰元整		亿 千 百 十 万 千 百 十 元 角 分	¥ 2 8 0 8 0 0 0 0
票据种类	转账支票	票据张数	1		
票据号码					
复核　记账			收款人开户银行签章		

工商银行 广州市支行 2009.12.02 转讫

此联是收款人开户银行交给收款人的收账通知

经济业务 26 - 1

广发工厂工资汇总表

2009年12月份

车间、部门类型		工　资
生产工人	A产品	25000.00
	B产品	20000.00
	C产品	30000.00
管理人员	一车间	3000.00
	二车间	4000.00
企业管理部门人员		10000.00
医务人员		1000.00
合　计		93000.00

经济业务 26 - 2

中国工商银行
转账支票存根

IX II0112595

科　目 ________

对方科目 ________

签发日期 2009年12月18日

收款人：
金　额：93000.00
用　途：发放工资

单位主管　　会计

复　核　　记账

经济业务 27－1

职工福利费计算表

车间、部门类型		工资	职工福利费（14%）
生产工人	A产品	25000.00	
	B产品	20000.00	
	C产品	30000.00	
管理人员	一车间	3000.00	
	二车间	4000.00	
企业管理部门人员		10000.00	
医务人员		1000.00	
合　计		93000.00	

单位主管：×××　　会计：×××　　制表：×××

经济业务 27－2

工会经费计算表

车间、部门类型		工资	工会经费（2%）
生产工人	A产品	25000.00	
	B产品	20000.00	
	C产品	30000.00	
管理人员	一车间	3000.00	
	二车间	4000.00	
企业管理部门人员		10000.00	
医务人员		1000.00	
合　计		93000.00	

单位主管：×××　　会计：×××　　制表：×××

经济业务 27 –3

教育经费计算表

车间、部门类型		工资	职工教育经费（1.5%）
生产工人	A产品	25000.00	
	B产品	20000.00	
	C产品	30000.00	
管理人员	一车间	3000.00	
	二车间	4000.00	
企业管理部门人员		10000.00	
医务人员		1000.00	
合计		93000.00	

单位主管：××× 会计：××× 制表：×××

经济业务 27 –4

中国工商银行
转账支票存根
IX II0112595

科　　目________
对方科目________
签发日期 2009 年 12 月 18 日

收款人：广发工厂工会
金　额：13020.00
用　途：提取工会经费

单位主管　　会计
复　　核　　记账

经济业务 28－1

广东省增值税专用发票　　№ 20000012

发票联　　开票日期：2009 年 12 月 20 日

购货单位	名　　称：杭州物资公司 纳税人识别号： 地 址 、电 话： 开户行及账号：工商银行杭州市支行			密码区	（略）		
货物或应税劳务名称	规格型号	单位	数量	单价	金额	税率	税额
B 产品		箱	90	3500.00	315000.00	17%	53550.00
合　计					315000.00		53550.00
价税合计（大写）	叁拾陆万捌仟伍佰伍拾元整				（小写）¥368550.00		
销货单位	名　　称：广发工厂 纳税人识别号：0808080808080808 地 址 、电 话： 开户行及账号：工商银行广州市支行　95288			备注	广发工厂 1331351361378 发票专用章		

收款人：李四　　复核：王水　　开票：李平　　销货单位（章）：

经济业务 28－2

中国工商银行
转账支票存根
IX II0112595

科　　目_________

对方科目_________

签发日期 2009 年 12 月 20 日

收款人：诚信运输公司
金　额：1000.00
用　途：支付代垫运费

单位主管　　会计

复　　核　　记账

经济业务28－3

托收承付凭证（回单）

托收号码：

电　　委托日期：2009年12月20日　　01236

<table>
<tr><td rowspan="3">付款人</td><td>全　称</td><td>杭州物资公司</td><td rowspan="3">收款人</td><td>全　称</td><td colspan="3">广发工厂</td></tr>
<tr><td>账号或地址</td><td>60168</td><td>账　号</td><td colspan="3">95288</td></tr>
<tr><td>开户银行</td><td>工商银行杭州市支行</td><td>开户银行</td><td>工行广州支行</td><td>行号</td><td></td></tr>
<tr><td>托收金额</td><td colspan="4">人民币（大写）叁拾陆万玖仟伍佰伍拾元整</td><td colspan="3">千 百 十 万 千 百 十 元 角 分
¥ 3 6 9 5 5 0 0 0</td></tr>
<tr><td colspan="3">附件</td><td colspan="2">商品发运情况</td><td colspan="3">合同名称号码</td></tr>
<tr><td colspan="2">附寄单证张数或册数</td><td></td><td colspan="2"></td><td colspan="3"></td></tr>
<tr><td colspan="3">备注
电划</td><td colspan="2">款项收妥日期
年　月　日</td><td colspan="3">收款人开户银行盖章</td></tr>
</table>

此联是收款人开户银行给收款人的回单

单位主管　　会计　　复核　　记账

经济业务29－1

广东省增值税专用发票

№ 20000012

发票联

开票日期：2009年12月21日

<table>
<tr><td rowspan="4">购货单位</td><td colspan="4">名　　称：长沙贸易公司</td><td rowspan="4">密码区</td><td colspan="3" rowspan="4">（略）</td></tr>
<tr><td colspan="4">纳税人识别号：</td></tr>
<tr><td colspan="4">地 址 、电 话：</td></tr>
<tr><td colspan="4">开户行及账号：工商银行长沙市支行</td></tr>
<tr><td colspan="2">货物或应税劳务名称</td><td>规格型号</td><td>单位</td><td>数量</td><td>单价</td><td>金额</td><td>税率</td><td>税额</td></tr>
<tr><td colspan="2">C产品</td><td></td><td>箱</td><td>70</td><td>6000.00</td><td>420000.00</td><td>17%</td><td>71400.00</td></tr>
<tr><td colspan="6">合　计</td><td>420000.00</td><td></td><td>71400.00</td></tr>
<tr><td colspan="2">价税合计（大写）</td><td colspan="7">肆拾玖万壹仟肆佰元整　　（小写）¥491400.00</td></tr>
<tr><td rowspan="4">销货单位</td><td colspan="4">名　　称：广发工厂</td><td rowspan="4">备注</td><td colspan="3" rowspan="4">广发工厂
1331351361378
发票专用章</td></tr>
<tr><td colspan="4">纳税人识别号：0808080808080808</td></tr>
<tr><td colspan="4">地 址 、电 话：</td></tr>
<tr><td colspan="4">开户行及账号：工商银行广州市支行　95288</td></tr>
</table>

收款人：李四　　复核：王水　　开票：李平　　销货单位（章）：

经济业务 29 -2

商业承兑汇票（卡片）

3　　汇票号码 3

出票日期（大写）贰零零玖年壹拾贰月贰拾壹日　　第　　号

<table>
<tr><td rowspan="3">收款人</td><td>全　称</td><td colspan="3">广发工厂</td><td rowspan="3">付款人</td><td>全　称</td><td colspan="3">长沙贸易公司</td></tr>
<tr><td>账　号</td><td colspan="3">95288</td><td>账　号</td><td colspan="3">38225</td></tr>
<tr><td>开户银行</td><td>工行广州支行</td><td>行号</td><td></td><td>开户银行</td><td>工行长沙支行</td><td>行号</td><td></td></tr>
<tr><td colspan="2">汇票金额</td><td colspan="6">人民币（大写）肆拾玖万壹仟肆佰元整</td><td colspan="2">千 百 十 万 千 百 十 元 角 分
¥ 4 9 1 4 0 0 0 0</td></tr>
<tr><td colspan="2">汇票到期日</td><td colspan="2">2010 年 6 月 21 日</td><td colspan="3">交易合同号码</td><td colspan="3">302</td></tr>
<tr><td colspan="4">本汇票一经承兑到期无条件付款
承兑人签章
承兑日期　2009 年 12 月 21 日</td><td colspan="6">负责　　经办</td></tr>
</table>

此联承兑人留存

经济业务 30 -1

差旅费报销单

2009 年 12 月 22 日　　附件 32 张

<table>
<tr><td>姓名</td><td>王燕</td><td>出差地点</td><td>天津</td><td>出差事由</td><td>购买材料</td><td>日期</td><td></td></tr>
</table>

<table>
<tr><td>乘火车费</td><td colspan="3">自广州站至天津站</td><td>金额</td><td>600.00</td><td rowspan="8">说明：
原 12 月 4 日借款 1500 元，抵扣后收回现金 300 元
现金付讫</td></tr>
<tr><td>乘汽车费</td><td colspan="3">自　　站至　　站</td><td>金额</td><td></td></tr>
<tr><td>乘汽车费</td><td colspan="3">自　　站至　　站</td><td>金额</td><td></td></tr>
<tr><td>乘费</td><td colspan="3">自　　站至　　站</td><td>金额</td><td></td></tr>
<tr><td>行李运费</td><td>千克</td><td colspan="2">每千克　　元</td><td>金额</td><td></td></tr>
<tr><td>误餐补助费</td><td>天</td><td>定额</td><td></td><td>金额</td><td>200.00</td></tr>
<tr><td>旅馆费</td><td>天</td><td>定额</td><td></td><td>金额</td><td>400.00</td></tr>
<tr><td>其他</td><td></td><td></td><td></td><td></td><td></td></tr>
<tr><td rowspan="2">合计金额</td><td>大写</td><td colspan="4">¥1200.00</td><td rowspan="2">单位负责人</td></tr>
<tr><td>小写</td><td colspan="4">壹仟贰佰元整</td></tr>
</table>

会计主管：　　出纳：　　报销人：王燕

经济业务30－2

现金收款收据

2009年12月22日　　No. 0000321

<table>
<tr><td rowspan="2">收款单位</td><td rowspan="2">广发工厂</td><td rowspan="2">交款单位</td><td rowspan="2">王燕</td><td colspan="9">金　额</td><td rowspan="4">第三联　记账联</td></tr>
<tr><td>百</td><td>十</td><td>万</td><td>千</td><td>百</td><td>十</td><td>元</td><td>角</td><td>分</td></tr>
<tr><td>金额
（大写）</td><td colspan="3">人民币叁佰元整</td><td></td><td></td><td></td><td>¥</td><td>3</td><td>0</td><td>0</td><td>0</td><td>0</td></tr>
<tr><td>事　由</td><td colspan="3">返回现金　　现金收讫</td><td colspan="9">备注：</td></tr>
</table>

会计主管：　　收款人：　　制单：

经济业务30－3

商品销售统一发票

发　票　联

G：3706038575006

No. 36475686

客户名称及地址：广发工厂　　2009年12月22日

<table>
<tr><td rowspan="2">品　名</td><td rowspan="2">规格</td><td rowspan="2">单位</td><td rowspan="2">数量</td><td rowspan="2">单价</td><td colspan="8">金　额</td><td rowspan="2">备注</td><td rowspan="6">第二联　发票联</td></tr>
<tr><td>十</td><td>万</td><td>千</td><td>百</td><td>十</td><td>元</td><td>角</td><td>分</td></tr>
<tr><td>丙材料</td><td></td><td>公斤</td><td>110</td><td></td><td></td><td></td><td>7</td><td>0</td><td>0</td><td>0</td><td>0</td><td>0</td><td></td></tr>
<tr><td></td><td></td><td></td><td></td><td></td><td></td><td></td><td></td><td></td><td></td><td></td><td></td><td></td><td></td></tr>
<tr><td></td><td></td><td></td><td></td><td></td><td></td><td></td><td></td><td></td><td></td><td></td><td></td><td></td><td></td></tr>
<tr><td>合计人民币（大写）</td><td colspan="4">柒仟元整</td><td></td><td>¥</td><td>7</td><td>0</td><td>0</td><td>0</td><td>0</td><td>0</td><td></td></tr>
</table>

填票人：严寒　　收款人：刘和平　　单位名称：

经济业务 30 －4

入 库 单

字第 6719 号

2009 年 12 月 22 日

单位：元

发货地点		天津市		供应单位	天津电子有限公司			备注		
库名	编号	名称	单位	规格	入 库			单据张数	实 收	
					数量	单价	金额		数量	金额
		丙材料	公斤		110		7000.00		110	7000.00

第三联 送交财务会计

会计：××× 保管：××× 采购员：×× 制单：×××

经济业务 30 －5

付款期限 壹个月

银行汇票（多余款 收账通知）4

广东 ××0000000

第 号

出票日期（大写）贰零零玖年壹拾贰月壹拾壹日

代理付款行：工行天津京市支付 行号：

收款人：天津电子有限公司 账号：400857

出票金额 人民币（大写）壹万元整

实际结算金额 人民币（大写）	千	百	十	万	千	百	十	元	角	分
柒仟元整				¥	7	0	0	0	0	0

申请人：广发工厂 账号或住址：____________

出票行：广州工行 行号：95888

左列退回多余金额已收入你账户内。

备 注：购原材料

出票行盖章

20××年 12 月 11 日

工商银行 广州市支行 2009.12.02 转讫

多余金额									
千	百	十	万	千	百	十	元	角	分
			¥	3	0	0	0	0	0

财务主管 复核

经办

此联出票行结清多余款后交申请人

经济业务31

异1

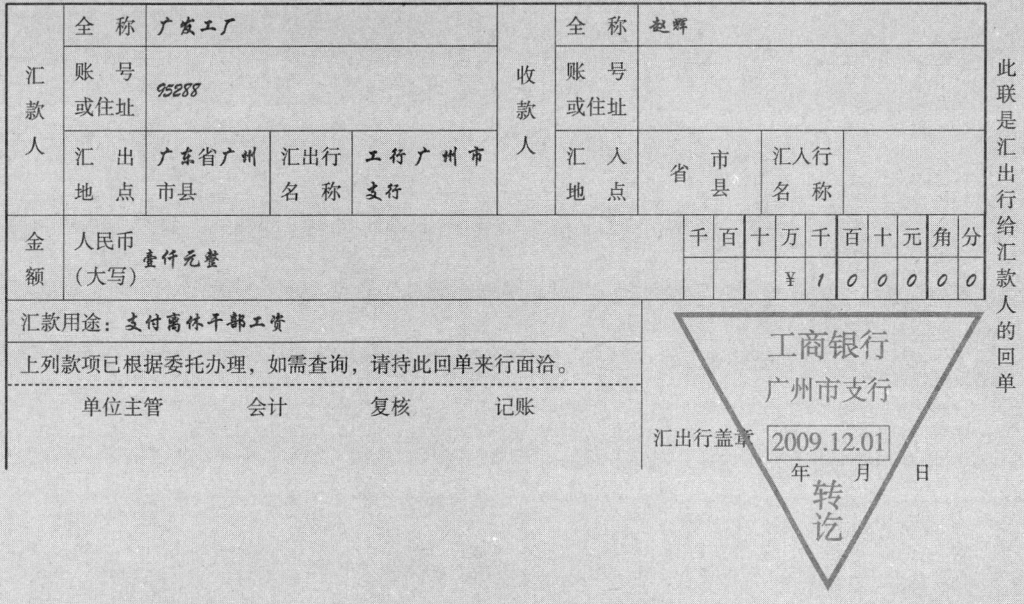

工商银行 信汇凭证（回单） 1

委托日期 2009年12月23日　　　　第　号

<table>
<tr><td rowspan="3">汇款人</td><td>全　称</td><td colspan="3">广发工厂</td><td rowspan="3">收款人</td><td>全　称</td><td colspan="3">赵辉</td></tr>
<tr><td>账　号
或住址</td><td colspan="3">95288</td><td>账　号
或住址</td><td colspan="3"></td></tr>
<tr><td>汇　出
地　点</td><td>广东省广州
市县</td><td>汇出行
名　称</td><td>工行广州市
支行</td><td>汇　入
地　点</td><td>省　市
县</td><td>汇入行
名　称</td><td></td></tr>
<tr><td>金额</td><td>人民币
（大写）</td><td colspan="7">壹仟元整</td><td>千 百 十 万 千 百 十 元 角 分
¥ 1 0 0 0 0 0</td></tr>
<tr><td colspan="6">汇款用途：支付离休干部工资</td><td colspan="4" rowspan="3">工商银行
广州市支行
2009.12.01
转讫
汇出行盖章　年　月　日</td></tr>
<tr><td colspan="6">上列款项已根据委托办理，如需查询，请持此回单来行面洽。</td></tr>
<tr><td colspan="6">单位主管　会计　复核　记账</td></tr>
</table>

此联是汇出行给汇款人的回单

经济业务32

商品销售统一发票

发　票　联

G：3706038575006

No. 36475686

客户名称及地址：广发工厂　　　　2009年12月23日

品　名	规格	单位	数量	单价	金额								备注
					十	万	千	百	十	元	角	分	
锅		个	1	150.00				1	5	0	0	0	
合计人民币（大写）	壹佰伍拾元整						¥	1	5	0	0	0	

填票人：严寒　　　　收款人：刘和平　　　　单位名称：

第二联　发票联

经济业务33

商品销售统一发票

发 票 联

G：3706038575006

No. 36475686

客户名称及地址：广发工厂　　　　2009年12月23日

品名	规格	单位	数量	单价	金额								备注
					十	万	千	百	十	元	角	分	
奖杯		个	10	20.00				2	0	0	0	0	
合计人民币（大写）	贰佰元整						¥	2	0	0	0	0	

第二联 发票联

填票人：严寒　　　　收款人：刘和平　　　　单位名称：

经济业务34－1

中国工商银行

转账支票存根

IX II0112595

科　　目＿＿＿＿＿

对方科目＿＿＿＿＿

签发日期2009年12月23日

收款人：广州市劳保用品商店
金　额：42120.00
用　途：购工作服

单位主管　　　　会计

复　　核　　　　记账

经济业务34－2

广东省增值税专用发票

发票联

№20000012

开票日期：2009年12月23日

购货单位	名称：广发工厂 纳税人识别号：080808080808080808 地址、电话： 开户行及账号：工商银行广州市支行 987654321123456789			密码区	（略）		
货物或应税劳务名称	规格型号	单位	数量	单价	金额	税率	税额
工作服		套	400	90.00	36000.00	17%	6120.00
合计					36000.00		6120.00
价税合计（大写）	肆万贰仟壹佰贰拾元整				（小写）¥42120.00		
销货单位	名称：广州市劳保用品商店 纳税人识别号：010101010101010101 地址、电话：中山大道100号，38671234 开户行及账号：工商银行广州城东支行			备注	广州市劳保用品商店 发票专用章		

收款人：李四　　复核：王水　　开票：李平　　销货单位：（章）

经济业务35

领料单

用途：劳保用品　　2009年12月23日　　字第3456号

领料部门	品名	规格型号	单位	数量		单价	金额
				请领	实领		
一车间	工作服		套	100	100		9000.00
二车间				50	50		4500.00
合计							13500.00
物料号码	备注：						

领料部门负责人：×××　　领料人：×××　　会计：××　　发料人：××

经济业务 36－1

<table>
<caption>材料盘存盘亏报告单</caption>
<tr><td colspan="5">库号 1</td><td colspan="6">2009 年 12 月 24 日</td></tr>
<tr><th rowspan="2">名称</th><th rowspan="2">规格型号</th><th rowspan="2">单位</th><th rowspan="2">单价</th><th rowspan="2">账面数</th><th rowspan="2">实有数</th><th colspan="2">盘盈数</th><th colspan="2">盘亏数</th><th rowspan="2">备注</th></tr>
<tr><th>数量</th><th>金额</th><th>数量</th><th>金额</th></tr>
<tr><td>丙材料</td><td></td><td>公斤</td><td></td><td></td><td></td><td></td><td></td><td>2</td><td>120.00</td><td></td></tr>
<tr><td></td><td></td><td></td><td></td><td></td><td></td><td></td><td></td><td></td><td></td><td></td></tr>
<tr><td colspan="8">审批意见：系李兵管理不善所致，损失由李兵赔偿。
张三 12 月 24 日</td><td>盈亏原因</td><td colspan="2">管理不善</td></tr>
</table>

部门主管：××× 保管员：××× 复查人：×××

经济业务 36－2

<table>
<caption>材料盘存盘亏报告单</caption>
<tr><td colspan="5">库号 1</td><td colspan="6">2009 年 12 月 24 日</td></tr>
<tr><th rowspan="2">名称</th><th rowspan="2">规格型号</th><th rowspan="2">单位</th><th rowspan="2">单价</th><th rowspan="2">账面数</th><th rowspan="2">实有数</th><th colspan="2">盘盈数</th><th colspan="2">盘亏数</th><th rowspan="2">备注</th></tr>
<tr><th>数量</th><th>金额</th><th>数量</th><th>金额</th></tr>
<tr><td>圆筒</td><td></td><td>个</td><td></td><td></td><td></td><td>2</td><td>36.00</td><td></td><td></td><td></td></tr>
<tr><td></td><td></td><td></td><td></td><td></td><td></td><td></td><td></td><td></td><td></td><td></td></tr>
<tr><td colspan="8">审批意见：同意冲减管理费用。
张三 12 月 24 日</td><td>盈亏原因</td><td colspan="2">内部转移手续不完备所致。</td></tr>
</table>

部门主管：××× 保管员：××× 复查人：×××

经济业务 36－3

固定资产盘点盈亏报告表

2009年12月24日

固定资产名称	固定资产型号规格	盘盈			盘亏			原因
		数量	重置价值	估计折旧	数量	原始价值	已提折旧	
切割机					1	70000.00	66000.00	
处理意见	清查小组	设备部门			领导审批			
	调整账面价值并报批。 签章：吕灵	设备内部转移手续不完备所致。 签章：周俊			签章：　　年　月　日			

第二联　报批前记账

复核：　　　　制表：

经济业务 37－1

固定资产盘点盈亏报告表

2009年12月24日

固定资产名称	固定资产型号规格	盘盈			盘亏			原因
		数量	重置价值	估计折旧	数量	原始价值	已提折旧	
切割机					1	70000.00	66000.00	
处理意见	清查小组	设备部门			领导审批			
	调整账面价值并报批。 签章：吕灵	设备内部转移手续不完备所致。 签章：周俊			同意转做营业外支出。 签章：周明　　年　月　日			

第二联　报批前记账

复核：　　　　制表：

经济业务 37－2

材料盘存盘亏报告单

库号 1　　　　2009 年 12 月 24 日

名称	规格型号	单位	单价	账面数	实有数	盘盈数		盘亏数		备注
						数量	金额	数量	金额	
圆简		个				2	36.00			
审批意见：同意冲减管理费用。 张三 12 月 24 日								盈亏原因	内部转移手续不完备所致。	

部门主管：×××　　　　保管员：×××　　　　复查人：×××

经济业务 37－3

材料盘存盘亏报告单

库号 1　　　　2009 年 12 月 24 日

名称	规格型号	单位	单价	账面数	实有数	盘盈数		盘亏数		备注
						数量	金额	数量	金额	
丙材料		公斤						2	120.00	
审批意见：系李兵管理不善所致，损失由李兵赔偿。 张三 12 月 24 日								盈亏原因	管理不善	

部门主管：×××　　　　保管员：×××　　　　复查人：×××

经济业务38－1

破产宣告裁定书

债务人：新新有限责任公司

营业地点：临海市边台路3号

法定代表人：黄达，董事长

对上述债务人的20××年（破）字第56号破产申请，法院作出以下裁定：

债务人为破产人。

理由：自债权人宏达化工有限公司提起破产申请以来，经本院查明债务人全部资产收入为31 360 000元，而受理破产申请时负债总额已有53 560 000元，已不能清偿，现债务人负债总额已增至53 610 000元。本院受理本案后，经债务人上级主管部门临海市化工集团公司申请整顿，债务人与债权人会议已于20××年10月20日达成和解协议。但在整顿期间，债务人财务状况继续恶化，债权人会议重新申请终结整顿宣告债务人破产。本院确认债权人会议申请理由充分，适用《中华人民共和国企业破产法》第二十一条和第二十三条的规定，作出如上裁定。

同时，对本案件，依照《企业破产法》第九条、第十四条、第二十二条和第二十四条规定，决定如下：

一、成立破产清算组，该机构负责人王三。

二、重新申请债权，债权申报日期定为20××年12月31日至20××年3月30日，地点为本庭。

三、破产宣告后首次债权会议日期定为20××年4月5日，地点为本庭。

四、债权调查日期定为20××年4月5日至20××年4月30日。

临海市紫杉区人民法院小楼庭（章）

审判员：刘六　孙大

经济业务38－2

××银行**进账单**（收账通知）　3

2009年12月24日

出票人			收款人		
出票人	全称	W公司	收款人	全称	广发工厂
出票人	账号	58333	收款人	账号	95288
出票人	开户银行	工行广州市××支行	收款人	开户银行	工商银行广州市支行

金额		亿	千	百	十	万	千	百	十	元	角	分
人民币（大写）	贰万元整				¥	2	0	0	0	0	0	0

票据种类	支票	票据张数	1
票据号码			

系去年已冲销的应收账款又收回入账

复核　　记账

工商银行广州市支行 2009.12.02 转讫

收款人开户银行签章

此联是收款人开户银行交给收款人的收账通知

经济业务39－1

固定资产拆除报废单

单位：二车间　　　　2009年12月24日　　　　第012号

固定资产名称	规格型号	单位	数量	预计使用年限	已使用年限	原值	已提折旧	预计净残值率	净值	备注
切割机		台	1	6	6	5000.00	4800.00		200.00	
固定资产状况及报废原因	已达到使用年限，不能继续使用。 经办人：刘清									
处理意见	使用部门			技术鉴定小组意见			固定资产管理部门		主管领导	
	同意 负责人：王　强			同意 负责人：刘　强			同意 负责人：王海		同意 签章：黄　达	

经济业务39－2

收款收据

2009年12月24日　　　　No. 1200234

收款单位	××清理公司	交款单位	广发工厂	金额								
				百	十	万	千	百	十	元	角	分
金额（大写）	人民币壹佰元整						¥	1	0	0	0	0
事　由	清理费用　现金收讫			备注：								

第三联　记账联

会计主管：赵　　　　收款人：周　　　　制单：张

经济业务39－3

收款收据

2009年12月24日　　　　No. 1200234

<table>
<tr><td rowspan="2">收款单位</td><td rowspan="2">广发工厂</td><td rowspan="2">交款单位</td><td rowspan="2">××废品公司</td><td colspan="9">金　额</td></tr>
<tr><td>百</td><td>十</td><td>万</td><td>千</td><td>百</td><td>十</td><td>元</td><td>角</td><td>分</td></tr>
<tr><td>金额
（大写）</td><td colspan="3">人民币贰佰元整</td><td></td><td></td><td></td><td>¥</td><td>2</td><td>0</td><td>0</td><td>0</td><td>0</td></tr>
<tr><td>事　由</td><td colspan="3">报废机器残料　　现金收讫</td><td colspan="9">备注：</td></tr>
</table>

第三联　记账联

会计主管：赵　　　　收款人：周　　　　制单：张

经济业务39－4

固定资产清理损益计算表

2009年12月24日

<table>
<tr><td>清理项目</td><td>切割机</td><td>清理原因</td><td>报废</td></tr>
<tr><td colspan="2">固定资产清理借方发生额</td><td colspan="2">固定资产清理贷方发生额</td></tr>
<tr><td>清理支出内容</td><td>金额</td><td>清理收入内容</td><td>金额</td></tr>
<tr><td>固定资产净值</td><td>200.00</td><td>固定资产残料收入</td><td>200.00</td></tr>
<tr><td>清理费用</td><td>100.00</td><td></td><td></td></tr>
<tr><td>借方合计</td><td>300.00</td><td>贷方合计</td><td>200.00</td></tr>
<tr><td colspan="4">固定资产清理　净收益
　　　　　　　净损失　金额：壹佰元整</td></tr>
</table>

复核：×××　　　　制单：×××

经济业务 40－1

投资协议书

经双方协商，华夏公司向广发工厂投资机床一台，账面原价 45 000 元，已提折旧 15 000 元，评估价值 25 000 元。按投资比例分配利润。

投资单位：华夏公司　　　　接受单位：广发工厂

2009 年 12 月 25 日　　　　2009 年 12 月 25 日

经济业务 40－2

固定资产调拨单

20

2009 年 12 月 25 日

投资单位名称		华夏公司		接受投资单位		广发工厂		
固定资产名称	规格型号	单位	数量	预计使用年限	已用年限	原始价值	已提折扣	备注
机床		台	1	12	3	45000.00	15000.00	
技术鉴定		设备完好		评估价值			25000.00	

单位盖章　华夏公司 发票专用章　　　　接受单位盖章

经济业务41－1

投资协议书

经双方协商，广发工厂向远东公司投资设备编织机一台，账面原价7 000元，已提折旧3 000元，评估价值5 500元。按投资比例分配利润。

投资单位：广发工厂　　　　接受单位：远东公司

2009年12月25日　　　　2009年12月25日

经济业务41－2

固定资产调拨单

20

2009年12月25日

投资单位名称		广发工厂		接受投资单位			远东公司	
固定资产名称	规格型号	单位	数量	预计使用年限	已用年限	原始价值	已提折扣	备注
编织机		台	1	7	3	7000.00	3000.00	
技术鉴定		设备完好		评估价值			5500.00	

单位盖章　（广发工厂 发票专用章）　　　　接受单位盖章　（远东公司 发票专用章）

经济业务 42

企业借款借据（收账通知）

借款企业名称：广发工厂　　　　2009年12月25日

<table>
<tr><td>借款种类</td><td>长期借款</td><td>贷款账号</td><td></td><td colspan="5">存款账号</td><td colspan="5">14140000001</td></tr>
<tr><td rowspan="2">借款金额</td><td rowspan="2" colspan="3">人民币（大写）肆拾万元整</td><td>万</td><td>千</td><td>百</td><td>十</td><td>万</td><td>千</td><td>百</td><td>十</td><td>元</td></tr>
<tr><td></td><td></td><td>¥</td><td>4</td><td>0</td><td>0</td><td>0</td><td>0</td><td>0</td></tr>
<tr><td colspan="13">借款用途：购买固定资产</td></tr>
<tr><td colspan="13">约定还款期限：期限为三年，于2012年12月25日到期</td></tr>
<tr><td colspan="4">上列借款已批准发放，转入你单位存款账户。
广州市商业银行
2009.12.25
付讫
此致
（银行签章）</td><td colspan="9">单位分录：
借：
贷：
主管　会计　复核　记账</td></tr>
</table>

此联转账后送还借款单位

经济业务 43

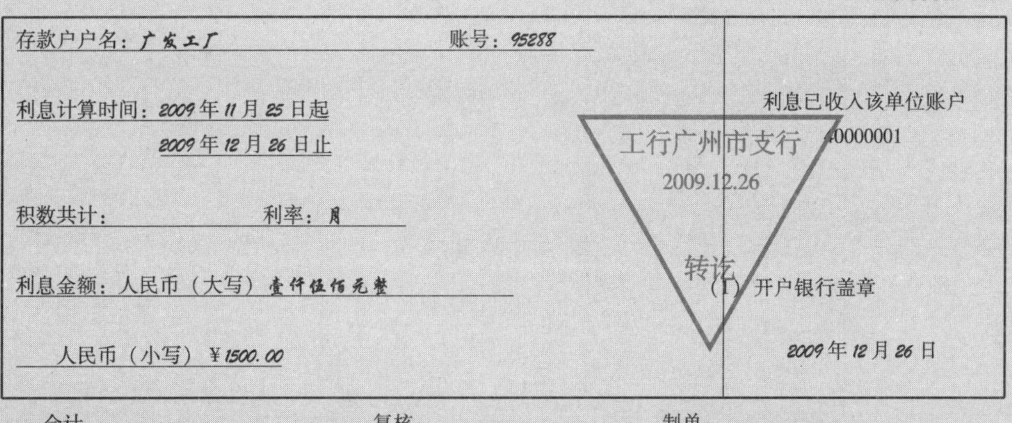

存款利息通知单

No. 5566

存款户户名：广发工厂　　　　账号：95288

利息计算时间：2009年11月25日起

2009年12月26日止

积数共计：　　　　利率：月

利息金额：人民币（大写）壹仟伍佰元整

人民币（小写）¥1500.00

利息已收入该单位账户 40000001

工行广州市支行
2009.12.26
转讫

(1) 开户银行盖章

2009年12月26日

会计：　　　　复核：　　　　制单：

经济业务 44

无形资产摊销

项　目	原　值	摊销年限	月摊销额
商标权	120000.00	10	1000.00

经济业务 45 -1

中国工商银行
转账支票存根
IX II0112595

科　　目__________
对方科目__________
签发日期 2009 年 12 月 26 日

收款人：广州百货公司
金　额：2500.00
用　途：支付产品展览会

单位主管　　　　会计
复　　核　　　　记账

经济业务45－2

广东省商品销售统一发票

记　账　联

发票代码：137030720567

No. 82102432

客户名称：广发工厂　　2009年12月26日

项目	单位	数量	单价	千	百	十	万	千	百	十	元	角	分
产品展览会							¥	2	5	0	0	0	0
人民币合计（大写）贰仟伍佰元整							¥	2	5	0	0	0	0
备注：													

（印章：广州百货公司 发票专用章）

第三联　记账联

填票人：×××　　收款人：×××　　单位名称：×××

经济业务46－1

<table>
<tr><td colspan="5">G公司股利分派单
2009年12月26日</td></tr>
<tr><td>股　东</td><td>广发工厂</td><td>股票种类</td><td>普通股</td><td>备注</td></tr>
<tr><td>股份数</td><td>5000股</td><td>每股分派股利</td><td>1.00元</td><td></td></tr>
<tr><td colspan="4">分派股利合计人民币（大写）伍仟元整　¥5000.00</td><td></td></tr>
<tr><td>股利结付方式</td><td colspan="3">支票</td><td></td></tr>
<tr><td>主管</td><td></td><td>记账</td><td>复核</td><td>制单</td></tr>
</table>

经济业务46－2

××银行**进账单**（收账通知） 3

2009年12月26日

<table>
<tr><td rowspan="3">出票人</td><td>全　　称</td><td>G公司</td><td rowspan="3">收款人</td><td>全　　称</td><td colspan="11">广发工厂</td></tr>
<tr><td>账　　号</td><td>58333</td><td>账　　号</td><td colspan="11">95288</td></tr>
<tr><td>开户银行</td><td>工行广州市××支行</td><td>开户银行</td><td colspan="11">工商银行广州市支行</td></tr>
<tr><td rowspan="2">金额</td><td colspan="4" rowspan="2">人民币（大写）伍仟元整</td><td>亿</td><td>千</td><td>百</td><td>十</td><td>万</td><td>千</td><td>百</td><td>十</td><td>元</td><td>角</td><td>分</td></tr>
<tr><td></td><td></td><td></td><td></td><td>¥</td><td>5</td><td>0</td><td>0</td><td>0</td><td>0</td><td>0</td></tr>
<tr><td colspan="2">票据种类</td><td>支票</td><td>票据张数</td><td>1</td><td colspan="11" rowspan="3">工商银行
广州市支行
2009.12.26
转讫
收款人开户银行签章</td></tr>
<tr><td colspan="2">票据号码</td><td colspan="3"></td></tr>
<tr><td colspan="5">款项来源：股票分红
复核　　记账</td></tr>
</table>

此联是收款人开户银行交给收款人的收账通知

经济业务47

固定资产折旧计算表

2009年12月27日

使用部门	月初固定资产原值	月综合折旧率	月折旧额
合计			

主管　　会计　　复核　　制表

经济业务 48－1

材料成本差异计算表

2009 年 12 月 27 日

项目	计划成本			材料成本差异			材料成本差异率
	期初	本期收入	合计	期初	本期收入	合计	
金额							

主管　　会计　　复核　　制表

经济业务 48－2

发料凭证分配汇总表

2009 年 12 月 27 日

总账科目	明细科目	甲材料		乙材料		丙材料		计划成本金额合计	材料成本差异	实际成本合计
		数量	金额	数量	金额	数量	金额			
生产成本	A 产品									
	B 产品									
	C 产品									
制造费用	一车间									
	二车间									
管理费用										
其他业务成本										
合计										

主管　　会计　　复核　　制表

经济业务49

制造费用分配表

2009年12月27日

产品	一车间制造费用			二车间制造费用
	分配标准（生产工人工资）	分配率	分配额	
A产品				
B产品				
C产品				
合计				

主管　　　　会计　　　　复核　　　　制表

经济业务50－1

产品入库汇总表

2009年12月29日

品名	规格	单位	数量	备注
A产品		箱	60	
B产品		箱	90	
C产品		箱	70	

主管　　　　会计　　　　复核　　　　制表

经济业务 50 -2

生产成本计算表

2009 年 12 月 29 日

摘　要	成本项目			合计
	直接材料	直接人工	制造费用	

主管　　会计　　复核　　制表

经济业务 51

坏账准备计提表

2009 年 12 月 30 日

账户名称	期末余额	计提比例	提取金额	备注
		3‰		

主管　　会计　　复核　　制表

经济业务 52 -1

应交增值税计算表

2009 年 12 月 31 日

项　目	金　额
销项税额合计	
进项税额合计	
应交增值税	

主管　　　　会计　　　　复核　　　　制表

经济业务 52 -2

中国工商银行
转账支票存根

IX II0112595

科　目＿＿＿＿

对方科目＿＿＿＿

签发日期 2009 年 12 月 31 日

收款人：广州市税务局
金　额：94809.00
用　途：上交应交的增值税

单位主管　　　　会计

复　核　　　　记账

经济业务53

所得税计算表

2009年12月31日

应税项目	应税金额	税率	应交所得税税额	备　注
		25%		

主管　　　　　　会计　　　　　　复核　　　　　　制表

经济业务54

税后利润计算表

2009年12月31日

项　目	金　额	备　注
税前利润		
减：应交所得税		
税后利润		

主管　　　　　　会计　　　　　　复核　　　　　　制表

经济业务55－1

盈余公积计提计算表

2009年12月31日

项目	比例	金额	备注
提取法定盈余公积	10%		
提取任意盈余公积	5%		
向投资者分配利润	20%		
合计			

主管　　会计　　复核　　制表

经济业务55－2

中国工商银行
转账支票存根
IX II0112595

科　目 ________
对方科目 ________
签发日期 2009年12月31日

收款人：王伟
金　额：199088.11
用　途：向投资者分配利润

单位主管　　会计
复　核　　记账

经济业务56

结转利润分配各明细账，计算年末未分配利润。（此业务无附件）

经济业务57

中国工商银行
转账支票存根
IX II0112595

科　　目＿＿＿＿＿
对方科目＿＿＿＿＿
签发日期 2009 年 12 月 31 日

收款人：广州市税务局
金　额：251813.51
用　途：交所欠税金

单位主管　　　　会计
复　　核　　　　记账

实验三 登记会计账簿

一、实验目的和要求

通过登记账簿，使学生在进一步了解账簿的种类、格式和基本内容的基础上，能熟练掌握登记日记账、明细分类账、总分类账的方法，同时掌握各账户期末对账、结账的方法。

二、实验内容

1. 日记账、明细分类账的登记。
2. 总分类账的登记。
3. 对账和结账。

三、实验资料

1. 账簿资料见“会计综合模拟实验专用账册”。
2. 填制要求：

（1）根据实验二所做的原始凭证和记账凭证登记日记账和明细分类账。

（2）根据实验二编制的科目汇总表登记总分类账。

（3）月末结出总分类账和明细分类账的本期发生额和余额，进行总分类账和明细分类账的核对。

四、实验操作知识

会计人员应当根据审核无误的会计凭证登记账簿。

（一）登记会计账簿的基本要求

1. 内容准确完整。登记账簿时，应当将会计凭证日期、编号、业务内容摘要、金额和其他有关资料逐项记入账内，做到数字准确、摘要清楚、登记及时、字迹工整。

对于每一项会计事项，一方面要记入有关账户的总账，另一方面要记入该总账所属的明细账。账簿记录中的日期，应该填写记账凭证上的日期；以自制的原始凭证（如收料单、领料单等）作为记账依据的，账簿记录中的日期应按有关自制凭证上的日期填列。

此外，负责登记账簿的会计人员，在登记账簿前，应对已经复核的记账凭证再复核一遍，这是岗位责任制和内部牵制制度的要求。如果记账人员对记账凭证中的某些问题有疑问，可以请教填制记账凭证的人员；如果认为记账凭证的处理有错误，可暂停登记，及时向会计主管人员反映，由其作出更改或照登的决定。在任何情况下，凡不兼任填制记账凭证工作的记账人员都不得自行更改记账凭证。

2. 登记账簿要及时。登记账簿的间隔时间长短，没有统一的规定，可以根据企业所采用的具体会计核算形式而定。一般情况下，总账可以三五天登记一次；明细账的登记时间间隔要更短；日记账和债权债务明细账一般一天就要登记一次。现金、银行存款日记账，应根据收、付款记账凭证，随时按照业务发生顺序逐笔登记，每日终了应结出余额。

3. 注明记账符号。登记完毕后，要在记账凭证上签名或者盖章，并注明已经登账的符号“√”，表示已经过账，以免发生重登或漏登。

4. 书写的要求。账簿中书写的文字和数字上面要留有适当空格，不要写满格，一般应占格距的1/2。这样，一旦发生登记错误，就能比较容易地进行更正，同时也方便查阅。同时，书写阿拉伯数字，字体要有倾斜度，自右上方斜向左下方。

为了防止在账簿记录中更正错误引起连锁反应，除月末和转页外，其他时候登记账簿余额时，可以不用墨水结出余额，如需要及时了解账户余额，可以用铅笔写在余额栏内。

5. 使用蓝黑墨水。为了保证账簿记录的持久性，登记账簿时要用蓝黑墨水或者碳素墨水书写，不得使用圆珠笔或者铅笔书写。

红色墨水只能用于下列情况：按照红字冲账法，冲销错误记录；在不设减少金额栏的多栏式账页中，登记减少数；在三栏式账户的余额栏前，如未印明余额方向的，在余额栏内登记负数金额；划更正线、结账线和注销线；会计制度中规定用红字登记的其他记录。因此，在会计上，数字的颜色不同传达出的会计信息也不同。如果书写墨水的颜色用错了，会导致错误的信息。

6. 日期的填写。为了使账页看起来美观、整齐，每一页的第一笔业务应在年、月、日栏中完整地填写年度、月份和日期，以后本页再登记时，只要不跨月度，一律不填月份，只填日期。跨月登记时，应在上月的月结线下的月份栏内填写新的月份。

7. 顺序连续登记。各种账簿应该按照页次顺序连续登记，不得跳行、隔页。如果发生了跳行、隔页的情况，应该在空行、空页处用红色墨水画对角线，同时在摘要栏内注明“此行空白”、“此页空白”字样，并由会计人员和会计主管人员压线签名或者盖章。

8. 结出余额。凡是需要结出余额的账户，其结出余额后，应当在“借或贷”等栏内写明“借”或者“贷”等字样。没有余额的账户，应当在“借或贷”等栏内写“平”字，并在余额栏内“元”位上用“0”表示。现金日记账和银行存款日记账必须逐日结出余额。

9. 结转下页。每一账页登记完毕结转下页时，应当结出本页合计数及余额，登在本页最后一行和下页第一行有关栏内，并在摘要栏内注明“过次页”和“承前页”字样；也可以不做“过次页”，将本页合计数及余额只写在下页第一行有关栏内，并在摘要栏内注明“承前页”字样，以保证账簿记录的连续性。这对避免在账簿登记中可能出现的漏洞，是十分必要的防范措施。

对需要结计本日发生额的账户，结计“过次页”的本页合计数应当为本日发生额合计数；对需要结计本月发生额的账户，结计“过次页”的本页合计数应当为自本月初起至本页末止的发生额合计数；对需要结计本年累计发生额的账户，结计“过次页”的本页合计数应当为自年初起至本页末止的累计数；对既不需要结计本月发生额也不需要结计本年累计发生额的账户，可以只将每页末的余额结转次页。

（二）错账的更正方法

尽管我们在填制记账凭证、登记账簿之前对原始凭证、记账凭证进行过多次复核，但账簿登记有时仍会出现错误。在记账过程中，如果发现错误，第一要及时发现，第二要按规定认真更正。而不允许用涂改、挖补、刮擦、药水消除字迹等方法更改；不准重新抄写，必须用正确的方法予以更正。更正错账的方法有以下几种：

1. 划线更正法。在结账之前，若发现账簿记录中数字或文字错误，而记账凭证正确，应该采用划线更正法进行更正。具体做法是：先在错误数字或文字上划一条红线，表示注销。对于数字不得只划线更正其中的错误数字，对于文字，则可以只划线更正错误的部分。对已划销的数字或文字，应当保持原有字迹仍可辨认，以备查核。然后在划线上方空白处用蓝字填写正确的数字或文字，并在更正处加盖记账人员图章，以明确责任。

2. 红字更正法。由于记账凭证错误导致账簿记录有误，采用红字更正法更正。具体做法见记账凭证错误的更正。

3. 补充登记法。记账后，若发现记账凭证和账簿中应借应贷的科目并无错误，但是所填金额小于应填金额，应采用补充登记法更正。具体做法见记账凭证错误的更正。

（三）登记会计账簿的方法

1. 日记账的登记。日记账，是由出纳人员根据收款凭证和付款凭证按经济业务发生时间的先后顺序，逐日逐笔进行登记的账簿。其具体登记方法如下：

（1）日期栏，是指记账凭证的日期。登记现金日记账时应与现金实际收付日期一致。

（2）凭证栏，是指登记入账的收款凭证、付款凭证的种类和编号。其中，种类是指收款或付款凭证，例如，现金收款凭证可简写为“现收”等。凭证栏还应登记凭证的编号数，以便于查账和核对。

（3）摘要栏，摘要说明登记入账的经济业务的内容。文字要简练，但要能说明问题。一般根据凭证中的摘要栏填写。

（4）对方科目栏，是指现金、银行存款收入的来源科目或现金、银行存款付出的用途科目。一般根据凭证中现金和银行存款的对方科目填写。对方科目栏的作用在于了解经济业务的来龙去脉。

（5）收入栏，根据现金或银行存款实际收入的金额填写。

（6）支出栏，根据现金或银行存款实际付出的金额填写。

（7）余额栏，根据现金或银行存款的余额登记。

（8）每日终了，应分别计算现金、银行存款收入和支出的合计数，并结出余额，同时将现金余额与出纳员保管的库存现金核对，即通常说的“日清”。如账款不符，应查明原因，并记录备案。月终，同样要计算现金、银行存款全月收入、支出和结存的合计数，通常称为“月结”。

（9）定期将银行存款日记账与银行对账单进行核对，以确定未达账项，编制银行存款余额调节表。

2. 明细分类账的登记。明细分类账是用来核算经济业务的明细内容的，各种明细分类账根据实际需要，分别按照二级科目或明细科目开设账户，提供有关经济活动的详细资料。明细分类账一般为活页式和订本式账簿，其格式主要有三栏式、数量金额式和多栏式三种。具体适用账户见实验一的登记期初余额，其具体登记要求如下：

（1）根据记账凭证按经济业务发生的时间先后顺序逐日逐笔进行登记。

（2）多栏式明细账没有设置借贷方向的，平时如发生相反方向的发生额，应该用红字登记。

（3）月末结出本期发生额和期末余额，并与总分类账的本期发生额和期末余额进行核对。

3. 总分类账的登记。总分类账是用来核算经济业务的总括内容，是按照会计科目的编码顺序分别开设账户。登记时要事先为每个账户预留若干账页，每个账户预留页数的多少，应该视账户记录的经济业务的估计次数来确定。

总分类账应由专职会计人员负责登记，无论总分类账采用哪种格式，其登记方法与日记账的登记方法基本相同，只是登记的依据不同，受账务处理程序的制约。

账务处理程序又称会计核算形式，是指账簿组织和记账步骤。不同的凭证、账簿组织及与之相适应的记账程序相结合，构成不同的账务处理程序。每个单位都要按照会计准则和统一会计制度的要求，并结合本单位的业务性质、经营规模、管理要求等，设计适合本单位的账务处理程序。在会计核算工作实践中，账务处理程序主要有记账凭证账务处理程序、科目汇总表账务处理程序、汇总记账凭证账务处理程序、多栏式日记账账务处理程序等。由于实务中记账凭证和科目汇总表账务处理程序被普遍采用，所以以下主要介绍记账凭证和科目汇总表账务处理程序。

（1）记账凭证账务处理程序。记账凭证账务处理程序是最基本的账务处理程序，是其他各种处理程序的基础。它直接根据各种记账凭证逐笔登记总分类账。

（2）科目汇总表账务处理程序。科目汇总表账务处理程序又叫记账凭证汇总表账务处理程序，是实际工作中采用最为广泛的一种财务处理程序。其主要特点是定期地将一定期间的全部记账凭证汇总编制成科目汇总表，然后再根据科目汇总表登记总分类账。

科目汇总表是根据一定期间内的全部记账凭证按照会计科目进行归类后编制的。在科目汇总表中，分别计算出每一个总分类账科目的借方发生额合计数和贷方发生额合计数。由于借贷记账法的记账规则是“有借必有贷，借贷必相等”，所以科目汇总表中全部总分类账科目的借方发生额合计数一定要等于贷方发生额合计数。

根据科目汇总表登记总分类账是将科目汇总表中汇总的各账户借、贷方发生额逐一记入总分类账各账户中。

4. 总分类账与明细分类账的平行登记。

（1）总分类账与明细分类账的关系。总分类账是根据总分类科目设置，用来分类登记全部经济业务的账簿。它提供会计主体的财务状况和经营成果的全面、系统的分类资料，并只提供货币指标。明细分类账是根据明细科目设置，用来分类、连续地记录有关经济业务的详细情况的账簿。它对各有关会计要素进行较为详细的分类反映，除了货币指标外，还提供实物量度指标，为日常管理和编制会计报表提供更为详细的资料。总分类账对所属明细分类账起着统驭、控制的作用，明细分类账则对总分类账进行必要的补充说明。

在总分类账及其所属的明细分类账之间进行记录登记，必须采用平行登记的方法。总分类账和明细分类账登记的依据是相同的，这样才能使总分类账和其所属的明细分类账之间起到统驭与补充的作用，满足各单位经济管理对总括会计信息和详细会计信息的需要。

（2）总分类账与明细分类账的平行登记规则。

① 同时间。对单位的每一项经济业务，应根据审核无误的同一记账凭证，在同一期间（并非同一时点，一般指同一月份）内，一方面记入有关的总分类账户，另一方面要记入其所属的明细分类账户。

② 同方向。对于同一项经济业务，在总分类账中的记账方向与其所属明细分类账中的记账方向是相同的。

③ 同金额。由于总分类账提供总括的指标，明细分类账提供总分类账户所反映内容的详细指标，所以，对于同一项经济业务在总分类账中的登记金额与在明细分类账中的登记金额是相等的。

（四）对账与结账

1. 对账方法和要求。为了保证账簿记录的完整和正确，为编制会计报表提供真实可靠的数据资料，需要进行对账工作。

根据规定，各单位应当定期对会计账簿记录的有关数字与库存实物、货币资金、有价证券、往来单位或者个人等进行相互核对，保证账证相符、账账相符、账实相符。对账工作应经常进行，尤其在结账之前必须对账。其工作内容包括：

（1）账证核对。账证核对是指核对会计账簿记录与原始凭证、记账凭证的时间、凭证字号、内容、金额是否一致，记账方向是否相符。

账证核对按照逐笔核对、抽查核对的方法进行。这种核对除了在日常制证、记账过程中进行外，月末如发现账证不符，就应该重新进行账证的核对，以保证账证相符。

（2）账账核对。账账核对是指企业内部各种账簿记录之间有关数据的相互核对。账账核对一般在结账过程中进行，其核对内容主要包括：

① 总分类账的核对。全部总分类账户的本期借方发生额合计数与贷方发生额合计数、期末借方余额合计数与贷方余额合计数核对。

② 明细分类账的核对。总分类账各账户的发生额和余额与其所属明细分类账各账户的发生额和余额合计数核对，且方向一致。

③ 日记账的核对。现金日记账和银行存款日记账中的发生额及余额与总分类账各该账户中的发生额及余额核对。

④ 会计部门有关财产物资的明细分类账余额应该同财产物资保管或使用部门的登记账簿所记录的内容相互核对。

（3）账实核对。账实核对是指会计账簿记录与财产等实际结存数核对。账实核对工作主要在资产清查时进行，有些则在日常中进行，其主要包括：

① 现金日记账账面余额与现金实际库存数相核对。为做到日清月结，应每天核对一次。

② 银行存款日记账账面余额定期与银行对账单相核对。

③ 各种财物明细账账面余额与财物实存数额相核对。

④ 各种应收、应付款明细账账面余额与有关债务、债权单位或者个人核对等。

2. 结账方法和要求。结账是一项将账簿记录定期结算清楚的账务工作。在当期的记账凭证登记完毕后，按照制度规定和管理的需要，会计人员要结计出各个账户的本期发生额和期末余额。及时结账有利于了解会计期间内资产、负债、所有者权益的增减变化及变化结果，有利于正确、及时确定当期的经营成果，为考察企业经营业绩提供依据；同时，可以为会计报表的编制提供依据。

（1）结账前的工作。

① 按权责发生制原则调整和结转有关账项，合理确定本期的收入和费用，编制记账凭证并登记入账。

② 编制结转分录，并登记入账。结转分录是指期末将某一账户的余额或借贷差额转入另一个账户的会计分录。例如，把“制造费用”账户余额转入“生产成本”账户等。

③ 本期的记账凭证要全部编号、装订、汇总，登记账簿时要一笔不漏地登记，并将发生额同有关对应科目的发生额核对无误，才能结账。结账是对一定会计期间内经济活动的最后总结，因此，结账前必须把全部经济业务都登记入账，不得为编制报表而提前结束经济业务的账务处理，提前结账，也不能为了某种原因将本月的经济业务记入下月发生额内。

（2）结账的时间。结账工作按时间不同可以划分为月结、季结和年结。结账的时间应该在会计期末进行，以公历每月（季、年）的最后一个工作日终了为结账时间。

（3）结账的方法。结账的标志是划线。

① 结账时，应该结出每个账户的期末余额。现金、银行存款日记账和需要按月结出发生额的账户，应当在最后一笔记录下面划一条单红线，表明本月记录到此为止。在这条线下面一行的摘要栏写“本月合计”字样，在借贷两方结出本月发生额合计。然后在下面再划一条单红线，以和下月的发生额相区别。月结划单线，年结划双线，且应划通栏线，从摘要栏开始到余额栏分位止。

② 不需要结计月度发生额的账户，如各项应收、应付款等，每次记账以后都要随时结出余额，每月最后一笔余额即为月末余额。结账时，在最后一笔记录下面通栏划一条单红线，其意思是“本月到此为止”，并和下月发生额相区别。

③ 需要结计本年累计发生额的账户，如收入、成本明细账等，应在“本月合计”下一行的摘要栏写“本年累计”字样，结出自年初至本页止的累计发生额。在累计数下面再划一条线，以与下月发生额相区别。12 月末的“本年累计”应为全年的累计数，此时须在累计数下面划两条红线，以与各月份的累计相区别，同时表示“本年到此为止”。所有划线均为通栏线。

④ 年度终了结账时，所有总分类账账户都应当结出全年发生额和年末余额，并要把各账户的余额结转到下一会计年度。

⑤ 需要结出本月发生额的账户，如果月内只发生一笔经济业务，就不存在合计问题。结账时，只需在这笔记录下划一条单红线，表示与下月的发生额分开就可以了，不必在下面一行再结计本月合计数。

⑥ 凡需要结出余额的账户，结出余额后，应在“借或贷”等栏内按余额所属方向写明“借”或“贷”字样；没有余额的账户，如收入、成本、费用账户，应在“借或贷”等栏内写“平”字，并在余额栏内用“θ”表示。

实验四　编制会计报表

一、实验目的和要求

要求学生掌握资产负债表和利润表的结构、内容、编制要求及编制方法，熟悉几种会计报表的基本格式，并能独立编制资产负债表和利润表。

二、实验内容

1. 资产负债表的编制。
2. 利润表的编制。

三、实验资料

1. 会计报表的填制资料见实验二、实验三的资料。
2. 资产负债表、利润表另附。

四、实验操作知识

会计报表是根据日常会计核算资料定期编制的，综合反映会计主体某一特定日期的资产、负债和所有者权益状况，以及某一特定时期的经营成果和现金流量状况的书面文件。

（一）会计报表的编制要求

1. 数字真实。会计报表所提供的各项指标数据必须真实可靠，才能为报表使用者的决策和管理提供可靠的依据。如果会计报表所提供的数据不真实，不但不能发挥会计报表应有的作用，相反还会使会计报表的使用者对企业财务状况和经营业绩作出错误的判断，从而导致决策失误。要确保数字真实，应做到按期结账，认真对账和财产清查，编制试算表，以确保报表的准确性，最后编表后要做好复核工作。

2. 计算准确。会计报表的编制必须以核对无误的账簿记录为依据，报表中的数据计算必须准确无误。报表与报表之间、指标与指标之间的有关数据应衔接一致。各项目的明细数字与小计、合计、总计数字以及相关数字必须相符，防止数字的遗漏和重复计算。同时也应注重谨慎性原则的运用。对不确定因素，如应收账款的可收回程度等，可实行谨慎性原则，既不抬高资产或收益，也不过分压低费用。计算准确程度的确定，要以最大限度满足报表使用者经济决策的需要为标准。

3. 内容完整。编制会计报表要按照规定的格式和内容来填制，凡是国家规定要求提供的会计报表，必须按照规定的要求编报，不得漏编、漏报，也不应漏填、漏列报表项目。对不同会计期间应当编报的各种会计报表，都应该编报齐全；对于报表中列示的各项指标，不得随意取舍；企业某些重要的会计事项，应当在会计报表附注中进行说明。

4. 报送及时。会计报表所反映的信息具有很强的时效性。在编制会计报表时，必须严格按照规定的报送期限及时编制，并报送给规定的对象，以便有关方面及时掌握企业的财务状况和经营动态，进行有效的管理和决策。否则，即使最真实可靠和全面完整的会计报表，如果不能及时传递给报表的使用者，时过境迁，也是没有任何价值的。因此会计部门应当科学地组织好日常的会计核算工作，认真做好编表前的各项准备工作；并且要加强与企业内部各有关部门的协作，相互配合，使会计报表能顺利编制，及时报送。

月份财务会计报表应于月份终了后 6 天内对外提供；季度中期财务会计报表应于季度终了后 15 天内对外提供；半年度中期财务会计报表应于年度中期结束后 60 天内对外提供；年度财务会计报表应于年度终了后 4 个月内对外提供。

5. 指标可比。企业的不同时期的报表指标应保持连贯性和可比性。不同企业之间的报表指标也应力求一致，以便使用者进行比较。如果客观情况发生变化，确有必要改变时，应按制度规定进行更改，并说明变化的必要性及由此而产生的影响。

（二）资产负债表的编制

1. 资产负债表列报要求。资产负债表是总括反映企业一定日期（月末、季末或年末）全部资产、负债及所有者权益情况的会计报表。资产负债表是以“资产 = 负债 + 所有者权益”这一会计基本等式为基础进行编制的，可以反映某一日期的资产总额及其结构、负债总额及其结构以及所有者拥有的权益。它表明企业在某一特定日期所拥有或控制的经济资源、所承担的现有义务和所有者对净资产的要求权。

（1）分类别列报期末余额和年初余额。资产负债表应当按照资产、负债和所有者权益三大类别分类列报，并列报各项目的期末余额和年初余额。

（2）资产和负债按流动性列报。资产负债表中资产和负债应当按照流动性分为流动资产和非流动资产、流动负债和非流动负债列示。先列报流动性强的资产或负债，再列报流动性弱的。

（3）列报相关的合计、总计项目。资产负债表中的资产类至少应当列示流动资产、非流动资产及资产的合计项目；负债类至少应当列示流动负债、非流动负债及负债的合计项目；所有者权益类应当列示所有者权益的合计项目。

（4）资产负债表应当分别列示资产总计项目和负债与所有者权益之和的总计项目，并且两者的金额应当相等。

2. 资产负债表的构成。资产负债表的结构是由表头、基本内容和补充资料三部分组成。

（1）表头。表头包括报表名称、编制单位、编制日期、货币种类和金额单位等内容。

（2）基本内容。基本内容是资产负债表的核心。按照资产、负债、所有者权益三个要素在会计报表中的排列方式不同，资产负债表的格式主要有报告式、账户式和财务状况式。我国的资产负债表是采用账户式反映的，采用左右对称排列的结构列示会计信息。这种格式较好地将资产负债表的形式和内容统一起来，揭示了各项目之间的内在勾稽关系，能够让使用者一目了然地了解企业所控制的经济资源的来源，也便于对资产负债表进行结构分析。为了适应会计报表使用者的需要，资产负债表根据各项资产、负债、所有者权益在企业生产经营活动中的作用以及管理要求进行归类排列，以便取得经营管理所需的资料。

资产负债表的内容主要包括资产、负债和所有者权益三部分。

① 资产，按照其流动性可以分为流动资产和非流动资产。流动资产是指可以在一年或者超过一年的一个营业周期内变现或者耗用的资产。流动资产各项目按流动性和变现能力大小的顺序排列。非流动资产是流动资产以外的所有资产。

② 负债。在资产负债表中，负债项目按照到期日长短，同样可以分为流动负债和非流动负债。流动负债是指需在一年或者超过一年的一个营业周期内偿还的债务。非流动负债包括长期借款、应付债券和其他非流动负债等。

③ 所有者权益。与资产和负债不同，所有者权益没有流动性或变现性的问题，也没有期限的限制。在资产负债表中所有者权益按照其形成来源的不同划分为实收资本、资本公积、盈余公积和未分配利润。

（3）补充资料。补充资料是补充提供资产负债表基本内容部分中未予反映而报表使用者又需要了解的一些重要资料。其具体项目可根据不同时期的管理要求而有所变动和调整。

3. 资产负债表的编制方法。资产负债表是反映企业某一特定日期的财务状况的报表。在编制资产负债表时，应在表首标明企业报表的名称，名称后面要标明报表编制的时间。时间表述方式为：×年×月×日。资产负债表内各栏目的编制方法为：

（1）“年初数”的填列。“年初数”栏内各项数字，应根据上年末资产负债表“期末数”栏内所列数字填列。如果上年度资产负债表规定的各个项目的名称和内容同本年度不一致时，按照规定应对上年年末资产负债表各项目的名称和数字按照本年度的规定进行调整，调整后填入本年度资产负债表的“年初数”栏目内。

（2）“期末数”的填列。由于企业的每一项资产、负债、所有者权益指标都是以反映这些项目的有关账户的余额来表示的，因此，作为总括反映企业资产、负债和所有者权益情况的资产负债表各项目，基本上可以直接根据总分类账簿中有关账户的期末余额填列。但是这并不意味着账簿信息全部可以直接填入报表，资产负债表的某些项目需要根据总分类账和明细分类账的记录，分析、计算后填列。归纳起来，本表各项目“期末数”的填列方法有以下几种情况：

① 根据总账科目的余额直接填列的项目。当报表中项目名称与账户完全一致时，且该账户不属于被调整账户，没有相应的调整账户对该账户期末余额产生影响，可根据账簿中该账户余额直接填写。这是资产负债表数据的主要来源。

报表中资产类的“交易性金融资产”、“应收票据”、“预付账款”、“应收股利”、“应收利息”、“其他流动资产”、“可供出售金融资产”、“在建工程”、“工程物资”、“固定资产清理”、“开发支出”、“商誉”、“递延所得税资产”、“其他非流动资产”等项目，要反映企业持有的相应资产的期末价值，可按账户余额直接填列。其中，“固定资产清理”发生的净损失，账户期末为贷方余额，以“-”号填列。

报表中负债类的“短期借款”、“交易性金融负债”、“应付票据”、“应付账款”、“预收账款”、“应付职工薪酬”、“应交税费”、“应付利息”、“应付股利”、“其他应付款”、“其他流动负债”、“长期借款”、“应付债券”、“专项应付款”、“预计负债”、“递延所得税负债”、“其他非流动负债”等项目，一般要反映企业期末尚未偿还的短期借款、应付未付给职工的各种薪酬、应交未交税费等，也可根据账户余额直接填列。其中，“应付职工薪酬”、“应交税费”等期末转为债权的，以“-”号填列。

报表中所有者权益类的“实收资本（或股本)”、“资本公积”、“盈余公积”、“库存股”等项目，反映企业期末持有的接受投资者投入企业的实收资本、从净利润中提取的盈余公积余额、企业收购的尚未转让或注销的本公司股份金额等，可按账户余额直接填列。其中，期末累计“未分配利润”、“资本公积”为负数的，以“-”号填列。

② 根据总分类账有关账户余额相加或相减后数额填列的项目。当报表项目名称与账户名称完全不一致时，应根据项目性质和有关账户的相互关系，采用账户余额加总法填列。

1）“货币资金”项目，反映企业期末持有的库存现金、银行结算账户存款、外埠存款、银行汇票存款、银行本票存款、信用卡存款、信用证保证金存款等的合计数，应根据“库存现金”、“银行存款”和“其他货币资金”科目余额的合计数填列。

2）“存货”项目，反映企业期末在库、在途和在加工中的各种存货的可变现净值，应根据“在途物资”、“原材料”、“低值易耗品”、“库存商品”、“生产成本”、“委托加工物资”等科目的期末余额合计，减去“存货跌价准备”等科目的期末余额后的金额填列。材料、库存商品采用计划成本核算，或库存商品采用售价核算的企业，还应按加或减“材料成本差异”账户期末余额和减去“商品进销差价”账户期末余额后的金额填列。

3）根据科目余额减去其备抵项目后的净额填列。如“应收账款”、“长期股权投资”、“在建工程”等项目，应当根据“应收票据”、“应收账款”、“长期股权投资”、“在建工程”等科目的期末余额减去“坏账准备”、“长期股权投资减值准备”、“在建工程减值准备”等科目余额后的净额填列。“固定资产”项目，应当根据“固定资产”科目的期末余额减去“累计折旧”、“固定资产减值准备”备抵科目余额后的净额填列。“无形资产”项目，应当根据“无形资产”科目的期末余额减去“累计摊销”、“无形资产减值准备”备抵科目余额后的净额填列。

4）“未分配利润”项目，反映企业尚未分配的利润，应根据“本年利润”科目和“利润分配”科目的余额计算填列。未弥补的亏损在本项目内以“-”号填列。

（3）根据有关明细账科目的余额分析计算填列的项目。

“长期应收款”、“长期待摊费用”项目中将于一年内到期的部分，在“一年内到期的非流动资产”项目反映。

“长期借款”、“长期应付款”项目中将于一年内到期的部分，在“一年内到期的非流动负债”项目反映。

“应付账款”项目，根据“应付账款”和“预付账款”科目的所属相关明细科目的期末贷方余额计算填列。

“应收账款”项目，根据“应收账款”和“预收账款”科目的所属相关明细科目的期末借方余额计算填列。

“预付账款”项目，根据“预付账款”和“应付账款”科目的所属相关明细科目的期末借方余额计算填列。

“预收账款”项目，根据“应收账款”和“预收账款”科目的所属相关明细科目的期末贷方余额计算填列。

（三）利润表的编制

利润表是反映企业在一定时期（月度、季度、年度）内利润形成情况的会计报表，是企业对外编报的主要会计报表之一，它不仅是企业经营业绩的综合体现，也是企业进行利润分配的主要依据。利润表反映企业在一定期间内经营活动成果和某些特定的非经营活动的收支结果，反映企业不同时期的收入、费用及利润的变动趋势。

1. 利润表的结构。利润表的列报格式有两种：单步式利润表和多步式利润表。按照规定，我国企业的利润表采用多步式。利润表根据“收入－费用＝利润”的会计等式，按照一定的标准和顺序，将企业在一定时期的全部收入、费用项目进行适当的分类、汇总和排列后计算出利润并形成会计报表。收入大于费用，计算的利润为正数，表示盈利；收入小于费用，计算的利润为负数，表示亏损。将不同性质的收入和费用进行对比，从而可以得出一些中间性的利润数据，便于使用者理解企业经营成果的不同来源。

2. 利润表的编制方法。利润表各项目的填列方法如下：

（1）“营业收入”项目，反映企业经营主要业务和其他业务所确认的收入总额。可根据“主营业务收入”和“其他业务收入”科目的发生额分析填列。

（2）“营业成本”项目，反映企业经营主要业务和其他业务发生的实际成本总额。可根据“主营业务成本”和“其他业务成本”科目的发生额分析填列。

（3）“营业税金及附加”项目，反映企业经营业务应负担的消费税、营业税、城市维护建设税、资源税、土地增值税和教育费附加等。可根据“营业税金及附加”账户的发生额分析填列。

（4）“管理费用”、“销售费用”、“财务费用”项目，可根据各自账户的发生额填列。

（5）“资产减值损失”项目，反映企业各项资产发生的减值损失。可根据“资产减值损失”账户的发生额分析填列。

（6）“公允价值变动收益”项目，反映企业应当计入当期损益的资产或负债公允价值变动收益。可根据“公允价值变动收益”账户的发生额分析填列，如为净损失，以“－”号填列。

（7）“投资收益”项目，反映企业对外投资所取得的收益。可根据“投资收益”账户的发生额分析填列，如为投资损失，以“－”号填列。

（8）以营业收入为基础，减去营业成本、营业税金及附加、销售费用、管理费用、财务费用、资产减值损失，加上公允价值变动收益（减去公允价值变动损失）和投资收益（减去投资损失），计算出营业利润。如为亏损，以“－”号填列。

（9）以营业利润为基础，加上营业外收入，减去营业外支出，计算出利润总额。如为亏损，以“-”号填列。

（10）“所得税费用”项目，反映企业应当从当期利润总额中扣除的所得税费用。可根据“所得税费用”账户的发生额分析填列。

（11）以利润总额为基础，减去所得税费用，计算出净利润（或亏损）。如为亏损，以“-”号填列。

（12）“基本每股收益”和“稀释每股收益”项目，每股收益反映普通股股东每持有一股所能享有的企业利润或需承担的企业亏损，由公开发行股票的公司按照《企业会计准则第34号——每股收益》所述方法计算的结果填列。

此外，利润表中的“上期金额”栏内各项目数字一般应根据上年该期间利润表“本期金额”栏内所列数字填列。如果上年度利润表的项目名称和内容与本年度利润表不一致，应对上年度报表项目的名称和数字按本年度的规定进行调整，填入报表的“上期金额”栏内。

第五章

会计电算化综合模拟实验

在这一章里，我们将在电算化环境下，采用用友财务软件来验证前面所做的实验内容。

用友 U861 由多个子系统组成，如总账系统、应收系统、工资系统等，各个系统之间相互联系，资料共享。系统管理是一个控制平台，它对各个模块和资料进行统一管理和维护。它的主要功能如下：

（1）对账套进行统一管理，主要包括建立账套、修改账套、引入和输出账套。账套是指一组相互关联的数据，每一个企业（或者每一个核算主体）的数据在系统内部体现为一个账套。

（2）对操作员及其功能权限统一管理。

（3）对年度账进行统一管理。

（4）记录工作日志。

（5）实时监控各客户端的用友使用。

系统管理是启动用友财务软件的基础，是建立账套、财务人员分工管理的窗口，是对账套的建立、修改、删除和备份，操作员的建立、角色的分工和权限的分配等操作进行集中管理的平台，必须熟练掌握。

软件安装完后，首先要做的就是注册进入系统，因为此时系统内尚未有任何账套数据，所以只能使用 admin 名称注册进入系统管理（admin 是系统指定的系统管理员名称，不能更改）。如果以后有了账套数据，可以用账套主管的身份注册进入系统管理。

实验五　系统管理

一、实验目的

掌握用友 ERP－U861 软件中系统管理的相关内容及其操作。

二、实验要求

以系统管理员 admin 的身份注册系统管理，并建立账套。

三、实验内容

1. 注册系统管理。
2. 增加操作员。
3. 建立单位账套。
4. 进行财务分工授权。
5. 备份账套数据。
6. 账套数据引入。
7. 修改账套数据。

四、实验资料

1. 建立新账套。

（1）账套信息。账套号：002；账套名称：广发工厂；采用默认账套路径；账套启用会计期：2009 年 12 月；会计期间设置：1 月 1 日至 12 月 31 日。

（2）单位信息。单位名称：广发工厂；单位简称：广发工厂；单位地址：广州市天河区；法人代表：王广发；邮政编码：510000。

（3）核算类型。该企业的记账本位币为人民币（RMB）；企业类型为工业；行业性质为新会计制度；账套主管为何平；按行业性质预置科目。

（4）基础信息。该企业无外币核算，进行经济业务处理时，不需要对存货、客户、供应商进行分类。

（5）分类编码方案。科目编码级次：42222；其他：默认。

（6）数据精度。该企业对存货数量、单价小数位定为 2。

2. 财务分工。广发工厂使用用友软件的用户档案如表 5－1 所示。

表 5－1　　广发工厂使用用友软件的用户档案

编号	职位	姓名	密码
001	总经理	王广发	1
002	财务主管	何平	2
003	出纳	龚冰冰	3
004	财务会计	陈静	4

广发工厂各操作员权限如表 5－2 所示。

表 5－2　　　　　　　　　　广东工厂各操作员权限

操作员编号	姓名	权限
001	王广发	账套主管
002	何平	广发电子账套的账套主管。负责财务软件运行环境的建立，以及各项初始设置工作；负责财务软件的日常运行管理工作，监督并保证系统的有效、安全、正常运行；负责总账系统的凭证审核、记账、账簿查询、月末结账工作；负责报表管理及其财务分析工作等。具有系统所有模块的全部权限
003	龚冰冰	广发电子账套出纳。负责现金、银行账管理工作。具有“总账—凭证—出纳签字”权限，具有“总账—出纳”的全部操作权限
004	陈静	广发电子账套基础设置、总账、UFO 报表模块的操作权限

五、操作指导

1. 启动系统管理。

执行“开始”—“程序”—“用友 ERP－U8”—“系统服务”—“系统管理”命令，进入“用友 ERP－U8〖系统管理〗”窗口，如图 5－1 所示。

图 5－1　进入用友软件界面

2. 登录系统管理。

（1）执行“系统”—“注册”命令，打开“注册【系统管理】”对话框。

（2）输入：服务器（为本地机 SQL Server 服务器名，可以打开右下角查看）；操作员“admin”；密码空；账套：default。单击“确定”按钮，以系统管理员身份进入系统管理，如图 5－2 所示。

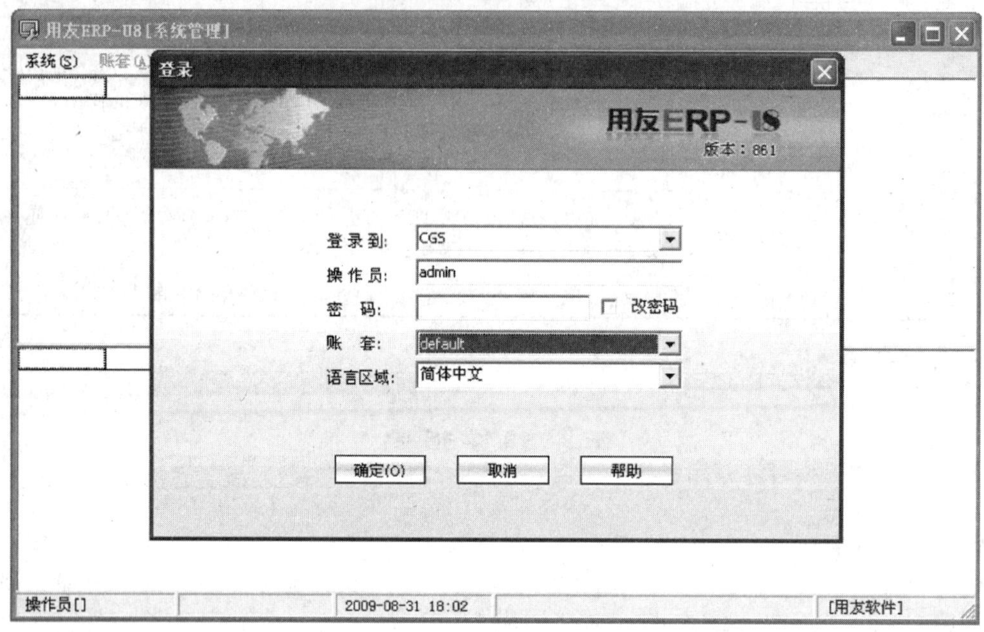

图 5－2　系统注册界面

提示：

- 建议不要设置系统管理员密码。
- 用友 ERP－U8 系统运行期间禁止修改计算机操作系统日期。

3. 增加操作员。

（1）执行“权限”—“用户”命令，进入“用户管理”窗口，窗口中显示系统预设的几位用户：demo、system、ufsoft。

（2）单击工具栏中的按钮，打开“增加用户”对话框，按表 5－3 中所示资料输入用户，如图 5－3 所示。

表 5－3　　用户资料

编号	姓名	口令	确认口令	所属部门	完成操作
001	王广发	1	1	办公室	单击“增加”按钮
002	何平	2	2	财务科	单击“增加”按钮
003	龚冰冰	3	3	财务科	单击“增加”按钮
004	陈静	4	4	财务科	单击“增加”按钮

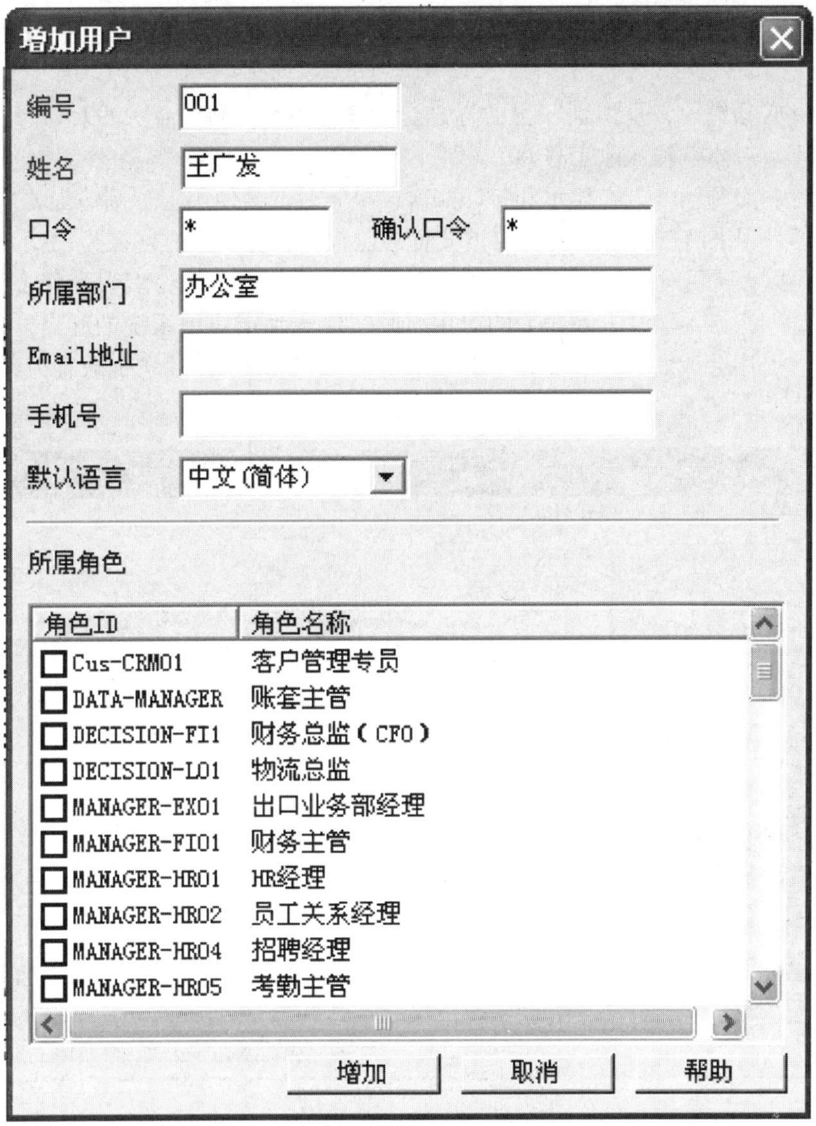

增加用户

编号 001

姓名 王广发

口令 * 确认口令 *

所属部门 办公室

Email地址

手机号

默认语言 中文(简体)

所属角色

角色ID	角色名称
Cus-CRM01	客户管理专员
DATA-MANAGER	账套主管
DECISION-FI1	财务总监(CFO)
DECISION-LO1	物流总监
MANAGER-EX01	出口业务部经理
MANAGER-FI01	财务主管
MANAGER-HR01	HR经理
MANAGER-HR02	员工关系经理
MANAGER-HR04	招聘经理
MANAGER-HR05	考勤主管

增加 取消 帮助

图 5-3 增加用户窗口

(3) 单击“取消”按钮结束,返回“用户管理”窗口,所有用户以列表方式显示。单击“退出”按钮。

提示:

- 只有系统管理员用户才有权限设置操作员。
- 操作员编号在系统中必须唯一,即使是不同的账套,操作员编号也不能重复。
- 设置操作员口令时,为保密起见,输入的口令字以“*”号在屏幕上显示。
- 所设置的操作员用户一旦被引用,便不能被修改和删除。

4. 建立账套。

(1) 执行“账套”—“建立”命令,打开“创建账套”对话框。

（2）输入账套信息。

已存账套：系统将已存在的账套以下拉列表框的形式显示，用户只能查看，不能输入或修改。

账套号：必须输入，是识别账套的标志。为 3 位数字，即 001 ~ 999，并且不能与已存在的账套号重复。本例输入账套号 002。

账套名称：必须输入，在显示和打印账簿或报表时都会使用。本例输入“广发工厂”。

账套路径：用来确定新建账套将要被放置的位置，系统默认的路径为“C:\U8SOFT\Admin”，用户可以人工更改，也可以利用“...”按钮进行参照输入，本例采用系统的缺省路径。

启用会计期：必须输入，是账套的启用时间，便于确定应用系统的起点，确保证、账、表的连续性。启用会计期一旦设定，不能更改（建议年初启用）。系统缺省为计算机的系统日期，更改为“2009 年 12 月”。如图 5－4 所示。

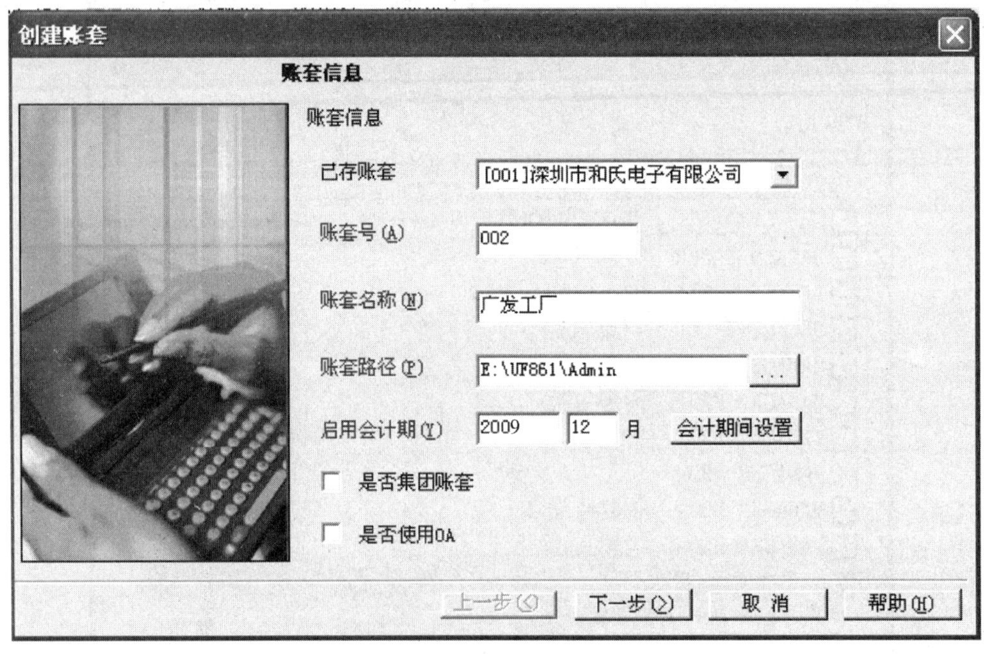

图 5－4　账套信息窗口

输入完成后，单击“下一步”按钮，进行单位信息设置。

（3）输入单位信息。单位信息用于记录本次新建账套的单位基本信息。

单位名称：用户单位的全称，必须输入。企业全称只在发票打印时使用，其余情况全部使用企业的简称。本例输入“广发工厂”。

单位简称：用户单位的简称，必须输入。本例输入“广发工厂”。

其他栏目都属于任选项，按案例资料输入，如图 5－5 所示。

输入完成后，单击“下一步”按钮，进行核算类型设置。

（4）输入核算类型。

本币代码：必须输入。本例采用系统默认值“RMB”。

本币名称：必须输入。本例采用系统默认值“人民币”。

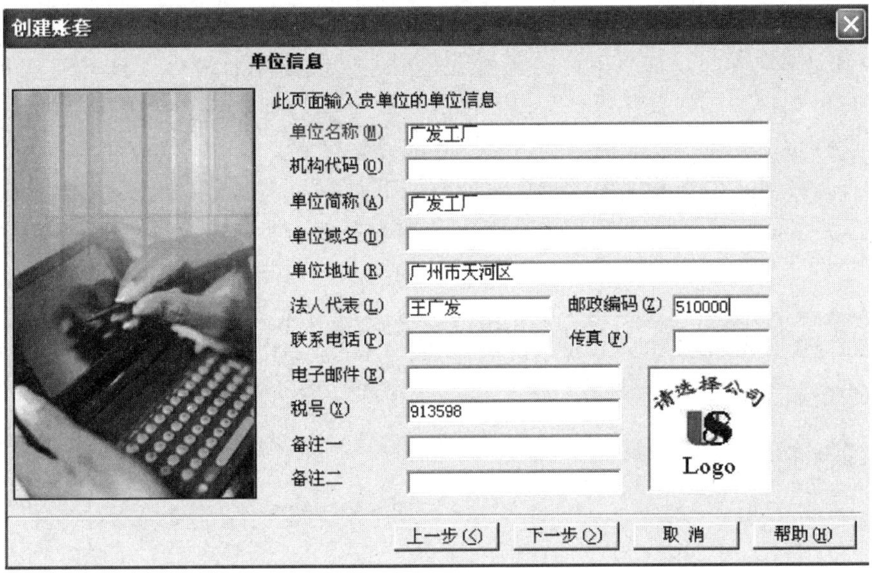

图 5-5　单位信息窗口

企业类型：用户必须从下拉列表框中选择输入。本例选择工业模式。

行业性质：为以后“是否按行业预置科目”确定科目，并且系统会根据企业所选企业类型预置一些行业的特定方法和报表，如工业，则有原材料科目，而商业则没有。用户必须从下拉列表框中选择输入，本例选择行业性质为“新会计制度科目”。

账套主管：必须从下拉列表框中选择输入。本例选择“002 何平”。

按行业预置科目：勾选后，会计科目由系统自动设置行业的标准一级科目和主要明细科目，如果不选该复选框，则用户自己设置会计科目。本例选择“按行业性质预置科目”，如图 5-6 所示。

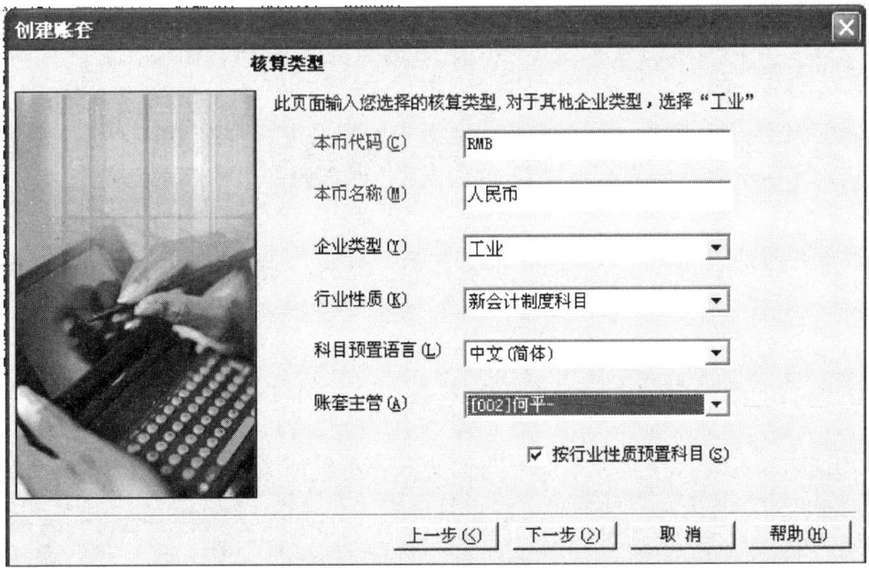

图 5-6　核算类型窗口

输入完成后，单击“下一步”按钮，进行基础信息设置。

(5) 确定基础信息。如果单位的存货、客户、供应商相对较多，且类别繁多，则可以对它们进行分类核算。如果存货、客户、供应商要分类管理，那么在进行基础信息设置时，必须先设置存货、客户、供应商分类，然后才能设置存货、客户、供应商档案。

有无外币核算：勾选此项表示核算单位有外币业务。

按照本例要求，不选“存货是否分类”、“客户是否分类”、“供应商是否分类”、“有无外币核算”四个复选框，单击“完成”按钮，如图5-7所示。

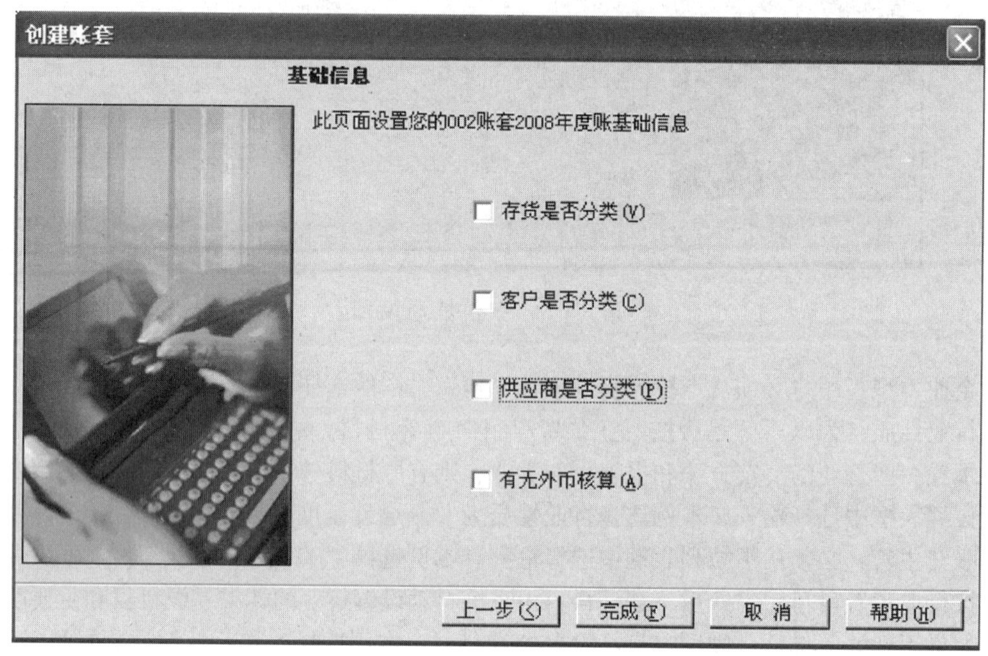

图5-7　基础信息窗口

弹出系统提示“可以创建账套了吗?”，单击“是”按钮，稍候，打开“分类编码方案”对话框。

(6) 确定分类编码方案。为了便于对经济业务数据进行分级核算、统计和管理，系统要求预先设置某些基础档案的编码规则，即规定各种编码的级次及各级的长度，如图5-8所示。

按实验资料所给内容修改系统默认值，单击“确定”按钮。打开“数据精度定义”对话框。

提示：

- *编码方案一旦使用就不能更改，若要更改，必须将相应的档案资料删除之后才能进行。*

(7) 数据精度定义。数据精度是指定义数据的小数位数，超过此精度的数据，系统会以四舍五入的方式进行取舍。如果需要进行数量核算，需要认真填写该项。本例采用系统默认值，单击“确定”按钮，弹出系统提示“创建账套成功!”和“现在进行系统启用的设置?”。单击“是”，弹出“系统启用”对话框。

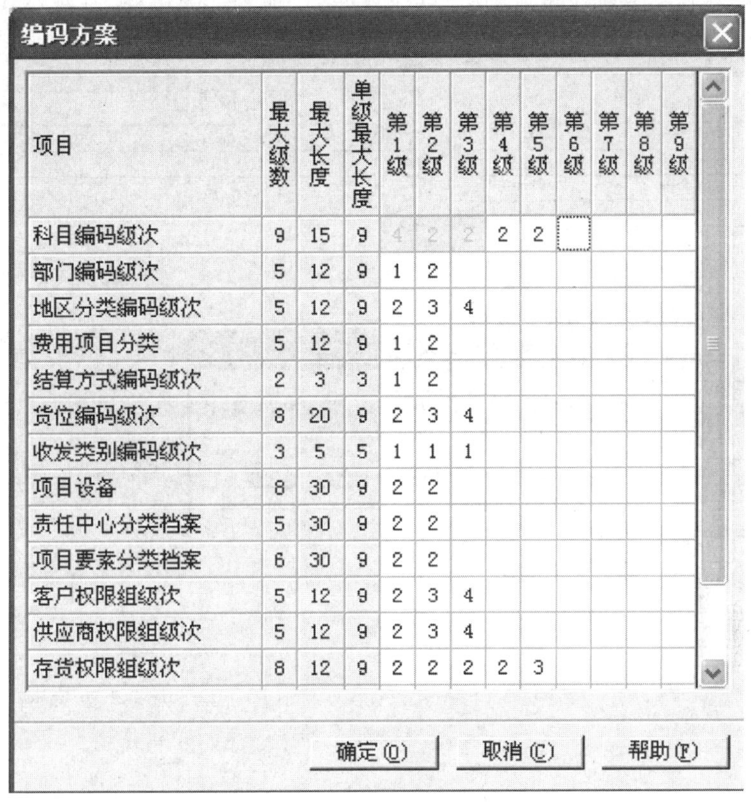

项目	最大级数	最大长度	单级最大长度	第1级	第2级	第3级	第4级	第5级	第6级	第7级	第8级	第9级
科目编码级次	9	15	9	4	2	2	2	2				
部门编码级次	5	12	9	1	2							
地区分类编码级次	5	12	9	2	3	4						
费用项目分类	5	12	9	1	2							
结算方式编码级次	2	3	3	1	2							
货位编码级次	8	20	9	2	3	4						
收发类别编码级次	3	5	5	1	1	1						
项目设备	8	30	9	2	2							
责任中心分类档案	5	30	9	2	2							
项目要素分类档案	6	30	9	2	2							
客户权限组级次	5	12	9	2	3	4						
供应商权限组级次	5	12	9	2	3	4						
存货权限组级次	8	12	9	2	2	2	2	3				

图 5－8　设置分类编码方案

（8）系统启用。选中“GL－总账”复选框，弹出“日历”对话框，选择日期“2009 年 12 月 1 日”，单击“确定”按钮，单击“退出”按钮。系统弹出“请进入业务平台进行操作”，单击“确定”按钮。

提示：

- 启用时系统记录启用日期和启用人。模块只有启用之后，才能在用友软件中使用。
- 用友的各功能系统可以同时启用，也可以根据业务需要，先启用一些系统，待这些系统都已经应用成熟之后，再启用其他系统，没有启用的模块，不能使用。
- UFO 报表系统不需要启用，随时可以使用。
- 进入系统时要判断该系统是否已经启用，不能登录未启用的系统。
- 各系统的启用日期必须大于等于账套的启用日期。

5. 财务分工。

（1）回到系统管理界面，执行“权限”—“权限”命令，进入“操作员权限”窗口，如图 5－9 所示。

（2）选择 002 账套；2009 年度。

（3）从操作员列表中选择“王广发”，选中“账套主管”复选框，系统弹出“设置用户 001 账套主管权限吗?”，单击“是”，王广发具有账套主管权限。

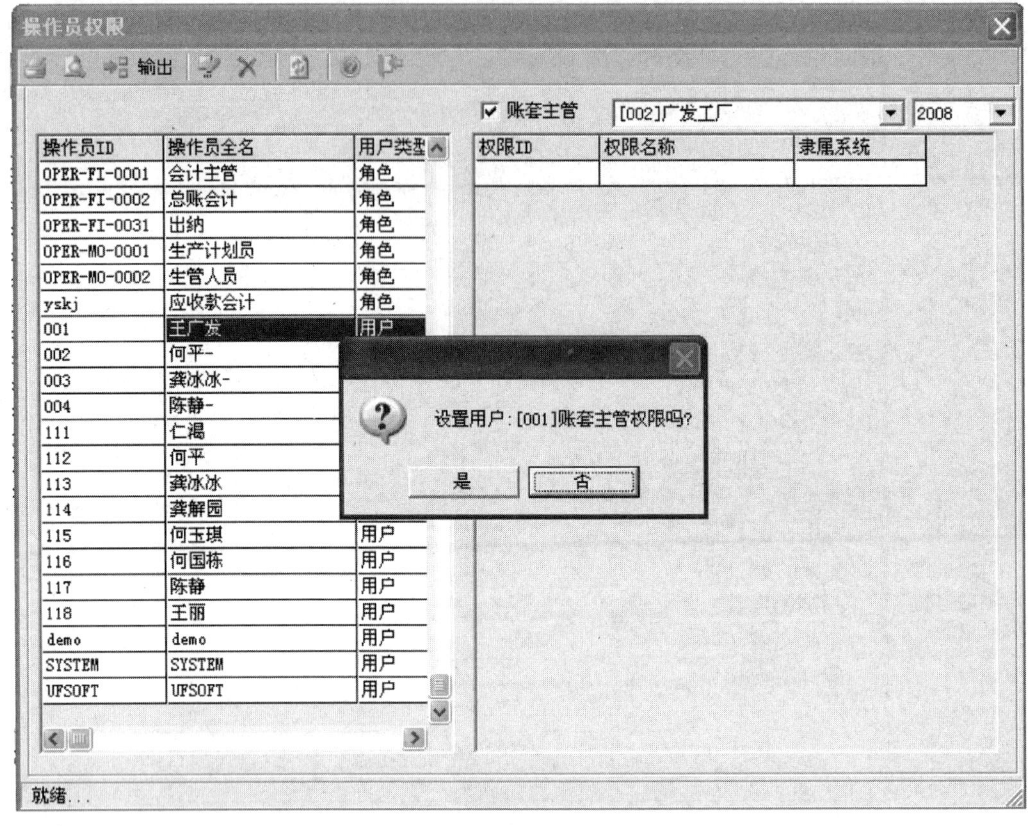

图 5－9　设置操作员权限 1

提示：

- 由于在建立账套时已指定“何平”为账套主管，此处无须再设置。
- 一个账套可以设定多个账套主管。
- 账套主管自动拥有该账套的所有权限。

（4）选择“龚冰冰”，单击工具栏中的“修改”按钮，打开“增加和调整权限”对话框，根据实验资料选择相应的权限项，单击“确定”按钮，如图 5－10 所示。

同理，设置操作员陈静的权限。

（5）单击工具栏中的“退出”按钮，返回系统管理。

6. 备份账套数据。

（1）以系统管理员（admin）的身份注册进入系统管理。

（2）执行“账套”—“输出”命令，打开“账套输出”对话框，选择需要输出的账套 002，单击“确认”按钮，如图 5－11 所示。

（3）系统压缩完成所选账套数据后，弹出“选择备份目标”对话框。

（4）单击下拉列表框，选择需要将账套数据输出的驱动器及所在文件夹，单击“确认”按钮。

（5）系统开始进行备份，备份完成后，弹出系统提示“输出成功”。

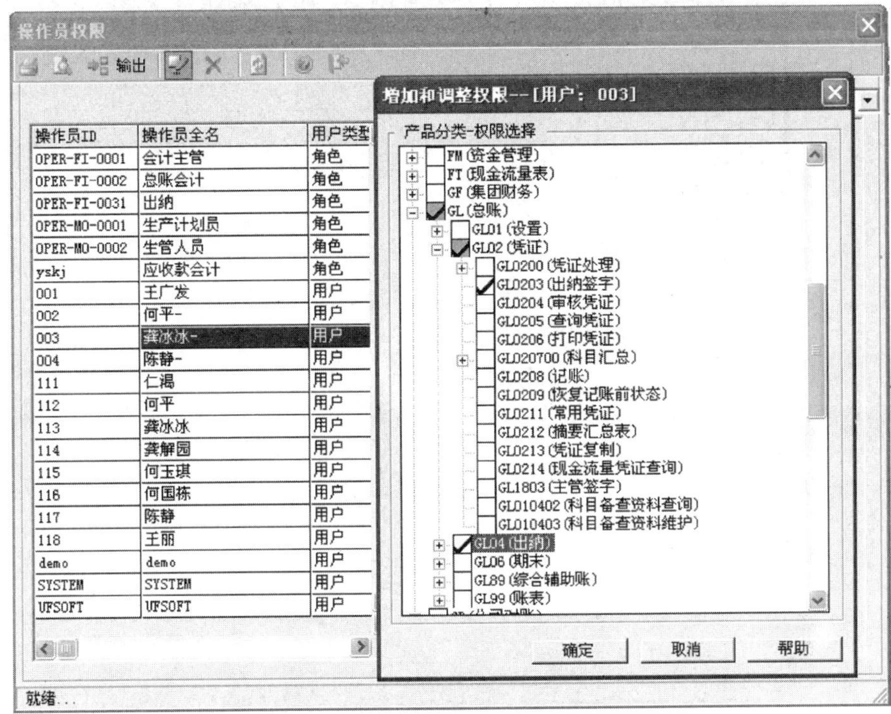

图 5 – 10　设置操作员权限 2

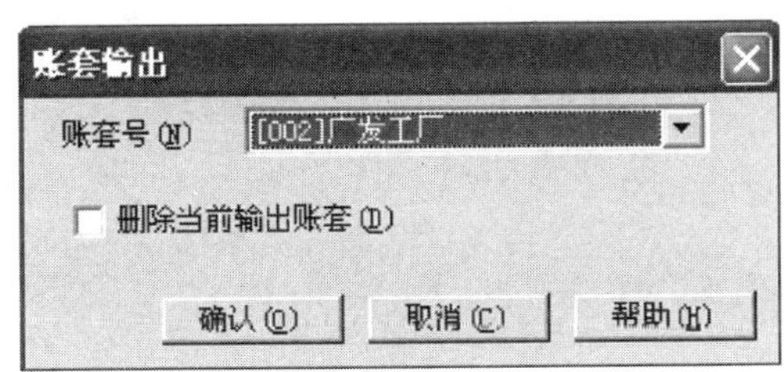

图 5 – 11　账套输出

提示：

• 将企业资料备份保存是非常重要的，如果因为外界的原因如地震、火灾、电脑病毒、人为的误操作等使得软件失效，备份资料可以将企业的损失降到最小。

• 只有系统管理员才能进行账套备份。备份的账套数据名以“UfErpAct”为前缀。

7. 账套数据引入。

（1）以系统管理员的身份注册进入系统管理。

（2）执行“账套”—“引入”命令，打开“引入账套数据”对话框，选择需要引入的账套路径，选择账套文件“UfErpAct. Lst”，单击“确定”按钮，如图 5 – 12 所示。

（3）系统提示“重新指定账套路径吗？”，单击“否”按钮。

（4）系统提示“正在引入账套，请等待……”，最后提示“账套引入成功!”，单击“确定”按钮。

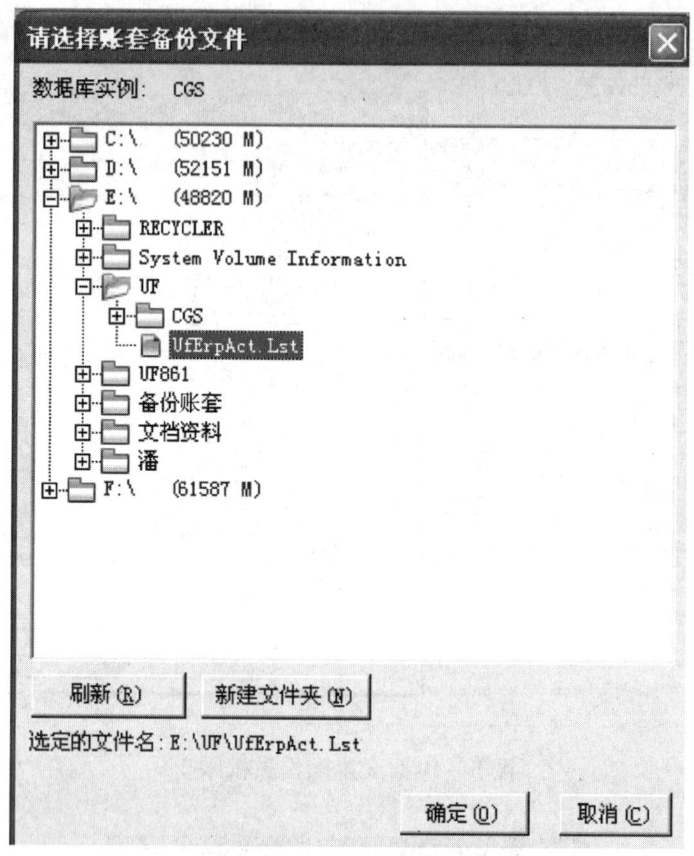

图5－12　引入账套数据

提示：

- 只有系统管理员才能进行账套引入。

8. 修改账套数据。

如果账套启用后，需要修改建账参数，需要以账套主管的身份注册进入系统管理。

(1) 在“系统管理”窗口，执行“系统”—“注册”命令，打开“注册【系统管理】”对话框。

提示：

- 如果此前是以系统管理员的身份注册进入系统管理，那么需要首先执行“系统”—“注销”命令，注销当前系统操作员，再以账套主管的身份登录。

(2) 输入：操作员“002”；密码“2”。选择账套“002”；会计年度“2009”；日期“2009－12－01”。

(3) 单击“确定”按钮，进入“系统管理”窗口，菜单中显示为黑色字体的部分为账套主管可以操作的内容。

(4) 执行“账套”—“修改”命令，打开“修改账套”对话框，可修改的账套信息以白色显示，不可修改的账套信息以灰色显示。

(5) 修改完成后，单击“完成”按钮，弹出系统提示信息“确认修改账套了吗?”，单击“是”按钮，确定“分类编码方案”和“数据精度定义”，单击“确认”按钮，弹出系统提示“修改账套成功!”。

提示：

- 只有账套主管才能进行账套修改。

实验六　基础设置和总账系统初始化

一、实验目的

掌握用友 ERP – U8 软件中有关基础档案设置的相关内容，理解基础档案设置在整个系统中的作用，理解基础档案设置的数据对日常业务处理的影响。掌握总账系统初始设置的相关内容，理解总账系统初始设置的意义，掌握总账系统初始设置的操作方法。

二、实验要求

以“何平”的身份进行基础设置和总账管理系统初始化。

三、实验内容

1. 设置基础档案，包括部门档案、开户银行等。
2. 设置会计科目、凭证类别。
3. 总账系统控制参数设置。
4. 期初余额录入。

四、实验资料

广发工厂档案资料如下：

1. 部门档案如表 5 – 4 所示。

表 5 – 4　　部门档案

部门编码	部门名称	部门属性
1	办公室	管理部门
2	财务科	管理部门
3	供销科	管理部门

续表

部门编码	部门名称	部门属性
4	生产车间	生产制造
401	一车间	生产制造
402	二车间	生产制造
5	医务所	后勤

2. 总账控制参数如表 5－5 所示。

表 5－5　　总账控制参数

选项卡	参数设置
凭证	制单序时控制 可以使用应收系统的受控科目 可以使用应付系统的受控科目 打印凭证页脚姓名 出纳凭证必须经出纳签字 凭证编号由系统编号
其他	数量小数位和单价小数位设为 2 位

3. 2009 年 12 月份会计科目及期初余额表如表 5－6 和表 5－7 所示。

表 5－6　　会计科目及期初余额（一）　　单位：元

科目编码	科目名称	辅助核算	余额方向	数量计量	期初余额	账页格式	银行科目	现金科目	银行账
1001	库存现金	日记	借		2 000	金额式		是	
1002	银行存款	银行日记	借		1 808 000	金额式	是		是
1003	交易性金融资产		借		35 000	金额式			
1111	应收票据		借		15 000	金额式			
111101	洪海公司		借		15 000	金额式			
1131	应收账款		借		25 000	金额式			
113101	科达公司				15 000	金额式			
113102	新新公司				10 000	金额式			
1141	坏账准备		贷		75	金额式			
1211	原材料		借		719 800	金额式			
121101	甲材料	数量核算	借	公斤	190 000 （2 000 公斤）	数量金额式			
121102	乙材料	数量核算	借	公斤	525 000 （2 500 公斤）	数量金额式			
121103	丙材料	数量核算	借	公斤	4 800 （80 公斤）	数量金额式			
1232	材料成本差异		借		400	金额式			
123201	甲材料差异		借		1 300	金额式			

续表

科目编码	科目名称	辅助核算	余额方向	数量计量	期初余额	账页格式	银行科目	现金科目	银行账
123202	乙材料差异		贷		900	金额式			
1401	长期股权投资		借			金额式			
140101	G公司股票		借		400 000	金额式			
1403	持有至到期投资		借		100 000	金额式			
140301	国库券		借		100 000	金额式			
1801	无形资产		借		80 000	金额式			
180101	商标权		借		80 000	金额式			
1501	固定资产		借		1 610 000	金额式			
150101	一车间厂房		借		450 000	金额式			
150102	一车间机器		借		350 000	金额式			
150103	二车间厂房		借		400 000	金额式			
150104	二车间机器		借		250 000	金额式			
150105	非生产用固定资产		借		160 000	金额式			
1502	累计折旧		贷		180 000	金额式			
2101	短期借款		贷		320 000	金额式			
210101	市工商银行		贷		320 000	金额式			
2111	应付票据		贷		20 000	金额式			
211101	通海公司		贷		20 000	金额式			
2121	应付账款		贷		150 000	金额式			
212101	长虹公司		贷		150 000	金额式			
2151	应付职工薪酬				12 000	金额式			
215101	职工福利		贷		10 000	金额式			
215102	教育经费		贷		2 000	金额式			
2301	长期借款		贷		200 000	金额式			
230101	市建设银行		贷		200 000	金额式			
2171	应交税费		贷		80 000	金额式			
217106	应交所得税		贷		80 000	金额式			
3101	实收资本				3 000 000	金额式			
310101	国家资本		贷		2 500 000	金额式			
310102	D公司法人资本金		贷		500 000	金额式			
3121	盈余公积		贷		200 000	金额式			
312101	法定盈余公积金		贷		130 000	金额式			
312102	任意盈余公积金		贷		70 000	金额式			
3131	本年利润		贷		793 125	金额式			

表 5－7　　　　　　　　　　　　会计科目及期初余额表（二）　　　　　　　　　　　　单位：元

科目编码	科目名称	辅助核算	期初余额	累计借方	累计贷方	账页格式
5101	主营业务收入		0	2 500 000	2 500 000	金额式
5102	其他业务收入		0	75 000	75 000	金额式
5301	营业外收入		0	3 225	3 225	金额式
5401	主营业务成本		0	800 000	800 000	金额式
5405	其他业务支出		0	35 000	35 000	金额式
5501	销售费用		0	140 000	140 000	金额式
5502	管理费用		0	800 000	800 000	金额式
5503	财务费用		0	7 700	7 700	金额式
5601	营业外支出		0	2 400	2 400	金额式

五、操作指导

1. 启动企业门户。

执行“开始”—“程序”—“用友 ERP－U8”—“企业应用平台”命令，打开“登录”对话框。输入：操作员“002”；密码“2”。选择账套“002 广发工厂”；会计年度“2009”；日期“2009－12－01”。单击“确定”按钮。如图 5－13 所示。

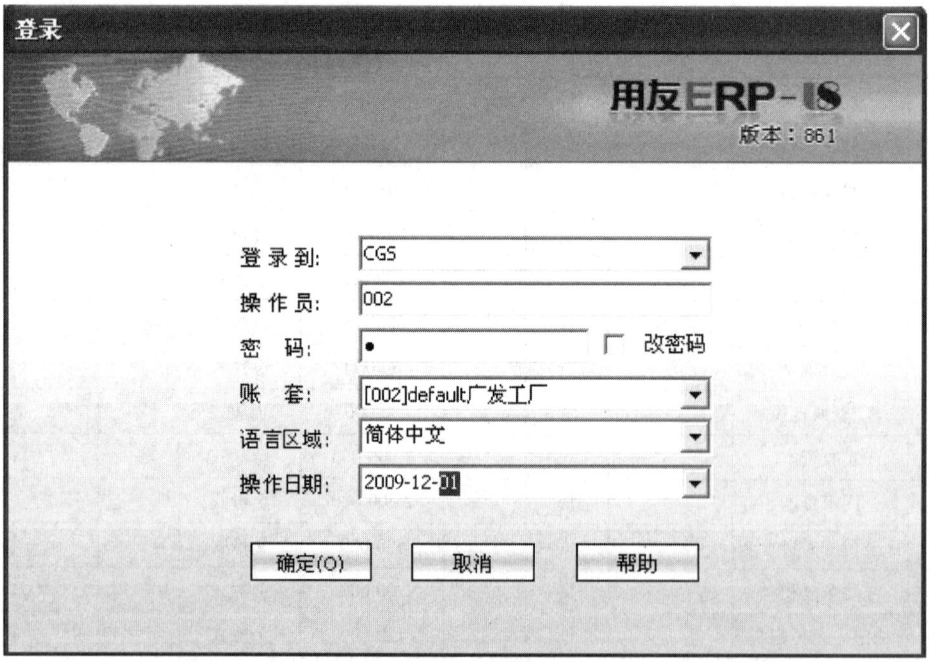

图 5－13　登录

2. 进行基础设置。

打开左下方“设置”页签，执行“基础档案”命令，在“基础档案”窗口中，单击要设置档案项目，即进入相应项目的设置界面。如图 5－14 所示。

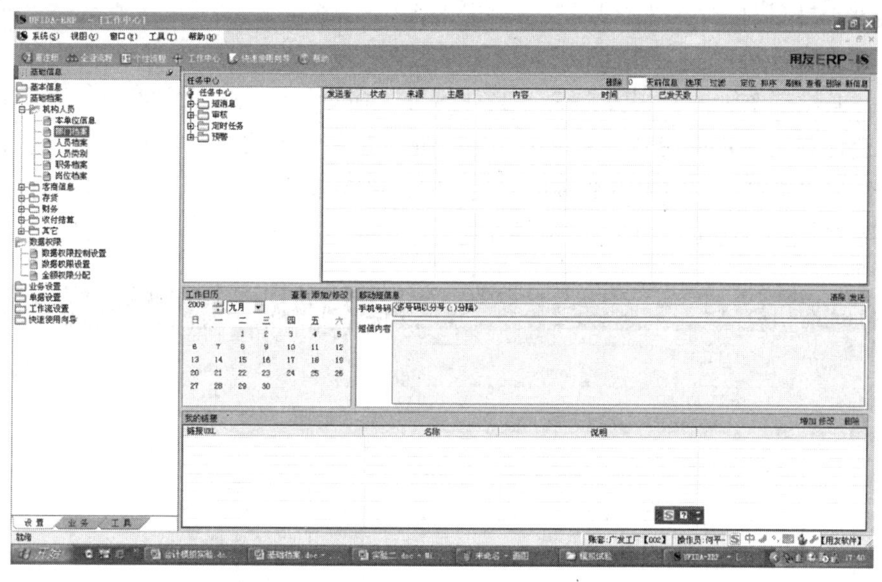

图 5－14　基础档案设置页面

3. 进行部门档案设置。

单击“机构人员”—“部门档案”项目，进入“部门档案”窗口。单击上方“增加”按钮，输入数据。部门编码：1；部门名称：办公室；部门属性：管理部门。单击“保存”按钮。根据实验资料输入其他部门档案（包括二级部门也同样输入，在左边的部门分类中会自动区分上下级部门）。如图 5－15 所示。全部输入完毕后单击“退出”按钮。

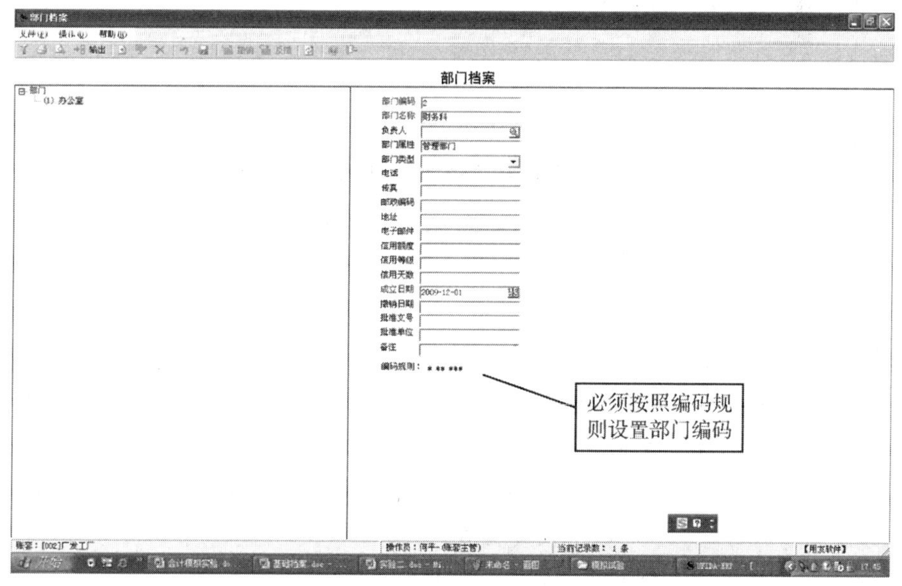

图 5－15　部门档案设置

提示：

● 所有档案建立时，应遵循事先设定的编码规则。事先的编码规则在界面下方可以看到。

4. 设置会计科目。

（1）建立会计科目——增加明细会计科目。

执行“基础档案”—“财务”—“会计科目”命令，进入“会计科目”窗口，显示所有“按新会计制度”预置的科目。单击 按钮，进入“新增会计科目”窗口，输入实验资料中所给的明细科目。输入明细科目相关内容，输入编码“111101”、科目名称“洪海公司”。单击“确定”按钮，如图5－16所示。

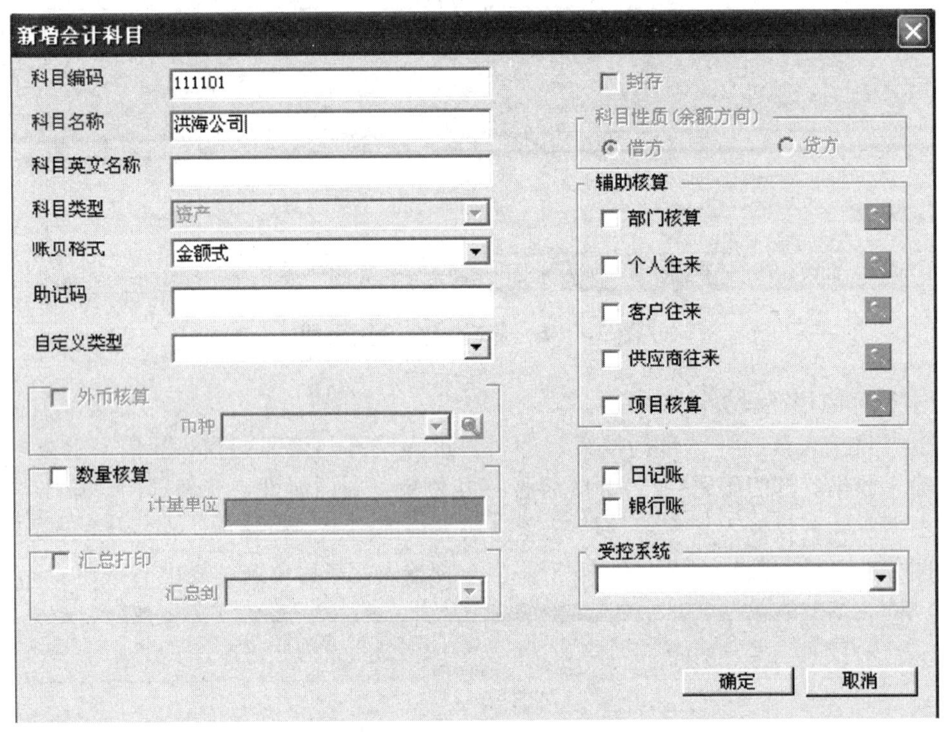

图5－16　新增会计科目

继续单击“增加”按钮，输入实验资料中其他明细科目的相关内容。全部输完后，单击“退出”按钮。

提示：

● 应根据实验资料中给出的会计科目的顺序来对照模板中的会计科目，若模板中存在此科目，则看是否需要修改；若模板中无此科目，则需要增加。

● 增加的会计科目编码长度及每段位数要符合编码规则。

● 由于建立会计科目的内容较多，很多辅助核算内容对后面的凭证输入操作会产生影响，因此建立会计科目时，要小心并反复检查。

（2）建立会计科目——修改会计科目。

在“会计科目”窗口中，双击要修改的会计科目“1001”。单击“修改”按钮，进入“会计科目—修改”窗口。选中“日记账”复选框，单击“确定”按钮，如图 5－17 所示。

单击“返回”按钮，按实验资料内容修改其他科目的属性。

图 5－17　修改会计科目

（3）建立会计科目——删除会计科目。

在“会计科目”窗口中，选择要删除的会计科目。单击 按钮，弹出“记录删除后不能修复！真的删除此记录吗?”提示框。单击“确定”按钮，即可删除该科目。

提示：

● 如果科目已录入期初余额或已制单，则不能删除。

● 非末级会计科目不能删除。

● 被指定为“现金科目”、“银行科目”的会计科目不能删除；如想删除，必须先取消指定。

（4）建立会计科目——指定会计科目。

在“会计科目”窗口中，执行“编辑”—“指定科目”命令，进入“指定科目”窗口。单击“现金总账科目”单选按钮，将“1001 现金”由待选科目选入已选科目。单击“银行总账科目”单选按钮，将“1002 银行存款”由待选科目选入已选科目，如图 5－18 所示。单击“确认”按钮。

提示：

● 指定会计科目是指定出纳的专管科目。只有指定科目后，才能执行出纳签字，从而实现现金、银行管理的保密性，才能查看现金、银行存款日记账。

● 在指定“现金科目”、“银行科目”之前，应在建立“现金”、“银行存款”会计科目时选中“日记账”复选框。

5. 设置凭证类别。

执行“基础档案”—“财务”—“凭证类别”命令，打开“凭证类别预置”对话框。

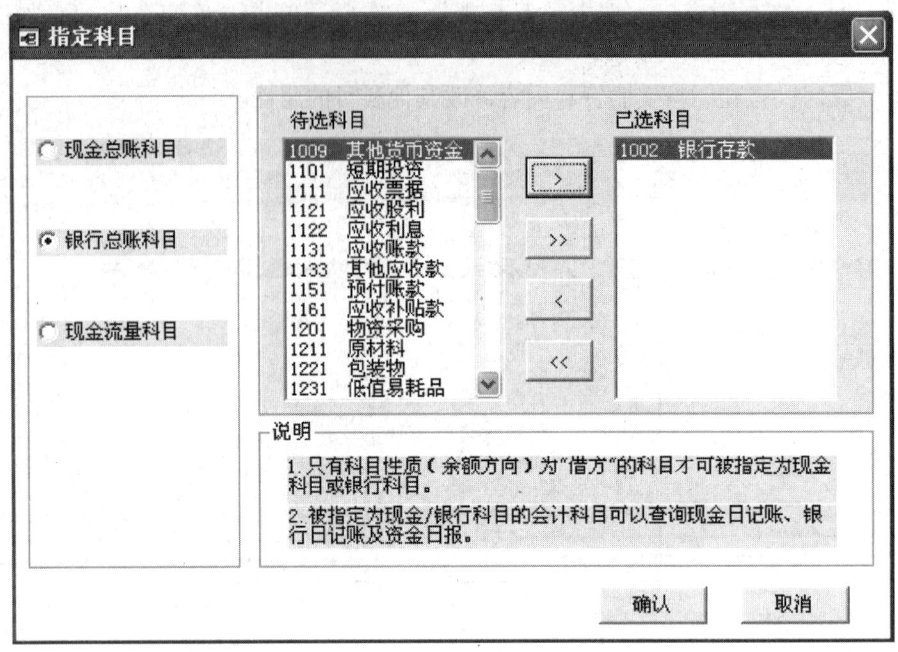

图 5-18　指定会计科目

单击“记账凭证”单选按钮。单击“确定”按钮，进入“凭证类别”窗口，如图 5-19 所示。单击“退出”按钮。

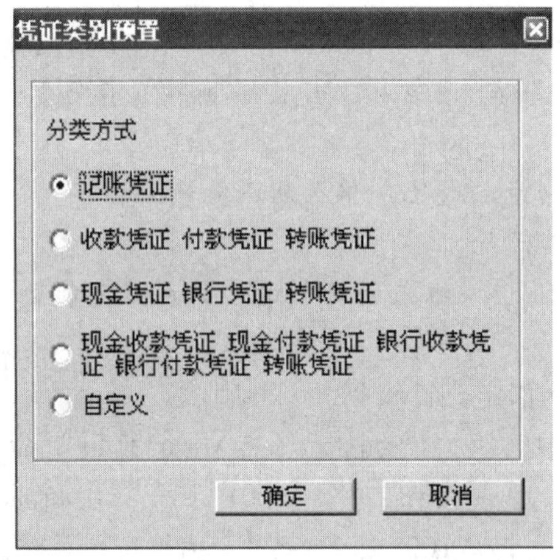

图 5-19　设置凭证类别

6. 输入期初余额。

选择左下方“业务”卡片，执行“财务会计”—“总账”—“设置”—“期初余额”命令，进入“期初余额录入”窗口。直接输入末级科目（底色为白色）的期初余额，上级科目的期初余额自动填列。如输入“1001 现金”科目的期初余额 2 000 元，敲回车确认。输完所有科目余额后，单击“试算”按钮，打开“期初余额试算平衡表”对话框，如图 5-20 所示。

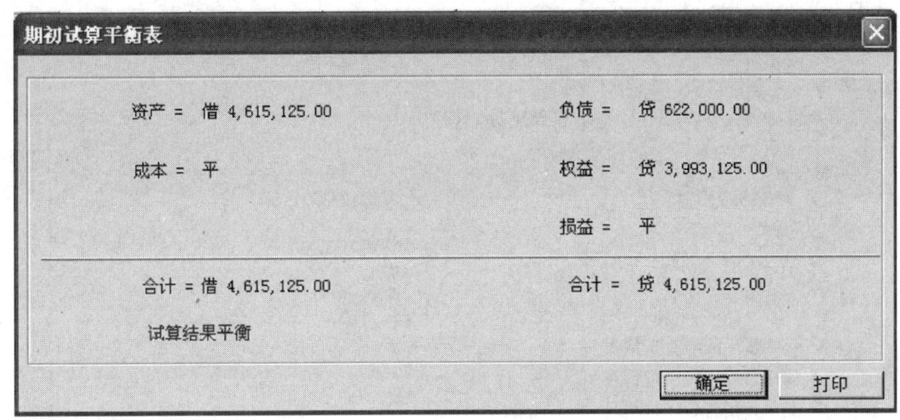

图 5－20 期初余额试算平衡表

若期初余额不平衡，则查找原因，修改期初余额直至平衡为止；若期初余额试算平衡，单击“确认”，再单击“退出”按钮。

提示：

● 当不想输入某项内容而系统又提示必须输入时，可按 ESC 键取消输入。此操作在软件中很多地方都可使用。

● 期初余额试算不平衡，将不能记账，但可以填制凭证。

● 已经记过账，则不能再输入、修改期初余额，也不能执行“结转上年余额”功能。

● 如果是年初（即 1 月 1 日）建账，则直接录入期初余额（即年初余额）；如果是年中建账，需要录入所建月份的期初余额和从该年年初到该月份的借、贷方累计的发生额，之后，系统会自动计算年初余额。

● 凭证记账后，期初余额只能浏览，不能修改，如果修改，需将所有记账的凭证取消记账方可。

7. 数据权限分配。

执行“设置”—“数据权限分配”命令，进入“权限浏览”窗口。选择用户“龚冰冰”，单击“授权”按钮，弹出“记录权限设置”对话框。选中“查账”复选框，分别选中“1001 现金”、“1002 银行存款”科目，单击“ > ”按钮，再单击“保存”按钮。这样，用户“龚冰冰”便具有查询现金和银行存款日记账的权限。

8. 设置总账控制参数。

进入总账系统，打开“设置”—“选项”对话框，进行系统参数设置。单击“编辑”，分别点击“凭证”、“权限”、“凭证打印”、“其他”选项卡，按照实验资料的要求进行相应的总账控制参数设置，其他按系统默认设置，如图 5－21 所示。设置完成后，再单击“确定”按钮。

提示：

● 系统启用后，如果默认账套参数与实际不符，也可以采用以上方法进行调整。

● 应注意理解总账控制参数设置的意义及对后续操作所产生的影响。

“凭证”选项卡，用于设置与凭证有关的控制参数。“制单序时控制”表示填制凭证时，凭证日期只能由前往后填，例如，填制了 2006 年 1 月 5 日的凭证就不能填制 2006 年 1 月 4

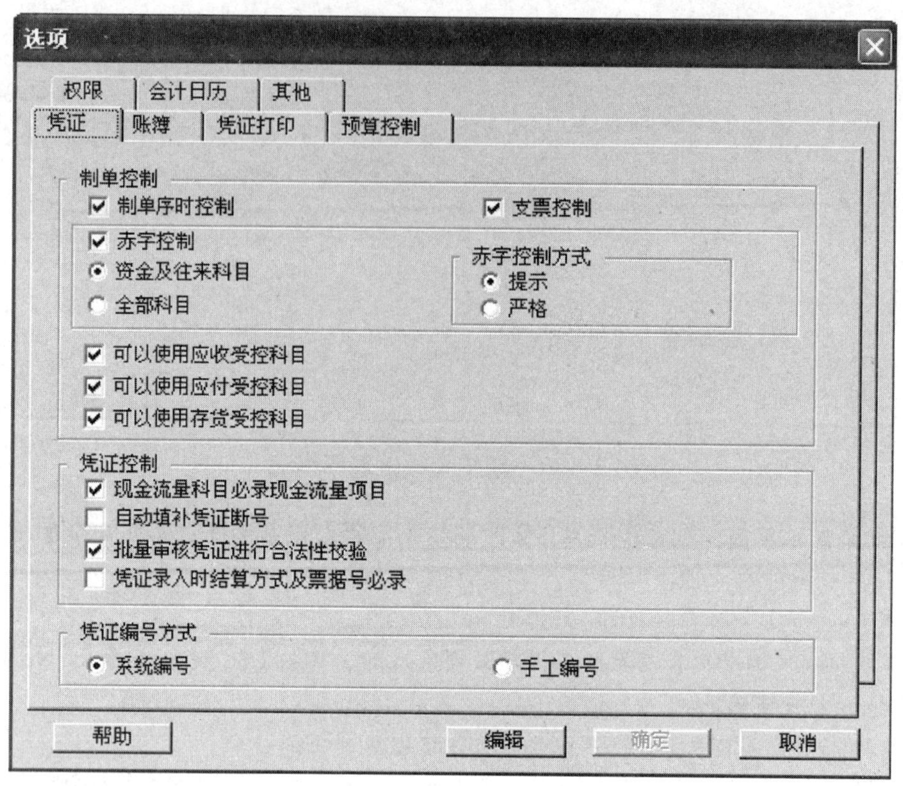

图 5－21　设置总账控制参数

目的凭证。"支票控制"表示在制单时录入了未在支票登记簿中登记的支票号，系统将提供登记支票登记簿的功能。"赤字控制"表示在科目制单时如果最新余额出现负数，系统将予以提示。"可以使用应收、应付、存货受控科目"是指某科目为其他系统的受控科目（如客户往来科目为应收、应付系统的受控科目），为了防止重复制单，只允许其受控系统使用该科目制单，总账系统不能使用此科目制单。勾选了该选项，则表示总账系统可以使用此科目制单。"凭证审核控制到操作员"是指如果只允许某操作员审核其本部门操作员填制的凭证，则应选择此选项。"出纳凭证必须经由出纳签字"是指若要求现金、银行科目凭证必须由出纳人员核对签字后才能记账，则勾选此选项。

实验七　总账系统日常业务及期末处理

一、实验目的

掌握用友 ERP－U8 软件中总账系统日常业务处理的相关内容；熟悉总账系统日常业务处理的各种操作；掌握凭证管理的具体内容和操作方法；掌握用友 ERP－U8 软件中总账系统月末处理的相关内容，掌握月末结账的操作方法；掌握利用报表模板生成报表的方法。

二、实验要求

1. 以“陈静”的身份进行填制凭证、查询凭证等操作。
2. 以“龚冰冰”的身份进行出纳签字。
3. 以“何平”的身份进行凭证审核、记账等操作。
4. 以“何平”的身份进行对账、结账操作。
5. 利用报表模板生成资产负债表和利润表。

三、实验内容

1. 凭证管理：填制凭证、出纳签字、审核凭证、凭证记账。
2. 对账。
3. 结账。
4. 利用报表模板生成资产负债表和利润表。

四、实验资料

2009年12月份经济业务同第三章。

五、操作指导

以“陈静”的身份注册进入总账系统。点击界面左上方“重注册”，输入用户名：“004”；密码：“4”；账套：“002”；会计年度：“2009－12－31”。

提示：

• 因为每张凭证的制单日期不一样，所以注册用友软件时把操作日期设置为2009－12－31。这样，只需注册一次，在填制凭证时就可输入本月不同日期的凭证。

1. 填制凭证。

增加凭证——输入一张完整的凭证：

（1）执行“财务会计”—“总账”—“凭证”—“填制凭证”命令，进入“填制凭证”窗口。

（2）单击“增加”按钮，增加一张空白凭证。

（3）输入经济业务1的凭证。选择凭证类型“记账凭证”；输入制单日期“2009/12/01”；输入附单据数“1”。

（4）输入摘要“支付汇票”；输入科目名称“211101”（也可以通过右下方放大镜符号

选择），借方金额“20 000”，回车；摘要自动带到下一行，输入科目名称“1002”，贷方金额“20 000”，如图5－22所示。

（5）单击“保存”按钮，弹出“凭证已成功保存！”信息提示框，单击“确定”按钮。

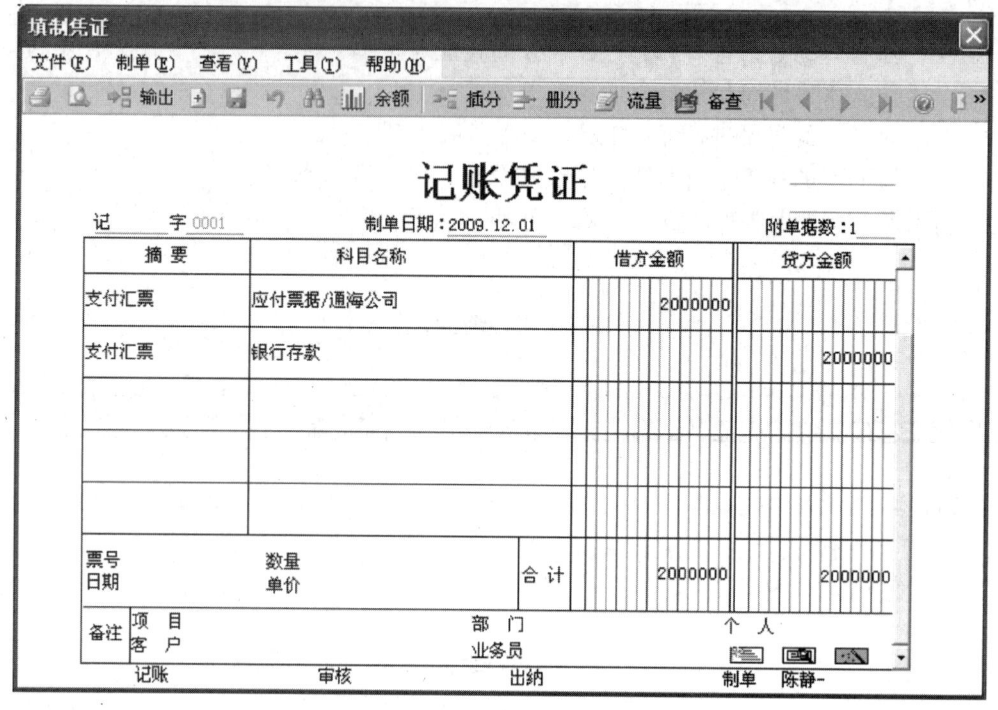

图5－22 填制凭证

提示：

- 采用序时控制时，凭证日期应大于等于启用日期，不能超过业务日期。
- 凭证一旦保存，其凭证类别、凭证编号不能修改。
- 正文中不同行的摘要可以相同也可以不同，但不能为空。每行摘要将随相应的会计科目在明细账、日记账中出现。
- 科目编码必须是末级的科目编码。既可以手工直接输入，也可利用右边的“放大镜”按钮选择输入。
- 金额不能为“零”；红字以“—”号表示。
- 可按“=”键取当前凭证借贷方金额的差额到当前光标位置。

数量科目（业务4）：

在填制凭证过程中，输完数量科目“121101”，弹出“辅助项”对话框。输入数量“2 000”，单价“95”，单击“确认”按钮。

提示：

- 系统根据数量×单价自动计算出金额，并将金额先放在借方，如果方向不符，可将光标移动到贷方后，按空格键即可调整金额方向。

其他经济业务凭证请同学一一输入，在此不再重复。如临时需要添加科目，可以点击科目栏右下方放大镜符号，通过“编辑”来增加科目。若不需用辅助核算，可以按“取消”。

全部凭证输入完毕后单击“退出”按钮。

2. 查询凭证。

(1) 执行“凭证”—“查询凭证”命令，打开“凭证查询”对话框。

(2) 选择输入查询条件，如图 5-23 所示。单击“辅助条件”按钮，可输入更多查询条件。

(3) 单击“确认”按钮，进入“查询凭证”窗口。

(4) 双击某一凭证行，则屏幕可显示出此张凭证，但不可以修改。

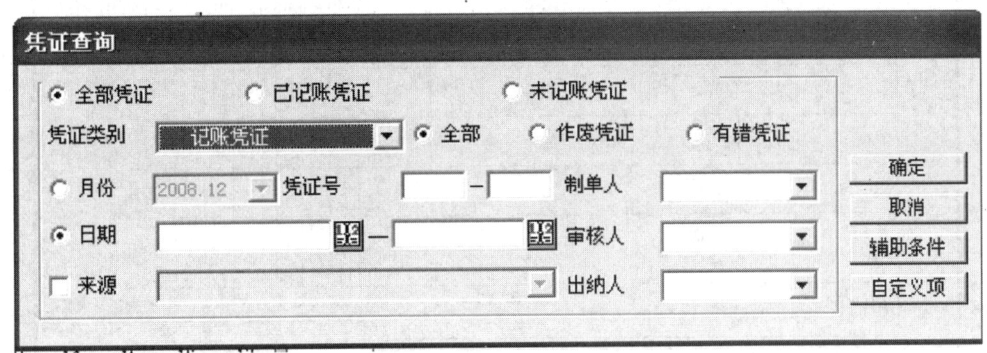

图 5-23 查询凭证

3. 修改凭证。

(1) 执行“凭证”—“填制凭证”命令，进入“填制凭证”窗口。

(2) 单击“查询”按钮，输入查询条件（例如，收款凭证 0001 号），找到要修改的凭证。

(3) 对于凭证的一般信息，将光标放在要修改的地方，直接修改。

(4) 修改完毕后单击“保存”按钮，保存相关信息。

提示：

- 未经审核的错误凭证可通过“填制凭证”功能直接修改；已审核的凭证应先取消审核后，再进行修改。
- 若已采用制单序时控制，则在修改制单日期时，不能在上一张凭证的制单日期之前。
- 若选项中选择“不允许修改或作废他人填制的凭证”权限控制，则不能修改或作废他人填制的凭证。
- 外部系统传过来的凭证不能在总账系统中进行修改，只能在生成该凭证的系统中进行修改。

4. 删除凭证。

真正删除一张凭证要经过两个步骤：作废凭证和整理凭证。

(1) 作废凭证。

① 在“填制凭证”窗口中，先查询到要删除的凭证。

② 执行“制单”—“作废/恢复”命令。

③ 凭证的左上角显示“作废”，表示该凭证已作废，如图 5-24 所示。

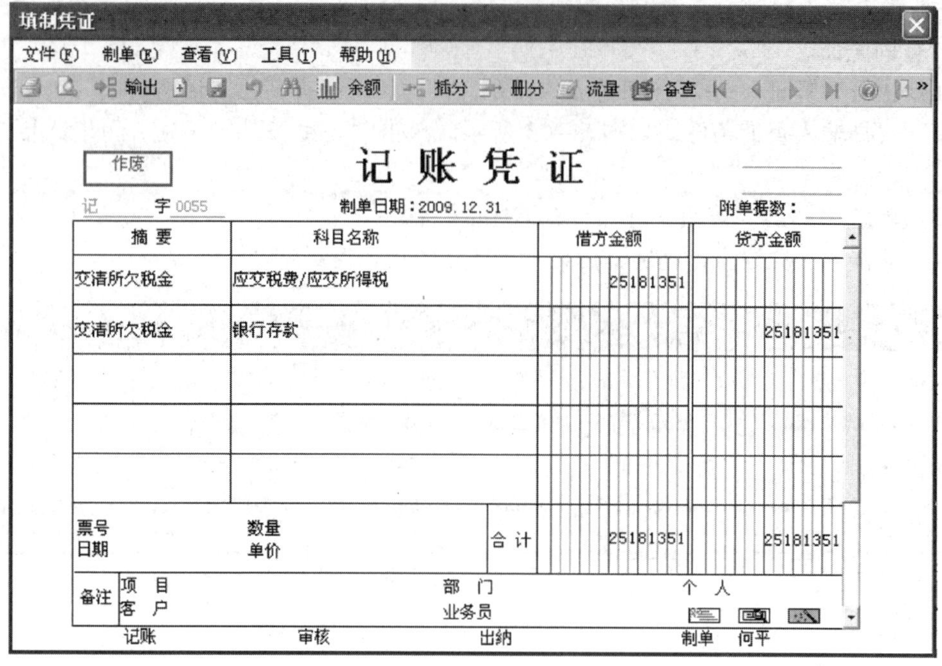

图 5－24　作废凭证

提示：

- 作废凭证并不是真正的删除，作废凭证仍保留凭证内容及编号，只显示“作废”字样。
- 作废凭证不能修改，不能审核。
- 在记账时，已作废的凭证应参与记账，否则月末无法结账，但不对作废凭证作数据处理，相当于一张空凭证。
- 账簿查询时，查不到作废凭证的数据。
- 若当前凭证已作废，可执行“制单”—“作废/恢复”命令，取消作废标志，并将当前凭证恢复为有效凭证。

（2）整理凭证。

① 在“填制凭证”窗口中，执行“制单”—“整理凭证”命令，打开“选择凭证期间”对话框。

② 选择要整理的“月份”。

③ 单击“确定”按钮，打开“作废凭证表”对话框。

④ 选择真正要删除的作废凭证，在删除栏双击选中。

⑤ 单击“确定”按钮，系统将这些凭证从数据库中删除并对剩下凭证重新排号。

提示：

- 如果作废凭证不想保留时，则可以通过“整理凭证”功能，将其彻底删除，并对未记账凭证重新编号。
- 只能对未记账凭证作凭证整理。
- 已记账凭证作凭证整理，应先恢复本月月初的记账前状态，再作凭证整理。

5. 出纳签字。

（1）更换操作员。

① 在“工作中心”的窗口，执行“重注册”命令，进入“注册总账”窗口。

② 以“龚冰冰”的身份重新注册总账系统，操作日期：2009-12-31，单击“确定”按钮。

提示：

- 凭证填制人和出纳签字人可以为不同的人，也可以为同一个人。
- 按照会计制度规定，凭证的填制与审核不能是同一个人。
- 在进行出纳签字和审核之前，通常需先更换操作员。

（2）出纳签字。

① 执行“总账”—“凭证”—“出纳签字”命令，打开“出纳签字”查询条件对话框。

② 输入查询条件，单击“全部”单选按钮，输入月份“2009.12”，如图5-25所示。

③ 单击“确认”按钮，进入“出纳签字”的凭证列表窗口。

④ 双击某一要签字的凭证或者单击“确定”按钮，进入“出纳签字”的签字窗口。

⑤ 单击“签字”按钮，在凭证底部的“出纳”处自动签上出纳人姓名。

⑥ 单击“下张”按钮，对其他凭证签字，最后单击“退出”按钮。

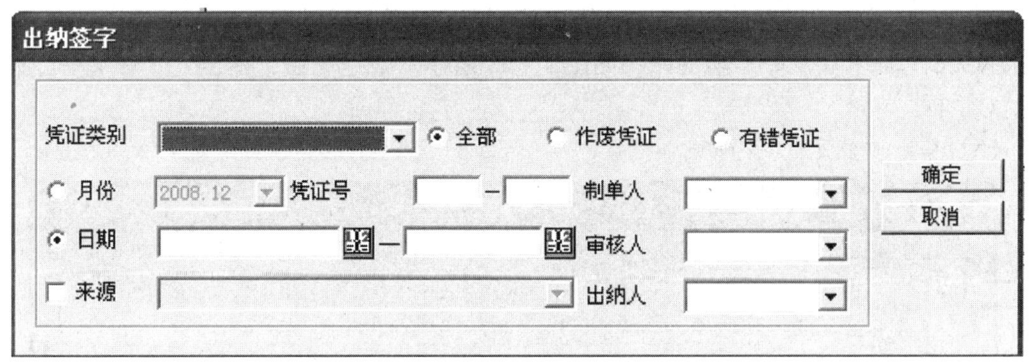

图5-25 出纳签字

提示：

- 涉及指定为现金科目和银行存款科目的凭证才需出纳签字。
- 凭证一经签字，就不能被修改、删除，只有取消签字后才可以修改或删除，取消签字只能由出纳员自己进行。
- 凭证签字并非审核凭证的必要步骤。若在设置总账参数时，不选择“出纳凭证必须经由出纳签字”，则可以不执行“出纳签字”功能。
- 可以执行“签字”—“成批出纳签字”功能对所有凭证进行出纳签字。

6. 审核凭证。

（1）更换操作员，以“何平”的身份重新注册总账系统，操作日期2009-12-31。

（2）执行“凭证”—“审核凭证”命令，打开“凭证审核”查询条件对话框。

（3）输入查询条件，选择“全部”凭证，月份“2009.12”，单击“确认”按钮，进入“凭证审核”的凭证列表窗口。

（4）双击要审核的凭证或单击“确定”按钮，进入“凭证审核”的审核凭证窗口。

（5）检查要审核的凭证，无误后，单击“审核”按钮，凭证底部的“审核”处自动签上审核人姓名。

（6）单击“下张”按钮，对其他凭证审核签字，最后单击“退出”按钮。

提示：

- 所有填制的凭证必须经过审核。
- 作废凭证不能被审核，也不能被标错。
- 审核人和制单人不能是同一个人。
- 凭证一经审核，不能被修改、删除，只有取消审核签字后才可修改或删除，已标记作废的凭证不能被审核，需先取消作废标记后才能审核。

7. 凭证记账。

（1）执行“凭证”—“记账”命令，进入“记账”窗口。

（2）单击“全选”按钮，选择所有要记账的凭证，如图5－26所示。单击“下一步”按钮。

（3）显示记账报告，如果需要打印记账报告，可单击“打印”按钮，如图5－27所示。如果不打印记账报告，单击“下一步”按钮。

（4）单击“记账”按钮，打开“试算平衡表”对话框，单击“确认”按钮，系统开始登录有关的总账和明细账、辅助账，如图5－28所示。登记完后，弹出“记账完毕”信息提示对话框。

（5）单击“确定”，记账完毕。

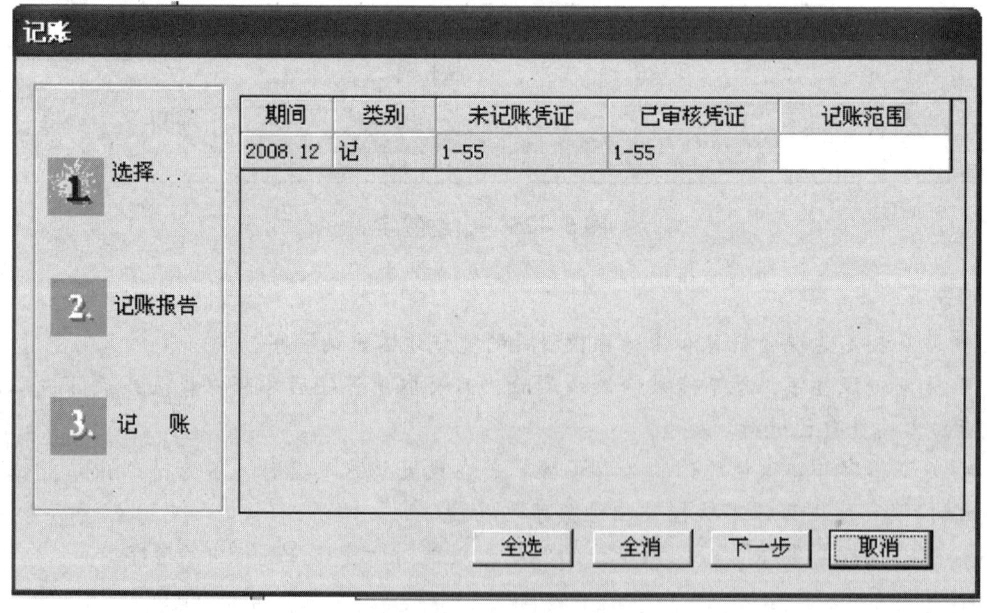

图5－26　记账1

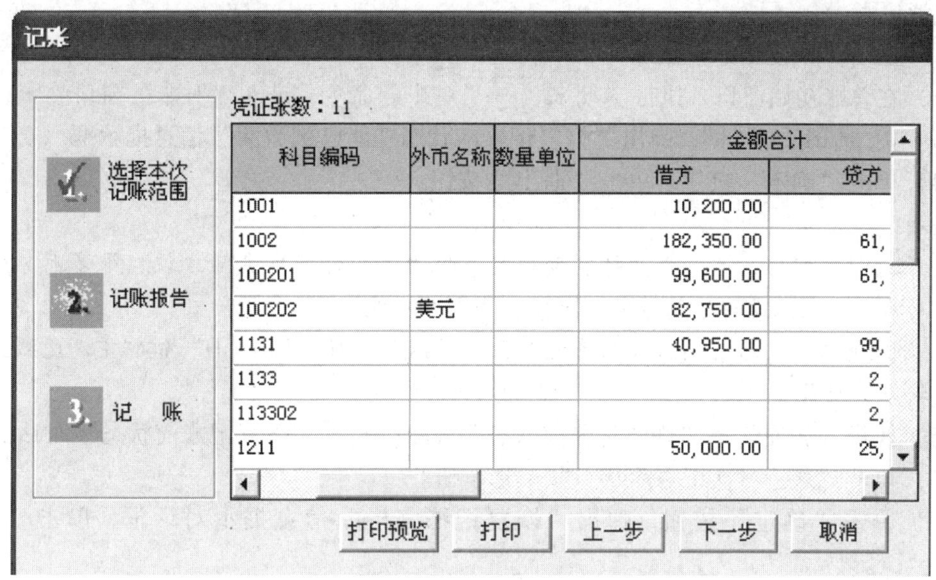

图 5－27　记账 2

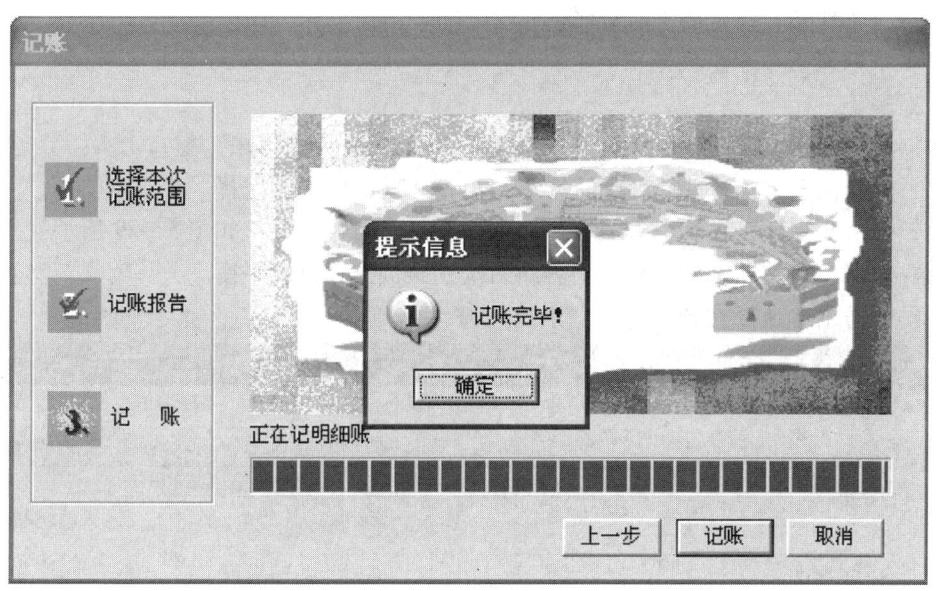

图 5－28　记账 3

提示：

- 第一次记账时，若期初余额试算不平衡，不能记账。
- 上月未记账，本月不能记账。
- 未审核凭证不能记账，记账范围应小于等于已审核范围。
- 作废凭证不需审核可直接记账。
- 记账过程一旦断电或其他原因造成中断后，系统将自动调用“恢复记账前状态”恢复数据，然后再重新记账。

取消记账：

（1）激活“恢复记账前状态”菜单。

（2）在总账初始窗口，执行“期末”—“对账”命令，进入“对账”窗口。

（3）按“Ctrl + H”键，弹出“恢复记账前状态功能已被激活”信息提示框。

（4）单击“确定”按钮，单击“退出”按钮。

提示：

● 取消记账操作，不符合会计制度规定，但为了软件操作灵活方便，很多财务软件提供了该功能，这里只是为了同学实验方便，介绍此功能。

● 如果退出系统后又重新进入系统或在“对账”中按“Ctrl + H”键将重新隐藏“恢复记账前状态”功能。

（5）执行“凭证”—“恢复记账前状态”命令，打开“恢复记账前状态”对话框。

（6）单击“最近一次记账前状态”单选按钮。

（7）单击“确定”按钮，弹出“恢复记账完毕”信息提示对话框，单击“确定”按钮。

提示：

● 已结账月份的数据不能取消记账。

● 取消记账后，一定要重新记账。

● 只有账套主管才能执行此功能。

8. 对账。

（1）执行“总账”—“期末”—“对账”命令，进入“对账”窗口。

（2）将光标定位在要进行对账的月份“2009.12”，单击“选择”按钮。

（3）单击“对账”按钮，开始自动对账，并显示对账结果，如图5－29所示。

（4）单击“试算”按钮，可以对各科目类别余额进行试算平衡。

（5）单击“确认”按钮。单击“退出”按钮。

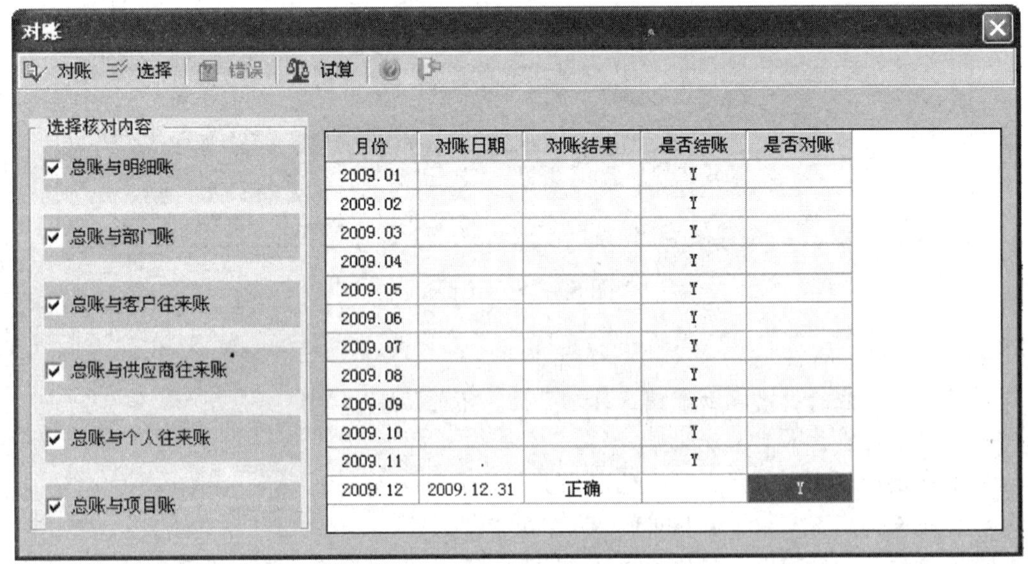

图5－29　对账

9. 结账。

(1) 执行"期末"—"结账"命令，进入"结账"窗口。

(2) 单击要结账月份"2009.12"，单击"下一步"按钮。

(3) 单击"对账"按钮，系统对要结账的月份进行账账核对。

(4) 单击"下一步"按钮，系统显示"2009年12月工作报告"。

(5) 查看工作报告后，单击"下一步"按钮，单击"结账"按钮，若符合结账要求，系统将进行结账，否则不予结账。

提示：

- 结账只能由有结账权限的人进行。
- 本月还有未记账凭证时，则本月不能结账。
- 结账必须按月连续进行，上月未结账，则本月不能结账。
- 若总账与明细账对账不符，则不能结账。
- 如果与其他系统联合使用，其他子系统未全部结账，则本月不能结账。
- 结账前，系统要进行数据备份。

取消结账（取消结账后，必须重新结账）：

(1) 执行"期末"—"结账"命令，进入"结账"窗口。

(2) 选择要取消结账的月份。

(3) 按"Ctrl + Shift + F6"键激活"取消结账"功能。

(4) 输入口令"2"，单击"确认"按钮，取消结账标记。

提示：

- 当在结完账后，由于非法操作或计算机病毒或其他原因可能会造成数据被破坏，这时可以在此使用"取消结账"功能。
- 取消结账的权限应当严格控制，只能由账套主管执行，这里介绍此功能是为同学实验方便。

10. 查询基本会计核算账簿。

(1) 执行"账表"—"科目账"—"总账"命令，显示总账查询条件对话框。

(2) 执行"账表"—"科目账"—"余额表"命令，查询发生额及余额表。

(3) 执行"账表"—"科目账"—"明细账"命令，查询月份综合明细账。

11. 编制资产负债表、利润表。

(1) 点击"总账"—"UFO报表"，进入UFO报表界面。

(2) 点击新建报表快捷键🗋，新建一张报表。

(3) 在格式状态下，点击"格式"—"报表模板"，选择所在行业"新会计制度科目"和财务报表"资产负债表"，点击"确认"，提示"模板格式将覆盖本表格式，是否继续"，点击"确定"，即可打开资产负债表模板。

(4) 点击左下方"格式"，转换为数据状态。点击"数据"—"关键字"—"录入"，录入关键字，单位名称广发工厂，2009年12月31日，点击"确认"，提示"是否重算第1页"，点击"是"。系统会自动根据单元公式计算12月份数据。将生成的报表数据保存起来。

(5) 同理，调用利润表模板生成利润表数据。

实验报告

课程名称：

实验编号 及实验名称				系 别	
姓 名		学 号		班 级	
实验地点		实验日期		实验时数	
指导教师		同组其他成员		成 绩	

一、实验目的及要求

二、实验环境及相关情况（包含使用软件、实验设备、主要仪器及材料等）

续表

三、实验内容及步骤
四、实验结果

续表

五、实验总结（包括心得体会、问题回答及实验改进意见等，可附页）
六、教师评语

参考文献

1. 杨春兰，周凤．会计模拟实务．机械工业出版社，2008

2. 闫淑荣．会计仿真实验教程．清华大学出版社，2008

3. 许群．会计基础工作规范与会计工作实务．中国市场出版社，2007

4. 李梦玉，梁慧媛，刘广斌．会计基础模拟实训．北京大学出版社，2008

5. 胡北忠．会计学课程实验．东北财经大学出版社，2009

6. 田昆儒．新编会计模拟实验教程．东北财经大学出版社，2007

7. 汤健．会计综合实验教程——会计核算、财务分析与审计．中国人民大学出版社，2008

8. 曹慧，袁志忠．会计综合业务模拟实验．科学出版社，2007

9. 黄辉，胡俊南，李雄飞．会计实验教程．西南交通大学出版社，2008

10. 黄文锋，卢燕．会计信息系统．西南财经大学出版社，2005

11. 杨海涛．新建本科院校教学改革理论与实践——广东金融学院首届教学改革研讨会论文集．中国金融出版社，2008

科 目 汇 总 表

年　　月　　日至　　日　　　　　　　　第__________号

会 计 科 目	借方金额											✓	贷方金额											✓
	亿	千	百	十	万	千	百	十	元	角	分		亿	千	百	十	万	千	百	十	元	角	分	
合　计																								

附记账凭证

自_______号至_______号

计____________________

会计主管

记　账

复　核

制　表

科目汇总表

年　月　日至　日　　　　　　　　　第________号

会计科目	借方金额											✓	贷方金额											✓
	亿	千	百	十	万	千	百	十	元	角	分		亿	千	百	十	万	千	百	十	元	角	分	
合　计																								

附记账凭证

自______号至______号

计____________________

会计主管

记　账

复　核

制　表

科目汇总表

年　月　日至　日　　　　第________号

会计科目	借方金额											✓	贷方金额											✓
	亿	千	百	十	万	千	百	十	元	角	分		亿	千	百	十	万	千	百	十	元	角	分	
合　计																								

附记账凭证

自________号至________号

计________________

会计主管

记　账

复　核

制　表

科目汇总表

年　月　日至　日　　　　　　　　第＿＿＿＿号

会计科目	借方金额											✓	贷方金额											✓	附记账凭证
	亿	千	百	十	万	千	百	十	元	角	分		亿	千	百	十	万	千	百	十	元	角	分		
																									自＿＿＿号至＿＿＿号
																									计＿＿＿＿＿＿
																									会计主管
																									记　账
																									复　核
																									制　表
合　计																									

科 目 汇 总 表

年　　月　　日至　　日　　　　　　第＿＿＿＿＿号

会 计 科 目	借方金额											✓	贷方金额											✓
	亿	千	百	十	万	千	百	十	元	角	分		亿	千	百	十	万	千	百	十	元	角	分	
合　　计																								

附记账凭证

自＿＿＿＿号至＿＿＿＿号

计＿＿＿＿＿＿＿＿＿＿

会计主管

记　　账

复　　核

制　　表

科目汇总表

年　　月　　日至　　日　　　　　　　　第＿＿＿＿号

| 会计科目 | 借方金额 | | | | | | | | | | | ✓ | 贷方金额 | | | | | | | | | | | ✓ | 附记账凭证 |
	亿	千	百	十	万	千	百	十	元	角	分		亿	千	百	十	万	千	百	十	元	角	分		
																									自＿＿＿号至＿＿＿号
																									计＿＿＿＿＿＿
																									会计主管
																									记　账
																									复　核
																									制　表
合计																									

科目汇总表

年　月　日至　日　　　　第＿＿＿＿号

会计科目	借方金额											✓	贷方金额											✓	附记账凭证
	亿	千	百	十	万	千	百	十	元	角	分		亿	千	百	十	万	千	百	十	元	角	分		
																									自＿＿＿＿号至＿＿＿＿号
																									计＿＿＿＿＿＿＿＿＿＿
																									会计主管
																									记　账
																									复　核
																									制　表
合计																									

科 目 汇 总 表

年　　月　　日至　　日　　　　　　第＿＿＿＿＿号

会计科目	借方金额											✓	贷方金额											✓	附记账凭证
	亿	千	百	十	万	千	百	十	元	角	分		亿	千	百	十	万	千	百	十	元	角	分		
																									自＿＿＿号至＿＿＿号
																									计＿＿＿＿＿＿＿
																									会计主管
																									记　账
																									复　核
																									制　表
合　计																									

科 目 汇 总 表

年　　月　　日至　　日　　　　　　　　第________号

会计科目	借方金额											✓	贷方金额											✓	附记账凭证
	亿	千	百	十	万	千	百	十	元	角	分		亿	千	百	十	万	千	百	十	元	角	分		
																									自______号至______号
																									计____________
																									会计主管
																									记　账
																									复　核
																									制　表
合计																									

利　　润　　表

会企 02 表

编制单位：　　　　　　　　年度　　　　　　　　单位：元

项　　目	行次	本年金额	上年金额
一、营业收入	1		
减：营业成本	2		
营业税金及附加	3		
销售费用	4		
管理费用	5		
财务费用（收益以“－”号填列）	6		
资产减值损失	7		
加：公允价值变动收益（损失以“－”号填列）	8		
投资收益（损失以“－”填列）	9		
其中：对联营企业和合营企业的投资收益	10		
二、营业利润（亏损以“－”号填列）	11		
加：营业外收入	12		
减：营业外支出	13		
其中：非流动资产处置损失	14		
三、利润总额（亏损总额以“－”号填列）	15		
减：所得税费用	16		
四、净利润（净亏损以“－”号填列）	17		
五、每股收益：			
（一）基本每股收益	18		
（二）稀释每股收益	19		

利　润　表

会企 02 表

编制单位：　　　　　　　　　　　　年度　　　　　　　　　　　　单位：元

项　　目	行次	本年金额	上年金额
一、营业收入	1		
减：营业成本	2		
营业税金及附加	3		
销售费用	4		
管理费用	5		
财务费用（收益以“-”号填列）	6		
资产减值损失	7		
加：公允价值变动收益（损失以“-”号填列）	8		
投资收益（损失以“-”填列）	9		
其中：对联营企业和合营企业的投资收益	10		
二、营业利润（亏损以“-”号填列）	11		
加：营业外收入	12		
减：营业外支出	13		
其中：非流动资产处置损失	14		
三、利润总额（亏损总额以“-”号填列）	15		
减：所得税费用	16		
四、净利润（净亏损以“-”号填列）	17		
五、每股收益：			
（一）基本每股收益	18		
（二）稀释每股收益	19		

资 产 负 债 表

会企01表

编制单位：　　　　年　月　日　　　　单位：元

资　　产	行次	期末余额	年初余额	负债和所有者权益（或股东权益）	行次	期末余额	年初余额
流动资产：				流动负债：			
货币资金	1			短期借款	32		
交易性金融资产	2			交易性金融负债	33		
应收票据	3			应付票据	34		
应收账款	4			应付账款	35		
预付款项	5			预收款项	36		
应收利息	6			应付职工薪酬	37		
应收股利	7			应交税费	38		
其他应收款	8			应付利息	39		
存货	9			应付股利	40		
一年内到期的非流动资产	10			其他应付款	41		
其他流动资产	11			一年内到期的非流动负债	42		
流动资产合计	12			其他流动负债	43		
非流动资产：				流动负债合计	44		
可供出售金融资产	13			非流动负债：			
持有至到期投资	14			长期借款	45		
长期应收款	15			应付债券	46		
长期股权投资	16			长期应付款	47		
投资性房地产	17			专项应付款	48		
固定资产	18			预计负债	49		
在建工程	19			递延所得税负债	50		
工程物资	20			其他非流动性负债	51		
固定资产清理	21			非流动负债合计	52		
生产性生物资产	22			负债合计	53		
油气资产	23			所有者权益（或股东权益）：			
无形资产	24			实收资本（或股本）	54		
开发支出	25			资本公积	55		
商誉	26			减：库存股	56		
长期待摊费用	27			盈余公积	57		
递延所得税资产	28			未分配利润	58		
其他非流动资产	29			所有者权益（或股东权益）合计	59		
非流动资产合计	30						
资产总计	31			负债和所有者权益（或股东权益）合计	60		

资产负债表

会企01表

编制单位：　　　　年　月　日　　　　单位：元

资　　产	行次	期末余额	年初余额	负债和所有者权益（或股东权益）	行次	期末余额	年初余额
流动资产：				流动负债：			
货币资金	1			短期借款	32		
交易性金融资产	2			交易性金融负债	33		
应收票据	3			应付票据	34		
应收账款	4			应付账款	35		
预付款项	5			预收款项	36		
应收利息	6			应付职工薪酬	37		
应收股利	7			应交税费	38		
其他应收款	8			应付利息	39		
存货	9			应付股利	40		
一年内到期的非流动资产	10			其他应付款	41		
其他流动资产	11			一年内到期的非流动负债	42		
流动资产合计	12			其他流动负债	43		
非流动资产：				流动负债合计	44		
可供出售金融资产	13			非流动负债：			
持有至到期投资	14			长期借款	45		
长期应收款	15			应付债券	46		
长期股权投资	16			长期应付款	47		
投资性房地产	17			专项应付款	48		
固定资产	18			预计负债	49		
在建工程	19			递延所得税负债	50		
工程物资	20			其他非流动性负债	51		
固定资产清理	21			非流动负债合计	52		
生产性生物资产	22			负债合计	53		
油气资产	23			所有者权益（或股东权益）：			
无形资产	24			实收资本（或股本）	54		
开发支出	25			资本公积	55		
商誉	26			减：库存股	56		
长期待摊费用	27			盈余公积	57		
递延所得税资产	28			未分配利润	58		
其他非流动资产	29			所有者权益（或股东权益）合计	59		
非流动资产合计	30						
资产总计	31			负债和所有者权益（或股东权益）合计	60		

明 细 账

总页________ 分页________

<table>
<tr><th colspan="45">项 目</th><th colspan="45">贷 方 项 目</th></tr>
<tr><th colspan="9">其他业务支出</th><th colspan="9">营业外支出</th><th colspan="9">财务费用</th><th colspan="9">管理费用</th><th colspan="9"></th><th colspan="9">产品销售收入</th><th colspan="9">其他业务收入</th><th colspan="9">营业外收入</th><th colspan="9">投资收益</th><th colspan="9"></th></tr>
<tr><td>百</td><td>十</td><td>万</td><td>千</td><td>百</td><td>十</td><td>元</td><td>角</td><td>分</td><td>百</td><td>十</td><td>万</td><td>千</td><td>百</td><td>十</td><td>元</td><td>角</td><td>分</td><td>百</td><td>十</td><td>万</td><td>千</td><td>百</td><td>十</td><td>元</td><td>角</td><td>分</td><td>百</td><td>十</td><td>万</td><td>千</td><td>百</td><td>十</td><td>元</td><td>角</td><td>分</td><td>百</td><td>十</td><td>万</td><td>千</td><td>百</td><td>十</td><td>元</td><td>角</td><td>分</td><td>百</td><td>十</td><td>万</td><td>千</td><td>百</td><td>十</td><td>元</td><td>角</td><td>分</td><td>百</td><td>十</td><td>万</td><td>千</td><td>百</td><td>十</td><td>元</td><td>角</td><td>分</td><td>百</td><td>十</td><td>万</td><td>千</td><td>百</td><td>十</td><td>元</td><td>角</td><td>分</td><td>百</td><td>十</td><td>万</td><td>千</td><td>百</td><td>十</td><td>元</td><td>角</td><td>分</td><td>百</td><td>十</td><td>万</td><td>千</td><td>百</td><td>十</td><td>元</td><td>角</td><td>分</td></tr>
</table>

本年利润

年		凭证		摘要	借方	贷方	借或贷	余额	借方		
月	日	类别	号数						产品销售成本	产品销售费用	产品销售税金及附加
					千百十万千百十元角分	千百十万千百十元角分		千百十万千百十元角分	百十万千百十元角分	百十万千百十元角分	百十万千百十元角分

明 细 账

总页______ 分页______

品名 规格												
数量	计量 单位	单价	金额									
			千	百	十	万	千	百	十	元	角	分

品名 规格												
数量	计量 单位	单价	金额									
			千	百	十	万	千	百	十	元	角	分

品名 规格												
数量	计量 单位	单价	金额									
			千	百	十	万	千	百	十	元	角	分

品名 规格												
数量	计量 单位	单价	金额									
			千	百	十	万	千	百	十	元	角	分

主营业务收入

年		凭证		摘要	合计											品名规格														品名规格												
																数量	计量单位	单价	金额											数量	计量单位	单价	金额									
月	日	类别	号数		十	亿	千	百	十	万	千	百	十	元	角	分				千	百	十	万	千	百	十	元	角	分				千	百	十	万	千	百	十	元	角	分

明细账

总页＿＿＿＿＿＿　分页＿＿＿＿＿＿

品名规格												
数量	计量单位	单价	金额									
			千	百	十	万	千	百	十	元	角	分

品名规格												
数量	计量单位	单价	金额									
			千	百	十	万	千	百	十	元	角	分

品名规格												
数量	计量单位	单价	金额									
			千	百	十	万	千	百	十	元	角	分

品名规格												
数量	计量单位	单价	金额									
			千	百	十	万	千	百	十	元	角	分

主营业务收入

年		凭证		摘要	合计												品名规格													品名规格												
月	日	类别	号数														数量	计量单位	单价	金额										数量	计量单位	单价	金额									
					十	亿	千	百	十	万	千	百	十	元	角	分				千	百	十	万	千	百	十	元	角	分				千	百	十	万	千	百	十	元	角	分

明 细 账

订货单位______________________________

产品名称______________________________

产品规格____________________ 数量__________

编号__________ 页次__________ 总页__________

项目																																																																																					
制造费用																																																																																							
千	百	十	万	千	百	十	元	角	分	千	百	十	万	千	百	十	元	角	分	千	百	十	万	千	百	十	元	角	分	千	百	十	万	千	百	十	元	角	分	千	百	十	万	千	百	十	元	角	分	千	百	十	万	千	百	十	元	角	分	千	百	十	万	千	百	十	元	角	分	千	百	十	万	千	百	十	元	角	分	千	百	十	万	千	百	十	元	角	分

生产成本

生产车间……………………

开工日期…………… 完工日期……………

完成产量………… 计划工时………… 实际工时…………

年		凭证		摘要	合计	成本			
						原材料	燃料和动力	工资	
月	日	类别	号数		十亿千百十万千百十元角分	亿千百十万千百十元角分	千百十万千百十元角分	千百十万千百十元角分	千百十万千百十元角分

明 细 账

订货单位____________________

产品名称____________________

产品规格______________ 数量________

编号________ 页次________ 总页________

项目																																																																																										
制造费用																																																																																									
千	百	十	万	千	百	十	元	角	分	千	百	十	万	千	百	十	元	角	分	千	百	十	万	千	百	十	元	角	分	千	百	十	万	千	百	十	元	角	分	千	百	十	万	千	百	十	元	角	分	千	百	十	万	千	百	十	元	角	分	千	百	十	万	千	百	十	元	角	分	千	百	十	万	千	百	十	元	角	分	千	百	十	万	千	百	十	元	角	分

生 产 成 本

生产车间

开工日期　　　　完工日期

完成产量　　　　计划工时　　　　实际工时

年		凭证		摘　　要	合　计	成本			
						原材料	燃料和动力	工　资	
月	日	类别	号数		十亿千百十万千百十元角分	亿千百十万千百十元角分	千百十万千百十元角分	千百十万千百十元角分	千百十万千百十元角分

明 细 账

订货单位____________________

产品名称____________________

产品规格____________ 数量______

编号______ 页次______ 总页______

<table>
<tr><td colspan="81">项　　目</td></tr>
<tr><td colspan="9">制造费用</td><td colspan="9"></td><td colspan="9"></td><td colspan="9"></td><td colspan="9"></td><td colspan="9"></td><td colspan="9"></td><td colspan="9"></td><td colspan="9"></td></tr>
<tr><td>千</td><td>百</td><td>十</td><td>万</td><td>千</td><td>百</td><td>十</td><td>元</td><td>角</td><td>分</td><td>千</td><td>百</td><td>十</td><td>万</td><td>千</td><td>百</td><td>十</td><td>元</td><td>角</td><td>分</td><td>千</td><td>百</td><td>十</td><td>万</td><td>千</td><td>百</td><td>十</td><td>元</td><td>角</td><td>分</td><td>千</td><td>百</td><td>十</td><td>万</td><td>千</td><td>百</td><td>十</td><td>元</td><td>角</td><td>分</td><td>千</td><td>百</td><td>十</td><td>万</td><td>千</td><td>百</td><td>十</td><td>元</td><td>角</td><td>分</td><td>千</td><td>百</td><td>十</td><td>万</td><td>千</td><td>百</td><td>十</td><td>元</td><td>角</td><td>分</td><td>千</td><td>百</td><td>十</td><td>万</td><td>千</td><td>百</td><td>十</td><td>元</td><td>角</td><td>分</td><td>千</td><td>百</td><td>十</td><td>万</td><td>千</td><td>百</td><td>十</td><td>元</td><td>角</td><td>分</td><td>千</td><td>百</td><td>十</td><td>万</td><td>千</td><td>百</td><td>十</td><td>元</td><td>角</td></tr>
</table>

生产成本

生产车间__________

开工日期__________ 完工日期__________

完成产量__________ 计划工时__________ 实际工时__________

年		凭证		摘要	合计	成本			
						原材料	燃料和动力	工资	
月	日	类别	号数		十亿千百十万千百十元角分	亿千百十万千百十元角分	千百十万千百十元角分	千百十万千百十元角分	千百十万千百十元角分

明 细 账

订货单位________________

产品名称________________

产品规格________________ 数量__________

编号__________ 页次__________ 总页__________

项目																																																																																										
制造费用																																																																																										
千	百	十	万	千	百	十	元	角	分	千	百	十	万	千	百	十	元	角	分	千	百	十	万	千	百	十	元	角	分	千	百	十	万	千	百	十	元	角	分	千	百	十	万	千	百	十	元	角	分	千	百	十	万	千	百	十	元	角	分	千	百	十	万	千	百	十	元	角	分	千	百	十	万	千	百	十	元	角	分	千	百	十	万	千	百	十	元	角	分

生产成本

生产车间……………………

开工日期…………　完工日期…………

完成产量…………　计划工时…………　实际工时…………

年		凭证		摘要	合计	成本			
						原材料	燃料和动力	工资	
月	日	类别	号数		十亿千百十万千百十元角分	亿千百十万千百十元角分	千百十万千百十元角分	千百十万千百十元角分	千百十万千百十元角分

明 细 账

车间名称＿＿＿＿＿＿＿＿

总页＿＿＿＿ 分页＿＿＿＿

<table>
<tr><td colspan="90">项　　　　目</td></tr>
<tr><td colspan="9"></td><td colspan="9"></td><td colspan="9"></td><td colspan="9"></td><td colspan="9"></td><td colspan="9"></td><td colspan="9"></td><td colspan="9"></td><td colspan="9"></td><td colspan="9"></td></tr>
<tr><td>百</td><td>十</td><td>万</td><td>千</td><td>百</td><td>十</td><td>元</td><td>角</td><td>分</td><td>百</td><td>十</td><td>万</td><td>千</td><td>百</td><td>十</td><td>元</td><td>角</td><td>分</td><td>百</td><td>十</td><td>万</td><td>千</td><td>百</td><td>十</td><td>元</td><td>角</td><td>分</td><td>百</td><td>十</td><td>万</td><td>千</td><td>百</td><td>十</td><td>元</td><td>角</td><td>分</td><td>百</td><td>十</td><td>万</td><td>千</td><td>百</td><td>十</td><td>元</td><td>角</td><td>分</td><td>百</td><td>十</td><td>万</td><td>千</td><td>百</td><td>十</td><td>元</td><td>角</td><td>分</td><td>百</td><td>十</td><td>万</td><td>千</td><td>百</td><td>十</td><td>元</td><td>角</td><td>分</td><td>百</td><td>十</td><td>万</td><td>千</td><td>百</td><td>十</td><td>元</td><td>角</td><td>分</td><td>百</td><td>十</td><td>万</td><td>千</td><td>百</td><td>十</td><td>元</td><td>角</td><td>分</td><td>百</td><td>十</td><td>万</td><td>千</td><td>百</td><td>十</td><td>元</td><td>角</td><td>分</td></tr>
</table>

销 售 费 用

年		凭证		摘　要	合　计	明		细		
月	日	类别	号数			销售运输费	销售装卸费	产品包装费	途中保险费	产品展览费
					亿千百十万千百十元角分	百十万千百十元角分	百十万千百十元角分	百十万千百十元角分	百十万千百十元角分	百十万千百十元角分

明细账

车间名称________________

总页__________ 分页__________

<table>
<tr><th colspan="80">项 目</th></tr>
<tr><th colspan="8">水电费</th><th colspan="8">运输费</th><th colspan="8">旅差费</th><th colspan="8">保险费</th><th colspan="8">低值易耗品</th><th colspan="8"></th><th colspan="8"></th><th colspan="8"></th><th colspan="8"></th><th colspan="8"></th></tr>
<tr><th>百</th><th>十</th><th>万</th><th>千</th><th>百</th><th>十</th><th>元</th><th>角</th><th>分</th><th>百</th><th>十</th><th>万</th><th>千</th><th>百</th><th>十</th><th>元</th><th>角</th><th>分</th><th>百</th><th>十</th><th>万</th><th>千</th><th>百</th><th>十</th><th>元</th><th>角</th><th>分</th><th>百</th><th>十</th><th>万</th><th>千</th><th>百</th><th>十</th><th>元</th><th>角</th><th>分</th><th>百</th><th>十</th><th>万</th><th>千</th><th>百</th><th>十</th><th>元</th><th>角</th><th>分</th><th>百</th><th>十</th><th>万</th><th>千</th><th>百</th><th>十</th><th>元</th><th>角</th><th>分</th><th>百</th><th>十</th><th>万</th><th>千</th><th>百</th><th>十</th><th>元</th><th>角</th><th>分</th><th>百</th><th>十</th><th>万</th><th>千</th><th>百</th><th>十</th><th>元</th><th>角</th><th>分</th><th>百</th><th>十</th><th>万</th><th>千</th><th>百</th><th>十</th><th>元</th><th>角</th><th>分</th><th>百</th><th>十</th><th>万</th><th>千</th><th>百</th><th>十</th><th>元</th><th>角</th><th>分</th></tr>
</table>

制造费用

年		凭证		摘要	合计	明细				
						工资	职工福利基金	折旧费	修理费	办公费
月	日	类别	号数		亿千百十万千百十元角分	百十万千百十元角分	百十万千百十元角分	百十万千百十元角分	百十万千百十元角分	百十万千百十元角分

明细账

总页______ 分页______

项目																																																																																										
办公费									旅差费																		技术开发费																																													税金																	
百	十	万	千	百	十	元	角	分	百	十	万	千	百	十	元	角	分	百	十	万	千	百	十	元	角	分	百	十	万	千	百	十	元	角	分	百	十	万	千	百	十	元	角	分	百	十	万	千	百	十	元	角	分	百	十	万	千	百	十	元	角	分	百	十	万	千	百	十	元	角	分	百	十	万	千	百	十	元	角	分	百	十	万	千	百	十	元	角	分

管理费用

年		凭证		摘要	合计	明细					
月	日	类别	号数			工资	职工福利基金	工会经费	职工教育经费	折旧费	修理费
					亿千百十万千百十元角分	千百十万千百十元角分	百十万千百十元角分	百十万千百十元角分	百十万千百十元角分	百十万千百十元角分	百十万千百十元角分

应交增值税明细账

总页______ 分页______

方		贷		方			借或贷	余额
出口抵减内销产品应纳税额	转出未交增值税	合计	销项税额	出口退税	进项税额转出	转出多交增值税		
亿千百十万千百十元角分	亿千百十万千百十元角分	亿千百十万千百十元角分	亿千百十万千百十元角分	亿千百十万千百十元角分	亿千百十万千百十元角分	亿千百十万千百十元角分		亿千百十万千百十元角分

应交税费——

年		凭证		摘要	借																																												
					合计												进项税额											已交税额											减免税额										
月	日	类别	号数		十	亿	千	百	十	万	千	百	十	元	角	分	亿	千	百	十	万	千	百	十	元	角	分	亿	千	百	十	万	千	百	十	元	角	分	亿	千	百	十	万	千	百	十	元	角	分

应交增值税明细账

总页______ 分页______

方		贷			方		借或贷	余额
出口抵减内销产品应纳税额	转出未交增值税	合计	销项税额	出口退税	进项税额转出	转出多交增值税		
亿千百十万千百十元角分	亿千百十万千百十元角分	亿千百十万千百十元角分	亿千百十万千百十元角分	亿千百十万千百十元角分	亿千百十万千百十元角分	亿千百十万千百十元角分		亿千百十万千百十元角分

应 交 税 费——

年		凭证		摘要	借																																												
					合计												进项税额											已交税额											减免税额										
月	日	类别	号数		十	亿	千	百	十	万	千	百	十	元	角	分	亿	千	百	十	万	千	百	十	元	角	分	亿	千	百	十	万	千	百	十	元	角	分	亿	千	百	十	万	千	百	十	元	角	分

明 细 账

总页________ 分页________

明细科目________________

（　　　　）分析									
百十万千百十元角分	百十万千百十元角分	百十万千百十元角分	百十万千百十元角分	百十万千百十元角分	百十万千百十元角分	百十万千百十元角分	百十万千百十元角分	百十万千百十元角分	百十万千百十元角分

总页______ 分页______

明细科目______

年		凭证		摘要	借方											贷方											借或贷	余额											(																			
月	日	类别	号数		亿	千	百	十	万	千	百	十	元	角	分	亿	千	百	十	万	千	百	十	元	角	分		亿	千	百	十	万	千	百	十	元	角	分	千	百	十	万	千	百	十	元	角	分	千	百	十	万	千	百	十	元	角	分

明 细 账

总页________ 分页________

明细科目________________

）分 析									
百十万千百十元角分	百十万千百十元角分	百十万千百十元角分	百十万千百十元角分	百十万千百十元角分	百十万千百十元角分	百十万千百十元角分	百十万千百十元角分	百十万千百十元角分	百十万千百十元角分

总页________ 分页________

明细科目________________

年		凭证		摘要	借方											贷方											借或贷	余额											(																			
月	日	类别	号数		亿	千	百	十	万	千	百	十	元	角	分	亿	千	百	十	万	千	百	十	元	角	分		亿	千	百	十	万	千	百	十	元	角	分	千	百	十	万	千	百	十	元	角	分	千	百	十	万	千	百	十	元	角	分

明 细 账

总页________ 分页________

明细科目________________

）分析									
百十万千百十元角分	百十万千百十元角分	百十万千百十元角分	百十万千百十元角分	百十万千百十元角分	百十万千百十元角分	百十万千百十元角分	百十万千百十元角分	百十万千百十元角分	百十万千百十元角分

总页________ 分页________

明细科目________________

年		凭证		摘要	借方											贷方											借或贷	余额											(																			
月	日	类别	号数		亿	千	百	十	万	千	百	十	元	角	分	亿	千	百	十	万	千	百	十	元	角	分		亿	千	百	十	万	千	百	十	元	角	分	千	百	十	万	千	百	十	元	角	分	千	百	十	万	千	百	十	元	角	分

明 细 账

总页__________ 分页__________

明细科目____________________

）分析																																																																																						
百	十	万	千	百	十	元	角	分	百	十	万	千	百	十	元	角	分	百	十	万	千	百	十	元	角	分	百	十	万	千	百	十	元	角	分	百	十	万	千	百	十	元	角	分	百	十	万	千	百	十	元	角	分	百	十	万	千	百	十	元	角	分	百	十	万	千	百	十	元	角	分	百	十	万	千	百	十	元	角	分	百	十	万	千	百	十	元	角	分

总页________ 分页________

明细科目________________

年		凭证		摘要	借方											贷方											借或贷	余额											(																			
月	日	类别	号数		亿	千	百	十	万	千	百	十	元	角	分	亿	千	百	十	万	千	百	十	元	角	分		亿	千	百	十	万	千	百	十	元	角	分	千	百	十	万	千	百	十	元	角	分	千	百	十	万	千	百	十	元	角	分

明 细 账

总页________ 分页________

类别________ 编号________

规格________ 名称________

储备定额________ 最高存量________ 最低存量________ 计量单位________ 计划单价________ 存放地点________

年		凭证		摘要	借（进仓）方													贷（出仓）方													余额												
月	日	类别	号数		数量	单价	金额											数量	单价	金额											数量	单价	金额										
							亿	千	百	十	万	千	百	十	元	角	分			亿	千	百	十	万	千	百	十	元	角	分			亿	千	百	十	万	千	百	十	元	角	分

明 细 账

总页________ 分页________

类别________ 编号________

规格________ 名称________

储备定额________ 最高存量________ 最低存量________ 计量单位________ 计划单价________ 存放地点________

年		凭证		摘要	借（进仓）方													贷（出仓）方													余额												
月	日	类别	号数		数量	单价	金额											数量	单价	金额											数量	单价	金额										
							亿	千	百	十	万	千	百	十	元	角	分			亿	千	百	十	万	千	百	十	元	角	分			亿	千	百	十	万	千	百	十	元	角	分

明细账

总页________ 分页________

类别________ 编号________

规格________ 名称________

储备定额________ 最高存量________ 最低存量________ 计量单位________ 计划单价________ 存放地点________

年		凭证		摘要	借（进仓）方													贷（出仓）方													余额												
							金额													金额													金额										
月	日	类别	号数		数量	单价	亿	千	百	十	万	千	百	十	元	角	分	数量	单价	亿	千	百	十	万	千	百	十	元	角	分	数量	单价	亿	千	百	十	万	千	百	十	元	角	分

明细账

总页________ 分页________

类别________ 编号________

规格________ 名称________

储备定额________ 最高存量________ 最低存量________ 计量单位________ 计划单价________ 存放地点________

年		凭证		摘要	借（进仓）方													贷（出仓）方													余额												
月	日	类别	号数		数量	单价	金额											数量	单价	金额											数量	单价	金额										
							亿	千	百	十	万	千	百	十	元	角	分			亿	千	百	十	万	千	百	十	元	角	分			亿	千	百	十	万	千	百	十	元	角	分

明细账

总页________ 分页________

类别________ 编号________

规格________ 名称________

储备定额________ 最高存量________ 最低存量________ 计量单位________ 计划单价________ 存放地点________

年		凭证		摘要	借（进仓）方													贷（出仓）方													余额												
					数量	单价	金额											数量	单价	金额											数量	单价	金额										
月	日	类别	号数				亿	千	百	十	万	千	百	十	元	角	分			亿	千	百	十	万	千	百	十	元	角	分			亿	千	百	十	万	千	百	十	元	角	分

明细账

总页________ 分页________

类别________ 编号________

规格________ 名称________

储备定额________ 最高存量________ 最低存量________ 计量单位________ 计划单价________ 存放地点________

年		凭证		摘要	借（进仓）方													贷（出仓）方													余额												
月	日	类别	号数		数量	单价	金额											数量	单价	金额											数量	单价	金额										
							亿	千	百	十	万	千	百	十	元	角	分			亿	千	百	十	万	千	百	十	元	角	分			亿	千	百	十	万	千	百	十	元	角	分

明 细 账

总页________ 分页________

类别________ 编号________

规格________ 名称________

储备定额________ 最高存量________ 最低存量________ 计量单位________ 计划单价________ 存放地点________

年		凭证		摘要	借（进仓）方													贷（出仓）方													余额												
月	日	类别	号数		数量	单价	金额											数量	单价	金额											数量	单价	金额										
							亿	千	百	十	万	千	百	十	元	角	分			亿	千	百	十	万	千	百	十	元	角	分			亿	千	百	十	万	千	百	十	元	角	分

明细账

总页________ 分页________

类别________ 编号________

规格________ 名称________

储备定额________ 最高存量________ 最低存量________ 计量单位________ 计划单价________ 存放地点________

年		凭证		摘要	借（进仓）方													贷（出仓）方													余额												
月	日	类别	号数		数量	单价	金额											数量	单价	金额											数量	单价	金额										
							亿	千	百	十	万	千	百	十	元	角	分			亿	千	百	十	万	千	百	十	元	角	分			亿	千	百	十	万	千	百	十	元	角	分

明细账

总页________ 分页________

类别________ 编号________

规格________ 名称________

储备定额________ 最高存量________ 最低存量________ 计量单位________ 计划单价________ 存放地点________

年		凭证		摘要	借（进仓）方													贷（出仓）方													余额												
							金额													金额													金额										
月	日	类别	号数		数量	单价	亿	千	百	十	万	千	百	十	元	角	分	数量	单价	亿	千	百	十	万	千	百	十	元	角	分	数量	单价	亿	千	百	十	万	千	百	十	元	角	分

明细账

总页............ 分页............
类别............ 编号............
规格............ 名称............
储备定额............ 最高存量............ 最低存量............ 计量单位............ 计划单价............ 存放地点............

年		凭证		摘要	借（进仓）方													贷（出仓）方													余额												
月	日	类别	号数		数量	单价	金额											数量	单价	金额											数量	单价	金额										
							亿	千	百	十	万	千	百	十	元	角	分			亿	千	百	十	万	千	百	十	元	角	分			亿	千	百	十	万	千	百	十	元	角	分

明 细 账

总页________ 分页________
类别________ 编号________
规格________ 名称________

储备定额________ 最高存量________ 最低存量________ 计量单位________ 计划单价________ 存放地点________

年		凭证		摘要	借（进仓）方													贷（出仓）方													余额												
月	日	类别	号数		数量	单价	金额											数量	单价	金额											数量	单价	金额										
							亿	千	百	十	万	千	百	十	元	角	分			亿	千	百	十	万	千	百	十	元	角	分			亿	千	百	十	万	千	百	十	元	角	分

明 细 账

总页______ 分页______

类别______ 编号______

规格______ 名称______

储备定额______ 最高存量______ 最低存量______ 计量单位______ 计划单价______ 存放地点______

年		凭证		摘要	借（进仓）方													贷（出仓）方													余额												
月	日	类别	号数		数量	单价	金额											数量	单价	金额											数量	单价	金额										
							亿	千	百	十	万	千	百	十	元	角	分			亿	千	百	十	万	千	百	十	元	角	分			亿	千	百	十	万	千	百	十	元	角	分

明细账

总页________ 分页________

类别________ 编号________

规格________ 名称________

储备定额________ 最高存量________ 最低存量________ 计量单位________ 计划单价________ 存放地点________

年		凭证		摘要	借（进仓）方													贷（出仓）方													余额												
月	日	类别	号数		数量	单价	金额											数量	单价	金额											数量	单价	金额										
							亿	千	百	十	万	千	百	十	元	角	分			亿	千	百	十	万	千	百	十	元	角	分			亿	千	百	十	万	千	百	十	元	角	分

明细账

总页________ 分页________

类别________ 编号________

规格________ 名称________

储备定额________ 最高存量________ 最低存量________ 计量单位________ 计划单价________ 存放地点________

年		凭证		摘要	借（进仓）方													贷（出仓）方													余额												
月	日	类别	号数		数量	单价	金额											数量	单价	金额											数量	单价	金额										
							亿	千	百	十	万	千	百	十	元	角	分			亿	千	百	十	万	千	百	十	元	角	分			亿	千	百	十	万	千	百	十	元	角	分

明细账

总页________ 分页________

类别________ 编号________

规格________ 名称________

储备定额________ 最高存量________ 最低存量________ 计量单位________ 计划单价________ 存放地点________

年		凭证		摘要	借（进仓）方													贷（出仓）方													余额												
月	日	类别	号数		数量	单价	金额											数量	单价	金额											数量	单价	金额										
							亿	千	百	十	万	千	百	十	元	角	分			亿	千	百	十	万	千	百	十	元	角	分			亿	千	百	十	万	千	百	十	元	角	分

明 细 账

总页________ 分页________

类别________ 编号________

规格________ 名称________

储备定额________ 最高存量________ 最低存量________ 计量单位________ 计划单价________ 存放地点________

年		凭证		摘要	借（进仓）方													贷（出仓）方													余额												
月	日	类别	号数		数量	单价	金额											数量	单价	金额											数量	单价	金额										
							亿	千	百	十	万	千	百	十	元	角	分			亿	千	百	十	万	千	百	十	元	角	分			亿	千	百	十	万	千	百	十	元	角	分

明细账

总页________ 分页________

类别________ 编号________

规格________ 名称________

储备定额________ 最高存量________ 最低存量________ 计量单位________ 计划单价________ 存放地点________

年		凭证		摘要	借（进仓）方													贷（出仓）方													余额												
							金额													金额													金额										
月	日	类别	号数		数量	单价	亿	千	百	十	万	千	百	十	元	角	分	数量	单价	亿	千	百	十	万	千	百	十	元	角	分	数量	单价	亿	千	百	十	万	千	百	十	元	角	分

账 户 目 录

编 号	账 户 名 称	起讫页次	编 号	账 户 名 称	起讫页次	编 号	账 户 名 称	起讫页次

账户目录

编号	账户名称	起讫页次	编号	账户名称	起讫页次	编号	账户名称	起讫页次

账簿启用及接交表

<table>
<tr><td>单位名称</td><td colspan="4"></td><td rowspan="5">单位公章</td></tr>
<tr><td>账簿名称</td><td colspan="4">（第　　册）</td></tr>
<tr><td>账簿编号</td><td colspan="4"></td></tr>
<tr><td>账簿页数</td><td>第　　号至第</td><td>号止</td><td>共计</td><td>页</td></tr>
<tr><td>启用日期</td><td>公元</td><td>年</td><td>月</td><td>日</td></tr>
</table>

<table>
<tr><td rowspan="3">经管人员</td><td colspan="2">负责人</td><td colspan="2">主办会计</td><td colspan="2">复核</td><td colspan="2">记账</td></tr>
<tr><td>姓名</td><td>盖章</td><td>姓名</td><td>盖章</td><td>姓名</td><td>盖章</td><td>姓名</td><td>盖章</td></tr>
<tr><td></td><td></td><td></td><td></td><td></td><td></td><td></td><td></td></tr>
</table>

<table>
<tr><td rowspan="5">接交记录</td><td colspan="2">接交人员</td><td colspan="4">接管</td><td colspan="4">移交</td></tr>
<tr><td>接管人姓名</td><td>移交人姓名</td><td>年</td><td>月</td><td>日</td><td>盖章</td><td>年</td><td>月</td><td>日</td><td>盖章</td></tr>
<tr><td></td><td></td><td></td><td></td><td></td><td></td><td></td><td></td><td></td><td></td></tr>
<tr><td></td><td></td><td></td><td></td><td></td><td></td><td></td><td></td><td></td><td></td></tr>
<tr><td></td><td></td><td></td><td></td><td></td><td></td><td></td><td></td><td></td><td></td></tr>
<tr><td>备注</td><td colspan="10"></td></tr>
</table>

明 细 账

（多栏式、数量金额式）

数量金额式明细账

借贷多栏式明细账

应交税费——应交增值税明细账

管理费用明细账

制造费用明细账

销售费用明细账

生产成本明细账

主营业务收入明细账

本年利润明细账

日 记 账

（　　）

年		凭证		对方科目	摘要	总页	借方										贷方										余额									
月	日	类别	号数				千	百	十	万	千	百	十	元	角	分	千	百	十	万	千	百	十	元	角	分	千	百	十	万	千	百	十	元	角	分

日 记 账

(　　)

年		凭证		对方科目	摘要	总页	借方										贷方										余额									
月	日	类别	号数				千	百	十	万	千	百	十	元	角	分	千	百	十	万	千	百	十	元	角	分	千	百	十	万	千	百	十	元	角	分

日 记 账

(　　)

年		凭证		对方科目	摘要	总页	借方										贷方										余额									
月	日	类别	号数				千	百	十	万	千	百	十	元	角	分	千	百	十	万	千	百	十	元	角	分	千	百	十	万	千	百	十	元	角	分

日 记 账

（　　）

年		凭证		对方科目	摘要	总页	借方										贷方										余额									
月	日	类别	号数				千	百	十	万	千	百	十	元	角	分	千	百	十	万	千	百	十	元	角	分	千	百	十	万	千	百	十	元	角	分

日 记 账

（　　）

年		凭证		对方科目	摘要	总页	借方										贷方										余额									
月	日	类别	号数				千	百	十	万	千	百	十	元	角	分	千	百	十	万	千	百	十	元	角	分	千	百	十	万	千	百	十	元	角	分

日 记 账

（　　）

年		凭　证		对方科目	摘　　要	总页	借方										贷方										余额									
月	日	类别	号数				千	百	十	万	千	百	十	元	角	分	千	百	十	万	千	百	十	元	角	分	千	百	十	万	千	百	十	元	角	分

日 记 账

(　　)

年		凭证		对方科目	摘要	总页	借方										贷方										余额									
月	日	类别	号数				千	百	十	万	千	百	十	元	角	分	千	百	十	万	千	百	十	元	角	分	千	百	十	万	千	百	十	元	角	分

日 记 账

（　　）

年		凭证		对方科目	摘要	总页	借方										贷方										余额									
月	日	类别	号数				千	百	十	万	千	百	十	元	角	分	千	百	十	万	千	百	十	元	角	分	千	百	十	万	千	百	十	元	角	分

账簿启用及接交表

<table>
<tr><td>单位名称</td><td></td><td>单位公章</td></tr>
<tr><td>账簿名称</td><td>（第　　册）</td><td rowspan="4"></td></tr>
<tr><td>账簿编号</td><td></td></tr>
<tr><td>账簿页数</td><td>第　　号至第　　号止　　共计　　页</td></tr>
<tr><td>启用日期</td><td>公元　　年　　月　　日</td></tr>
</table>

<table>
<tr><td rowspan="3">经管人员</td><td colspan="2">负责人</td><td colspan="2">主办会计</td><td colspan="2">复核</td><td colspan="2">记账</td></tr>
<tr><td>姓名</td><td>盖章</td><td>姓名</td><td>盖章</td><td>姓名</td><td>盖章</td><td>姓名</td><td>盖章</td></tr>
<tr><td></td><td></td><td></td><td></td><td></td><td></td><td></td><td></td></tr>
</table>

<table>
<tr><td rowspan="5">接交记录</td><td colspan="2">接交人员</td><td colspan="4">接管</td><td colspan="4">移交</td></tr>
<tr><td>接管人姓名</td><td>移交人姓名</td><td>年</td><td>月</td><td>日</td><td>盖章</td><td>年</td><td>月</td><td>日</td><td>盖章</td></tr>
<tr><td></td><td></td><td></td><td></td><td></td><td></td><td></td><td></td><td></td><td></td></tr>
<tr><td></td><td></td><td></td><td></td><td></td><td></td><td></td><td></td><td></td><td></td></tr>
<tr><td></td><td></td><td></td><td></td><td></td><td></td><td></td><td></td><td></td><td></td></tr>
<tr><td>备注</td><td colspan="10"></td></tr>
</table>

日 记 账

明细账

一级科目____________

明细科目____________

户　　名____________

总页________ 分页________

年		凭证		摘要	E 页	借方													√	贷方													√	借或贷	余额												
月	日	类别	号数			百	十	亿	千	百	十	万	千	百	十	元	角	分		百	十	亿	千	百	十	万	千	百	十	元	角	分			百	十	亿	千	百	十	万	千	百	十	元	角	分

明细账

一级科目________________

明细科目________________

户　　名________________

总页________　分页________

年		凭证		摘要	日页	借方												√	贷方												√	借或贷	余额											
月	日	类别	号数			百	十	亿	千	百	十	万	千	百	十	元	角	分		百	十	亿	千	百	十	万	千	百	十	元	角	分			百	十	亿	千	百	十	万	千	百	十	元	角	分

明细账

一级科目________________

明细科目________________

户　名________________

总页________ 分页________

年		凭证		摘要	日	借方													√	贷方													√	借或贷	余额												
月	日	类别	号数		页	百	十	亿	千	百	十	万	千	百	十	元	角	分		百	十	亿	千	百	十	万	千	百	十	元	角	分			百	十	亿	千	百	十	万	千	百	十	元	角	分

明细账

一级科目________________

明细科目________________

户　　名________________

总页________ 分页________

年		凭证		摘要	日页	借方													√	贷方													√	借或贷	余额												
月	日	类别	号数			百	十	亿	千	百	十	万	千	百	十	元	角	分		百	十	亿	千	百	十	万	千	百	十	元	角	分			百	十	亿	千	百	十	万	千	百	十	元	角	分

一级科目________________

明细科目________________

户　　名________________

总页__________ 分页__________

明细账

年		凭证		摘要	E页	借方													√	贷方													√	借或贷	余额												
月	日	类别	号数			百	十	亿	千	百	十	万	千	百	十	元	角	分		百	十	亿	千	百	十	万	千	百	十	元	角	分			百	十	亿	千	百	十	万	千	百	十	元	角	分

明 细 账

一级科目 ______________

明细科目 ______________

户　　名 ______________

总页 ________ 分页 ________

年		凭证		摘要	日页	借方													√	贷方													√	借或贷	余额												
月	日	类别	号数			百	十	亿	千	百	十	万	千	百	十	元	角	分		百	十	亿	千	百	十	万	千	百	十	元	角	分			百	十	亿	千	百	十	万	千	百	十	元	角	分

一级科目____________________

明细科目____________________

户　　名____________________

总页________ 分页________

明 细 账

年		凭证		摘要	日页	借方													√	贷方													√	借或贷	余额												
月	日	类别	号数			百	十	亿	千	百	十	万	千	百	十	元	角	分		百	十	亿	千	百	十	万	千	百	十	元	角	分			百	十	亿	千	百	十	万	千	百	十	元	角	分

明细账

一级科目______________

明细科目______________

户　　名______________

总页__________　分页__________

年		凭证		摘要	日页	借方													√	贷方													√	借或贷	余额												
月	日	类别	号数			百	十	亿	千	百	十	万	千	百	十	元	角	分		百	十	亿	千	百	十	万	千	百	十	元	角	分			百	十	亿	千	百	十	万	千	百	十	元	角	分

明细账

一级科目 ______________

明细科目 ______________

户　　名 ______________

总页 ________ 分页 ________

年		凭证		摘要	日页	借方												√	贷方												√	借或贷	余额											
月	日	类别	号数			百	十	亿	千	百	十	万	千	百	十	元	角	分		百	十	亿	千	百	十	万	千	百	十	元	角	分			百	十	亿	千	百	十	万	千	百	十	元	角	分

明细账

一级科目______________

明细科目______________

户　　名______________

总页__________ 分页__________

年		凭证		摘要	日页	借方											√	贷方											√	借或贷	余额										
月	日	类别	号数			百	十	亿	千	百	十	万	千	百	十	元	角	分		百	十	亿	千	百	十	万	千	百	十	元	角	分			百	十	亿	千	百	十	万	千	百	十	元	角	分

明 细 账

一级科目__________

明细科目__________

户　　名__________

总页______ 分页______

年		凭证		摘要	日页	借方													√	贷方													√	借或贷	余额												
月	日	类别	号数			百	十	亿	千	百	十	万	千	百	十	元	角	分		百	十	亿	千	百	十	万	千	百	十	元	角	分			百	十	亿	千	百	十	万	千	百	十	元	角	分

明 细 账

一级科目__________________

明细科目__________________

户　　名__________________

总页__________ 分页__________

年		凭证		摘要	日页	借方													√	贷方													√	借或贷	余额												
月	日	类别	号数			百	十	亿	千	百	十	万	千	百	十	元	角	分		百	十	亿	千	百	十	万	千	百	十	元	角	分			百	十	亿	千	百	十	万	千	百	十	元	角	分

明细账

一级科目________________

明细科目________________

户　　名________________

总页________ 分页________

年		凭证		摘要	日页	借方												√	贷方												√	借或贷	余额											
月	日	类别	号数			百	十	亿	千	百	十	万	千	百	十	元	角	分		百	十	亿	千	百	十	万	千	百	十	元	角	分			百	十	亿	千	百	十	万	千	百	十	元	角	分

明细账

一级科目________________

明细科目________________

户　　名________________

总页________　分页________

年		凭证		摘要	日页	借方													√	贷方													√	借或贷	余额												
月	日	类别	号数			百	十	亿	千	百	十	万	千	百	十	元	角	分		百	十	亿	千	百	十	万	千	百	十	元	角	分			百	十	亿	千	百	十	万	千	百	十	元	角	分

明细账

一级科目__________

明细科目__________

户　　名__________

总页______ 分页______

年		凭证		摘要	日	借方													√	贷方													√	借或贷	余额												
月	日	类别	号数		页	百	十	亿	千	百	十	万	千	百	十	元	角	分		百	十	亿	千	百	十	万	千	百	十	元	角	分			百	十	亿	千	百	十	万	千	百	十	元	角	分

明细账

一级科目________________

明细科目________________

户　　名________________

总页________ 分页________

年		凭证		摘要	日页	借方													√	贷方													√	借或贷	余额												
月	日	类别	号数			百	十	亿	千	百	十	万	千	百	十	元	角	分		百	十	亿	千	百	十	万	千	百	十	元	角	分			百	十	亿	千	百	十	万	千	百	十	元	角	分

明细账

一级科目________________

明细科目________________

户　　名________________

总页__________　分页__________

年		凭证		摘要	日页	借方													√	贷方													√	借或贷	余额												
月	日	类别	号数			百	十	亿	千	百	十	万	千	百	十	元	角	分		百	十	亿	千	百	十	万	千	百	十	元	角	分			百	十	亿	千	百	十	万	千	百	十	元	角	分

明 细 账

一级科目__________

明细科目__________

户　　名__________

总页______ 分页______

年		凭证		摘要	日页	借方													√	贷方													√	借或贷	余额												
月	日	类别	号数			百	十	亿	千	百	十	万	千	百	十	元	角	分		百	十	亿	千	百	十	万	千	百	十	元	角	分			百	十	亿	千	百	十	万	千	百	十	元	角	分

明细账

一级科目 ________________

明细科目 ________________

户　　名 ________________

总页 ________ 分页 ________

年		凭证		摘要	日页	借方													√	贷方													√	借或贷	余额												
月	日	类别	号数			百	十	亿	千	百	十	万	千	百	十	元	角	分		百	十	亿	千	百	十	万	千	百	十	元	角	分			百	十	亿	千	百	十	万	千	百	十	元	角	分

明 细 账

一级科目__________

明细科目__________

户　　名__________

总页______ 分页______

年		凭证		摘要	日页	借方													√	贷方													√	借或贷	余额												
月	日	类别	号数			百	十	亿	千	百	十	万	千	百	十	元	角	分		百	十	亿	千	百	十	万	千	百	十	元	角	分			百	十	亿	千	百	十	万	千	百	十	元	角	分

明细账

一级科目________________

明细科目________________

户　　名________________

总页________ 分页________

年		凭证		摘要	日页	借方												√	贷方												√	借或贷	余额											
月	日	类别	号数			百	十	亿	千	百	十	万	千	百	十	元	角	分		百	十	亿	千	百	十	万	千	百	十	元	角	分			百	十	亿	千	百	十	万	千	百	十	元	角	分

明细账

一级科目____________

明细科目____________

户　　名____________

总页______ 分页______

年		凭证		摘要	日页	借方													√	贷方													√	借或贷	余额												
月	日	类别	号数			百	十	亿	千	百	十	万	千	百	十	元	角	分		百	十	亿	千	百	十	万	千	百	十	元	角	分			百	十	亿	千	百	十	万	千	百	十	元	角	分

明细账

一级科目__________

明细科目__________

户　名__________

总页______　分页______

年		凭证		摘要	日页	借方													√	贷方													√	借或贷	余额												
月	日	类别	号数			百	十	亿	千	百	十	万	千	百	十	元	角	分		百	十	亿	千	百	十	万	千	百	十	元	角	分			百	十	亿	千	百	十	万	千	百	十	元	角	分

明 细 账

一级科目__________________

明细科目__________________

户　　名__________________

总页__________ 分页__________

年		凭证		摘要	日页	借方													√	贷方													√	借或贷	余额												
月	日	类别	号数			百	十	亿	千	百	十	万	千	百	十	元	角	分		百	十	亿	千	百	十	万	千	百	十	元	角	分			百	十	亿	千	百	十	万	千	百	十	元	角	分

明细账

一级科目________________

明细科目________________

户　　名________________

总页________ 分页________

年		凭证		摘要	日页	借方													√	贷方													√	借或贷	余额												
月	日	类别	号数			百	十	亿	千	百	十	万	千	百	十	元	角	分		百	十	亿	千	百	十	万	千	百	十	元	角	分			百	十	亿	千	百	十	万	千	百	十	元	角	分

明 细 账

一级科目________________

明细科目________________

户　　名________________

总页________ 分页________

年		凭证		摘要	日页	借方													√	贷方													√	借或贷	余额												
月	日	类别	号数			百	十	亿	千	百	十	万	千	百	十	元	角	分		百	十	亿	千	百	十	万	千	百	十	元	角	分			百	十	亿	千	百	十	万	千	百	十	元	角	分

明细账

一级科目________________

明细科目________________

户　　名________________

总页________ 分页________

年		凭证		摘要	日页	借方													√	贷方													√	借或贷	余额												
月	日	类别	号数			百	十	亿	千	百	十	万	千	百	十	元	角	分		百	十	亿	千	百	十	万	千	百	十	元	角	分			百	十	亿	千	百	十	万	千	百	十	元	角	分

明 细 账

一级科目________________

明细科目________________

户　　名________________

总页________ 分页________

年		凭证		摘要	日	借方													√	贷方													√	借或贷	余额												
月	日	类别	号数		页	百	十	亿	千	百	十	万	千	百	十	元	角	分		百	十	亿	千	百	十	万	千	百	十	元	角	分			百	十	亿	千	百	十	万	千	百	十	元	角	分

一级科目______________

明细科目______________

户　　名______________

总页________ 分页________

明 细 账

年		凭证		摘要	日页	借方													√	贷方													√	借或贷	余额												
月	日	类别	号数			百	十	亿	千	百	十	万	千	百	十	元	角	分		百	十	亿	千	百	十	万	千	百	十	元	角	分			百	十	亿	千	百	十	万	千	百	十	元	角	分

明细账

一级科目________________

明细科目________________

户　　名________________

总页________ 分页________

年		凭证		摘要	日页	借方													√	贷方													√	借或贷	余额												
月	日	类别	号数			百	十	亿	千	百	十	万	千	百	十	元	角	分		百	十	亿	千	百	十	万	千	百	十	元	角	分			百	十	亿	千	百	十	万	千	百	十	元	角	分

明　细　账

一级科目＿＿＿＿＿＿＿＿

明细科目＿＿＿＿＿＿＿＿

户　　名＿＿＿＿＿＿＿＿

总页＿＿＿＿　分页＿＿＿＿

<table>
<tr><th colspan="2">年</th><th colspan="2">凭　证</th><th rowspan="2">摘　　要</th><th rowspan="2">日
页</th><th colspan="13">借　　方</th><th rowspan="2">√</th><th colspan="13">贷　　方</th><th rowspan="2">√</th><th rowspan="2">借
或
贷</th><th colspan="13">余　　额</th></tr>
<tr><th>月</th><th>日</th><th>类别</th><th>号数</th><th>百</th><th>十</th><th>亿</th><th>千</th><th>百</th><th>十</th><th>万</th><th>千</th><th>百</th><th>十</th><th>元</th><th>角</th><th>分</th><th>百</th><th>十</th><th>亿</th><th>千</th><th>百</th><th>十</th><th>万</th><th>千</th><th>百</th><th>十</th><th>元</th><th>角</th><th>分</th><th>百</th><th>十</th><th>亿</th><th>千</th><th>百</th><th>十</th><th>万</th><th>千</th><th>百</th><th>十</th><th>元</th><th>角</th><th>分</th></tr>
</table>

明细账

一级科目

明细科目

户　　名

总页　　分页

年		凭证		摘要	日页	借方												√	贷方												√	借或贷	余额											
月	日	类别	号数			百	十	亿	千	百	十	万	千	百	十	元	角	分		百	十	亿	千	百	十	万	千	百	十	元	角	分			百	十	亿	千	百	十	万	千	百	十	元	角	分

明 细 账

一级科目________________

明细科目________________

户　　名________________

总页________ 分页________

年		凭证		摘要	日页	借方													√	贷方													√	借或贷	余额												
月	日	类别	号数			百	十	亿	千	百	十	万	千	百	十	元	角	分		百	十	亿	千	百	十	万	千	百	十	元	角	分			百	十	亿	千	百	十	万	千	百	十	元	角	分

明细账

一级科目________________

明细科目________________

户　　名________________

总页________ 分页________

年		凭证		摘要	日页	借方													√	贷方													√	借或贷	余额												
月	日	类别	号数			百	十	亿	千	百	十	万	千	百	十	元	角	分		百	十	亿	千	百	十	万	千	百	十	元	角	分			百	十	亿	千	百	十	万	千	百	十	元	角	分

一级科目

明细科目

户　　名

总页　　　分页

明　细　账

年		凭证		摘要	日页	借方													√	贷方													√	借或贷	余额												
月	日	类别	号数			百	十	亿	千	百	十	万	千	百	十	元	角	分		百	十	亿	千	百	十	万	千	百	十	元	角	分			百	十	亿	千	百	十	万	千	百	十	元	角	分

明细账

一级科目……………………

明细科目……………………

户　　名……………………

总页………… 分页…………

年		凭证		摘要	日页	借方													√	贷方													√	借或贷	余额												
月	日	类别	号数			百	十	亿	千	百	十	万	千	百	十	元	角	分		百	十	亿	千	百	十	万	千	百	十	元	角	分			百	十	亿	千	百	十	万	千	百	十	元	角	分

账 户 目 录

编 号	账 户 名 称	起讫页次	编 号	账 户 名 称	起讫页次	编 号	账 户 名 称	起讫页次

账户目录

编号	账户名称	起讫页次	编号	账户名称	起讫页次	编号	账户名称	起讫页次

账簿启用及接交表

<table>
<tr><td>单位名称</td><td colspan="4"></td><td>单位公章</td></tr>
<tr><td>账簿名称</td><td colspan="4">（第　　册）</td><td rowspan="4"></td></tr>
<tr><td>账簿编号</td><td colspan="4"></td></tr>
<tr><td>账簿页数</td><td>第</td><td>号至第</td><td>号止</td><td>共计　　页</td></tr>
<tr><td>启用日期</td><td>公元</td><td>年</td><td>月</td><td>日</td></tr>
</table>

<table>
<tr><td rowspan="3">经管人员</td><td colspan="2">负责人</td><td colspan="2">主办会计</td><td colspan="2">复核</td><td colspan="2">记账</td></tr>
<tr><td>姓名</td><td>盖章</td><td>姓名</td><td>盖章</td><td>姓名</td><td>盖章</td><td>姓名</td><td>盖章</td></tr>
<tr><td></td><td></td><td></td><td></td><td></td><td></td><td></td><td></td></tr>
</table>

<table>
<tr><td rowspan="5">接交记录</td><td colspan="2">接交人员</td><td colspan="4">接管</td><td colspan="4">移交</td></tr>
<tr><td>接管人姓名</td><td>移交人姓名</td><td>年</td><td>月</td><td>日</td><td>盖章</td><td>年</td><td>月</td><td>日</td><td>盖章</td></tr>
<tr><td></td><td></td><td></td><td></td><td></td><td></td><td></td><td></td><td></td><td></td></tr>
<tr><td></td><td></td><td></td><td></td><td></td><td></td><td></td><td></td><td></td><td></td></tr>
<tr><td></td><td></td><td></td><td></td><td></td><td></td><td></td><td></td><td></td><td></td></tr>
<tr><td>备注</td><td colspan="10"></td></tr>
</table>

明细账

（三栏式）

总分类账

账号		总页码
页次		

账户名称＿＿＿＿＿＿＿＿

年		凭证编号	摘要	借方											√	贷方											√	借或贷	余额											核对
月	日			亿	千	百	十	万	千	百	十	元	角	分		亿	千	百	十	万	千	百	十	元	角	分			亿	千	百	十	万	千	百	十	元	角	分	

总 分 类 账

账 号		总页码
页 次		

账户名称..............................

年		凭证编号	摘 要	借 方											√	贷 方											√	借或贷	余 额											核 对
月	日			亿	千	百	十	万	千	百	十	元	角	分		亿	千	百	十	万	千	百	十	元	角	分			亿	千	百	十	万	千	百	十	元	角	分	

总分类账

账号		总页码
页次		

账户名称______________

年		凭证编号	摘要	借方											√	贷方											√	借或贷	余额											核对
月	日			亿	千	百	十	万	千	百	十	元	角	分		亿	千	百	十	万	千	百	十	元	角	分			亿	千	百	十	万	千	百	十	元	角	分	

总 分 类 账

账 号	总页码
页 次	

账户名称……………………

年		凭证编号	摘 要	借 方											√	贷 方											√	借或贷	余 额											核 对
月	日			亿	千	百	十	万	千	百	十	元	角	分		亿	千	百	十	万	千	百	十	元	角	分			亿	千	百	十	万	千	百	十	元	角	分	

总分类账

账号		总页码
页次		

账户名称______________

年		凭证编号	摘要	借方											√	贷方											√	借或贷	余额											核对
月	日			亿	千	百	十	万	千	百	十	元	角	分		亿	千	百	十	万	千	百	十	元	角	分			亿	千	百	十	万	千	百	十	元	角	分	

总分类账

账号		总页码
页次		

账户名称______________

年		凭证编号	摘要	借方											√	贷方											√	借或贷	余额											核对
月	日			亿	千	百	十	万	千	百	十	元	角	分		亿	千	百	十	万	千	百	十	元	角	分			亿	千	百	十	万	千	百	十	元	角	分	

总 分 类 账

账 号	总页码
页 次	

账户名称……………………

年		凭证编号	摘 要	借 方											√	贷 方											√	借或贷	余 额											核 对
月	日			亿	千	百	十	万	千	百	十	元	角	分		亿	千	百	十	万	千	百	十	元	角	分			亿	千	百	十	万	千	百	十	元	角	分	

总 分 类 账

账 号	总页码
页 次	

账户名称……………………

年		凭证编号	摘要	借方											√	贷方											√	借或贷	余额											核对
月	日			亿	千	百	十	万	千	百	十	元	角	分		亿	千	百	十	万	千	百	十	元	角	分			亿	千	百	十	万	千	百	十	元	角	分	

总 分 类 账

账 号		总页码
页 次		

账户名称 ____________

年		凭证编号	摘 要	借 方											√	贷 方											√	借或贷	余 额											核 对
月	日			亿	千	百	十	万	千	百	十	元	角	分		亿	千	百	十	万	千	百	十	元	角	分			亿	千	百	十	万	千	百	十	元	角	分	

总 分 类 账

账 号		总页码
页 次		

账户名称……………………

年		凭证编号	摘要	借方											√	贷方											√	借或贷	余额											核对
月	日			亿	千	百	十	万	千	百	十	元	角	分		亿	千	百	十	万	千	百	十	元	角	分			亿	千	百	十	万	千	百	十	元	角	分	

总　分　类　账

账　号		总页码
页　次		

账户名称……………………

年		凭证编号	摘　要	借　方											√	贷　方											√	借或贷	余　额											核　对
月	日			亿	千	百	十	万	千	百	十	元	角	分		亿	千	百	十	万	千	百	十	元	角	分			亿	千	百	十	万	千	百	十	元	角	分	

总 分 类 账

账号		总页码
页次		

账户名称________________

年		凭证编号	摘要	借方											√	贷方											√	借或贷	余额											核对
月	日			亿	千	百	十	万	千	百	十	元	角	分		亿	千	百	十	万	千	百	十	元	角	分			亿	千	百	十	万	千	百	十	元	角	分	

总 分 类 账

账 号		总页码
页 次		

账户名称________________

年		凭证编号	摘 要	借 方											√	贷 方											√	借或贷	余 额											核 对
月	日			亿	千	百	十	万	千	百	十	元	角	分		亿	千	百	十	万	千	百	十	元	角	分			亿	千	百	十	万	千	百	十	元	角	分	

总 分 类 账

账 号		总页码
页 次		

账户名称……………………

年		凭证编号	摘 要	借 方											√	贷 方											√	借或贷	余 额											核 对
月	日			亿	千	百	十	万	千	百	十	元	角	分		亿	千	百	十	万	千	百	十	元	角	分			亿	千	百	十	万	千	百	十	元	角	分	

总　分　类　账

账　号	总页码
页　次	

账户名称________________

年		凭证编号	摘　　要	借　　方											√	贷　　方											√	借或贷	余　　额											核　对
月	日			亿	千	百	十	万	千	百	十	元	角	分		亿	千	百	十	万	千	百	十	元	角	分			亿	千	百	十	万	千	百	十	元	角	分	

总 分 类 账

账 号		总页码
页 次		

账户名称________________

年		凭证编号	摘 要	借 方											√	贷 方											√	借或贷	余 额											核 对
月	日			亿	千	百	十	万	千	百	十	元	角	分		亿	千	百	十	万	千	百	十	元	角	分			亿	千	百	十	万	千	百	十	元	角	分	

总　分　类　账

账　号		总页码
页　次		

账户名称________________

年		凭证编号	摘　　要	借　方											√	贷　方											√	借或贷	余　额											核　对
月	日			亿	千	百	十	万	千	百	十	元	角	分		亿	千	百	十	万	千	百	十	元	角	分			亿	千	百	十	万	千	百	十	元	角	分	

总 分 类 账

账 号		总页码
页 次		

账户名称________________

年		凭证编号	摘 要	借 方											√	贷 方											√	借或贷	余 额											核 对
月	日			亿	千	百	十	万	千	百	十	元	角	分		亿	千	百	十	万	千	百	十	元	角	分			亿	千	百	十	万	千	百	十	元	角	分	

总分类账

账号	总页码
页次	

账户名称

年		凭证编号	摘要	借方											√	贷方											√	借或贷	余额											核对
月	日			亿	千	百	十	万	千	百	十	元	角	分		亿	千	百	十	万	千	百	十	元	角	分			亿	千	百	十	万	千	百	十	元	角	分	

总 分 类 账

账 号		总页码
页 次		

账户名称……………………………

年		凭证编号	摘 要	借 方											√	贷 方											√	借或贷	余 额											核 对
月	日			亿	千	百	十	万	千	百	十	元	角	分		亿	千	百	十	万	千	百	十	元	角	分			亿	千	百	十	万	千	百	十	元	角	分	

总 分 类 账

账 号		总页码
页 次		

账户名称____________

年		凭证编号	摘 要	借 方											√	贷 方											√	借或贷	余 额											核 对
月	日			亿	千	百	十	万	千	百	十	元	角	分		亿	千	百	十	万	千	百	十	元	角	分			亿	千	百	十	万	千	百	十	元	角	分	

总 分 类 账

账 号	总页码
页 次	

账户名称……………………

年		凭证编号	摘 要	借 方											√	贷 方											√	借或贷	余 额											核 对
月	日			亿	千	百	十	万	千	百	十	元	角	分		亿	千	百	十	万	千	百	十	元	角	分			亿	千	百	十	万	千	百	十	元	角	分	

总 分 类 账

账 号		总页码
页 次		

账户名称________________

年		凭证编号	摘 要	借 方											√	贷 方											√	借或贷	余 额											核 对
月	日			亿	千	百	十	万	千	百	十	元	角	分		亿	千	百	十	万	千	百	十	元	角	分			亿	千	百	十	万	千	百	十	元	角	分	

总　分　类　账

账　号	总页码
页　次	

账户名称……………………

年		凭证编号	摘要	借方											√	贷方											√	借或贷	余额											核对
月	日			亿	千	百	十	万	千	百	十	元	角	分		亿	千	百	十	万	千	百	十	元	角	分			亿	千	百	十	万	千	百	十	元	角	分	

账号		总页码
页次		

总分类账

账户名称______________

年		凭证编号	摘要	借方											√	贷方											√	借或贷	余额											核对
月	日			亿	千	百	十	万	千	百	十	元	角	分		亿	千	百	十	万	千	百	十	元	角	分			亿	千	百	十	万	千	百	十	元	角	分	

总 分 类 账

账 号		总页码
页 次		

账户名称……………………

年		凭证编号	摘要	借方											√	贷方											√	借或贷	余额											核对
月	日			亿	千	百	十	万	千	百	十	元	角	分		亿	千	百	十	万	千	百	十	元	角	分			亿	千	百	十	万	千	百	十	元	角	分	

总分类账

账号		总页码
页次		

账户名称

年		凭证编号	摘要	借方											√	贷方											√	借或贷	余额											核对
月	日			亿	千	百	十	万	千	百	十	元	角	分		亿	千	百	十	万	千	百	十	元	角	分			亿	千	百	十	万	千	百	十	元	角	分	

总　分　类　账

账　号		总页码
页　次		

账户名称……………………

年		凭证编号	摘　要	借　方											√	贷　方											√	借或贷	余　额											核　对
月	日			亿	千	百	十	万	千	百	十	元	角	分		亿	千	百	十	万	千	百	十	元	角	分			亿	千	百	十	万	千	百	十	元	角	分	

总　分　类　账

账　号		总页码
页　次		

账户名称________________

年		凭证编号	摘　要	借　方											√	贷　方											√	借或贷	余　额											核　对
月	日			亿	千	百	十	万	千	百	十	元	角	分		亿	千	百	十	万	千	百	十	元	角	分			亿	千	百	十	万	千	百	十	元	角	分	

总　分　类　账

账　号		总页码
页　次		

账户名称____________________

年		凭证编号	摘　　要	借　　方											√	贷　　方											√	借或贷	余　　额											核　对
月	日			亿	千	百	十	万	千	百	十	元	角	分		亿	千	百	十	万	千	百	十	元	角	分			亿	千	百	十	万	千	百	十	元	角	分	

总 分 类 账

账 号		总页码
页 次		

账户名称……………………

年		凭证编号	摘 要	借 方											√	贷 方											√	借或贷	余 额											核 对
月	日			亿	千	百	十	万	千	百	十	元	角	分		亿	千	百	十	万	千	百	十	元	角	分			亿	千	百	十	万	千	百	十	元	角	分	

总 分 类 账

账 号		总页码
页 次		

账户名称..

年		凭证编号	摘要	借方											√	贷方											√	借或贷	余额											核对
月	日			亿	千	百	十	万	千	百	十	元	角	分		亿	千	百	十	万	千	百	十	元	角	分			亿	千	百	十	万	千	百	十	元	角	分	

总分类账

账号		总页码
页次		

账户名称________________

年		凭证编号	摘要	借方											√	贷方											√	借或贷	余额											核对
月	日			亿	千	百	十	万	千	百	十	元	角	分		亿	千	百	十	万	千	百	十	元	角	分			亿	千	百	十	万	千	百	十	元	角	分	

总分类账

账号	总页码
页次	

账户名称________________

年		凭证编号	摘要	借方											√	贷方											√	借或贷	余额											核对
月	日			亿	千	百	十	万	千	百	十	元	角	分		亿	千	百	十	万	千	百	十	元	角	分			亿	千	百	十	万	千	百	十	元	角	分	

账号	总页码
页次	

总分类账

账户名称______________

年		凭证编号	摘要	借方											√	贷方											√	借或贷	余额											核对
月	日			亿	千	百	十	万	千	百	十	元	角	分		亿	千	百	十	万	千	百	十	元	角	分			亿	千	百	十	万	千	百	十	元	角	分	

总分类账

账号		总页码
页次		

账户名称________________

年		凭证编号	摘要	借方											√	贷方											√	借或贷	余额											核对
月	日			亿	千	百	十	万	千	百	十	元	角	分		亿	千	百	十	万	千	百	十	元	角	分			亿	千	百	十	万	千	百	十	元	角	分	

总分类账

账号		总页码
页次		

账户名称

年		凭证编号	摘要	借方											√	贷方											√	借或贷	余额											核对
月	日			亿	千	百	十	万	千	百	十	元	角	分		亿	千	百	十	万	千	百	十	元	角	分			亿	千	百	十	万	千	百	十	元	角	分	

总 分 类 账

账 号		总页码
页 次		

账户名称________________

年		凭证编号	摘 要	借 方											√	贷 方											√	借或贷	余 额											核 对
月	日			亿	千	百	十	万	千	百	十	元	角	分		亿	千	百	十	万	千	百	十	元	角	分			亿	千	百	十	万	千	百	十	元	角	分	

账　号		总页码
页　次		

总　分　类　账

账户名称＿＿＿＿＿＿＿＿

年		凭证编号	摘　要	借　方											√	贷　方											√	借或贷	余　额											核　对
月	日			亿	千	百	十	万	千	百	十	元	角	分		亿	千	百	十	万	千	百	十	元	角	分			亿	千	百	十	万	千	百	十	元	角	分	

总 分 类 账

账 号	总页码
页 次	

账户名称______________

年		凭证编号	摘 要	借 方											√	贷 方											√	借或贷	余 额											核 对
月	日			亿	千	百	十	万	千	百	十	元	角	分		亿	千	百	十	万	千	百	十	元	角	分			亿	千	百	十	万	千	百	十	元	角	分	

总分类账

账号		总页码
页次		

账户名称________________

年		凭证编号	摘要	借方											√	贷方											√	借或贷	余额											核对
月	日			亿	千	百	十	万	千	百	十	元	角	分		亿	千	百	十	万	千	百	十	元	角	分			亿	千	百	十	万	千	百	十	元	角	分	

总 分 类 账

账 号		总页码
页 次		

账户名称……………………

年		凭证编号	摘要	借方											√	贷方											√	借或贷	余额											核对
月	日			亿	千	百	十	万	千	百	十	元	角	分		亿	千	百	十	万	千	百	十	元	角	分			亿	千	百	十	万	千	百	十	元	角	分	

总 分 类 账

账 号		总页码
页 次		

账户名称

年		凭证编号	摘 要	借 方											√	贷 方											√	借或贷	余 额											核 对
月	日			亿	千	百	十	万	千	百	十	元	角	分		亿	千	百	十	万	千	百	十	元	角	分			亿	千	百	十	万	千	百	十	元	角	分	

总　分　类　账

账　号		总页码
页　次		

账户名称________________

年		凭证编号	摘　要	借　方											√	贷　方											√	借或贷	余　额											核　对
月	日			亿	千	百	十	万	千	百	十	元	角	分		亿	千	百	十	万	千	百	十	元	角	分			亿	千	百	十	万	千	百	十	元	角	分	

账　号		总页码
页　次		

总　分　类　账

账户名称＿＿＿＿＿＿＿＿

年		凭证编号	摘　　要	借　　方											√	贷　　方											√	借或贷	余　　额											核　对
月	日			亿	千	百	十	万	千	百	十	元	角	分		亿	千	百	十	万	千	百	十	元	角	分			亿	千	百	十	万	千	百	十	元	角	分	

总 分 类 账

账 号		总页码
页 次		

账户名称................................

年		凭证编号	摘要	借方											√	贷方											√	借或贷	余额											核对
月	日			亿	千	百	十	万	千	百	十	元	角	分		亿	千	百	十	万	千	百	十	元	角	分			亿	千	百	十	万	千	百	十	元	角	分	

总分类账

账号		总页码
页次		

账户名称________________

年		凭证编号	摘要	借方											√	贷方											√	借或贷	余额											核对
月	日			亿	千	百	十	万	千	百	十	元	角	分		亿	千	百	十	万	千	百	十	元	角	分			亿	千	百	十	万	千	百	十	元	角	分	

总 分 类 账

账号	总页码
页次	

账户名称________________

年		凭证编号	摘要	借方											√	贷方											√	借或贷	余额											核对
月	日			亿	千	百	十	万	千	百	十	元	角	分		亿	千	百	十	万	千	百	十	元	角	分			亿	千	百	十	万	千	百	十	元	角	分	

总 分 类 账

账 号		总页码
页 次		

账户名称……………………

年		凭证编号	摘要	借方											√	贷方											√	借或贷	余额											核对
月	日			亿	千	百	十	万	千	百	十	元	角	分		亿	千	百	十	万	千	百	十	元	角	分			亿	千	百	十	万	千	百	十	元	角	分	

总 分 类 账

账 号		总页码
页 次		

账户名称______________

年		凭证编号	摘 要	借 方											√	贷 方											√	借或贷	余 额											核 对
月	日			亿	千	百	十	万	千	百	十	元	角	分		亿	千	百	十	万	千	百	十	元	角	分			亿	千	百	十	万	千	百	十	元	角	分	

总 分 类 账

账 号	总页码
页 次	

账户名称............................

年		凭证编号	摘 要	借 方											√	贷 方											√	借或贷	余 额											核 对
月	日			亿	千	百	十	万	千	百	十	元	角	分		亿	千	百	十	万	千	百	十	元	角	分			亿	千	百	十	万	千	百	十	元	角	分	

总 分 类 账

账 号		总页码
页 次		

账户名称..

年		凭证编号	摘 要	借 方											√	贷 方											√	借或贷	余 额											核 对
月	日			亿	千	百	十	万	千	百	十	元	角	分		亿	千	百	十	万	千	百	十	元	角	分			亿	千	百	十	万	千	百	十	元	角	分	

总 分 类 账

账 号		总页码
页 次		

账户名称______________

年		凭证编号	摘 要	借 方											√	贷 方											√	借或贷	余 额											核 对
月	日			亿	千	百	十	万	千	百	十	元	角	分		亿	千	百	十	万	千	百	十	元	角	分			亿	千	百	十	万	千	百	十	元	角	分	

总 分 类 账

账 号		总页码
页 次		

账户名称..

年		凭证编号	摘 要	借 方											√	贷 方											√	借或贷	余 额											核 对
月	日			亿	千	百	十	万	千	百	十	元	角	分		亿	千	百	十	万	千	百	十	元	角	分			亿	千	百	十	万	千	百	十	元	角	分	

总分类账

账号		总页码
页次		

账户名称________

年		凭证编号	摘要	借方											√	贷方											√	借或贷	余额											核对
月	日			亿	千	百	十	万	千	百	十	元	角	分		亿	千	百	十	万	千	百	十	元	角	分			亿	千	百	十	万	千	百	十	元	角	分	

总分类账

账号		总页码
页次		

账户名称……………………

年		凭证编号	摘要	借方											√	贷方											√	借或贷	余额											核对
月	日			亿	千	百	十	万	千	百	十	元	角	分		亿	千	百	十	万	千	百	十	元	角	分			亿	千	百	十	万	千	百	十	元	角	分	

账 号		总页码
页 次		

总 分 类 账

账户名称________________

年		凭证编号	摘 要	借 方											√	贷 方											√	借或贷	余 额											核 对
月	日			亿	千	百	十	万	千	百	十	元	角	分		亿	千	百	十	万	千	百	十	元	角	分			亿	千	百	十	万	千	百	十	元	角	分	

总 分 类 账

账 号		总页码
页 次		

账户名称……………………

年		凭证编号	摘 要	借 方											√	贷 方											√	借或贷	余 额											核 对
月	日			亿	千	百	十	万	千	百	十	元	角	分		亿	千	百	十	万	千	百	十	元	角	分			亿	千	百	十	万	千	百	十	元	角	分	

总 分 类 账

账 号		总页码
页 次		

账户名称……………………

年		凭证编号	摘要	借方											√	贷方											√	借或贷	余额											核对
月	日			亿	千	百	十	万	千	百	十	元	角	分		亿	千	百	十	万	千	百	十	元	角	分			亿	千	百	十	万	千	百	十	元	角	分	

总 分 类 账

账 号		总页码
页 次		

账户名称____________________

年		凭证编号	摘 要	借 方											√	贷 方											√	借或贷	余 额											核 对
月	日			亿	千	百	十	万	千	百	十	元	角	分		亿	千	百	十	万	千	百	十	元	角	分			亿	千	百	十	万	千	百	十	元	角	分	

账　户　目　录

编号	账户名称	起讫页次	编号	账户名称	起讫页次	编号	账户名称	起讫页次

账 户 目 录

编号	账户名称	起讫页次	编号	账户名称	起讫页次	编号	账户名称	起讫页次

账簿启用及接交表

<table>
<tr><td>单位名称</td><td colspan="8"></td><td colspan="8">单位公章</td></tr>
<tr><td>账簿名称</td><td colspan="8">（第　　册）</td><td colspan="8" rowspan="4"></td></tr>
<tr><td>账簿编号</td><td colspan="8"></td></tr>
<tr><td>账簿页数</td><td colspan="8">第　　号至第　　号止　　共计　　页</td></tr>
<tr><td>启用日期</td><td colspan="8">公元　　年　　月　　日</td></tr>
<tr><td rowspan="3">经管人员</td><td colspan="2">负责人</td><td colspan="2">主办会计</td><td colspan="4">复核</td><td colspan="8">记账</td></tr>
<tr><td>姓名</td><td>盖章</td><td>姓名</td><td>盖章</td><td colspan="2">姓名</td><td colspan="2">盖章</td><td colspan="4">姓名</td><td colspan="4">盖章</td></tr>
<tr><td></td><td></td><td></td><td></td><td colspan="2"></td><td colspan="2"></td><td colspan="4"></td><td colspan="4"></td></tr>
<tr><td rowspan="5">接交记录</td><td colspan="4">接交人员</td><td colspan="4">接管</td><td colspan="4">移交</td></tr>
<tr><td colspan="2">接管人姓名</td><td colspan="2">移交人姓名</td><td>年</td><td>月</td><td>日</td><td>盖章</td><td>年</td><td>月</td><td>日</td><td>盖章</td></tr>
<tr><td colspan="2"></td><td colspan="2"></td><td></td><td></td><td></td><td></td><td></td><td></td><td></td><td></td></tr>
<tr><td colspan="2"></td><td colspan="2"></td><td></td><td></td><td></td><td></td><td></td><td></td><td></td><td></td></tr>
<tr><td colspan="2"></td><td colspan="2"></td><td></td><td></td><td></td><td></td><td></td><td></td><td></td><td></td></tr>
<tr><td>备注</td><td colspan="12"></td></tr>
</table>

总分类账

目　录

记账凭证封面

年　　月　　日至　　月　　日

<table>
<tr><td colspan="2">字第　　　　　　号至　　　　　　号</td></tr>
<tr><td>共计记账凭证　　　　　　张</td><td>附原始凭证　　　　　　张</td></tr>
<tr><td colspan="2">第　　　　册共　　　　册</td></tr>
</table>

会计主管　　　　　　　　　　　　复核

抽出凭证登记表

抽出日期	抽出凭证张数、号数				抽出理由	抽出人盖章	会计主管盖章	归还日期	备　注
	记账凭证编号	名　称	张　数	金　额					

记账凭证封面

年　　月　　日至　　月　　日

字第　　　　号至　　　　号	
共计记账凭证　　　　张	附原始凭证　　　　张
第　　　　册共　　　　册	

会计主管　　　　　　　　　　复核

抽出凭证登记表

抽出日期	抽出凭证张数、号数				抽出理由	抽出人盖章	会计主管盖章	归还日期	备　注
	记账凭证编号	名　称	张　数	金　额					

记账凭证封面

年　　月　　日至　　月　　日

<table>
<tr><td colspan="2">字第　　　　　号至　　　　　号</td></tr>
<tr><td>共计记账凭证　　　　　张</td><td>附原始凭证　　　　　张</td></tr>
<tr><td colspan="2">第　　　　　册共　　　　　册</td></tr>
</table>

会计主管　　　　　　　　　　复核

抽出凭证登记表

<table>
<tr><td rowspan="2">抽出日期</td><td colspan="4">抽出凭证张数、号数</td><td rowspan="2">抽出理由</td><td rowspan="2">抽出人盖章</td><td rowspan="2">会计主管盖章</td><td rowspan="2">归还日期</td><td rowspan="2">备　注</td></tr>
<tr><td>记账凭证编号</td><td>名　称</td><td>张　数</td><td>金　额</td></tr>
<tr><td></td><td></td><td></td><td></td><td></td><td></td><td></td><td></td><td></td><td></td></tr>
<tr><td></td><td></td><td></td><td></td><td></td><td></td><td></td><td></td><td></td><td></td></tr>
<tr><td></td><td></td><td></td><td></td><td></td><td></td><td></td><td></td><td></td><td></td></tr>
<tr><td></td><td></td><td></td><td></td><td></td><td></td><td></td><td></td><td></td><td></td></tr>
<tr><td></td><td></td><td></td><td></td><td></td><td></td><td></td><td></td><td></td><td></td></tr>
</table>

付款凭证

贷方科目： 年 月 日 ______字第______号

摘要	借方科目		金额											记账符号
	总账科目	明细科目	亿	千	百	十	万	千	百	十	元	角	分	
合计金额														

附原始凭证 张

会计主管： 记账： 稽核： 出纳： 制单：

付款凭证

贷方科目： 年 月 日 ______字第______号

摘要	借方科目		金额											记账符号
	总账科目	明细科目	亿	千	百	十	万	千	百	十	元	角	分	
合计金额														

附原始凭证 张

会计主管： 记账： 稽核： 出纳： 制单：

付款凭证

贷方科目：　　　　　　　　年　　月　　日　　　　　　　　______字第______号

摘　　要	借方科目		金　　额											记账符号
	总账科目	明细科目	亿	千	百	十	万	千	百	十	元	角	分	
合　计　金　额														

附原始凭证　　张

会计主管：　　　　记账：　　　　稽核：　　　　出纳：　　　　制单：

付款凭证

贷方科目：　　　　　　　　年　　月　　日　　　　　　　　______字第______号

摘　　要	借方科目		金　　额											记账符号
	总账科目	明细科目	亿	千	百	十	万	千	百	十	元	角	分	
合　计　金　额														

附原始凭证　　张

会计主管：　　　　记账：　　　　稽核：　　　　出纳：　　　　制单：

付款凭证

贷方科目：　　　　年　月　日　　　　______字第______号

摘要	借方科目		金额											记账符号
	总账科目	明细科目	亿	千	百	十	万	千	百	十	元	角	分	
合计金额														

附原始凭证　张

会计主管：　　记账：　　稽核：　　出纳：　　制单：

付款凭证

贷方科目：　　　　年　月　日　　　　______字第______号

摘要	借方科目		金额											记账符号
	总账科目	明细科目	亿	千	百	十	万	千	百	十	元	角	分	
合计金额														

附原始凭证　张

会计主管：　　记账：　　稽核：　　出纳：　　制单：

付款凭证

贷方科目：　　　　　　　　年　　月　　日　　　　　　______字第______号

摘　　要	借方科目		金　　额											记账符号
	总账科目	明细科目	亿	千	百	十	万	千	百	十	元	角	分	
合　计　金　额														

附原始凭证　　张

会计主管：　　　　记账：　　　　稽核：　　　　出纳：　　　　制单：

付款凭证

贷方科目：　　　　　　　　年　　月　　日　　　　　　______字第______号

摘　　要	借方科目		金　　额											记账符号
	总账科目	明细科目	亿	千	百	十	万	千	百	十	元	角	分	
合　计　金　额														

附原始凭证　　张

会计主管：　　　　记账：　　　　稽核：　　　　出纳：　　　　制单：

付款凭证

贷方科目：　　　　　　　　年　月　日　　　　　　　　＿＿＿字第＿＿＿号

摘要	借方科目		金额											记账符号
	总账科目	明细科目	亿	千	百	十	万	千	百	十	元	角	分	
合计金额														

附原始凭证　张

会计主管：　　　记账：　　　稽核：　　　出纳：　　　制单：

付款凭证

贷方科目：　　　　　　　　年　月　日　　　　　　　　＿＿＿字第＿＿＿号

摘要	借方科目		金额											记账符号
	总账科目	明细科目	亿	千	百	十	万	千	百	十	元	角	分	
合计金额														

附原始凭证　张

会计主管：　　　记账：　　　稽核：　　　出纳：　　　制单：

付款凭证

贷方科目：　　　　　　　　　　年　月　日　　　　　　　　　　______字第______号

摘　要	借方科目		金　额											记账符号
	总账科目	明细科目	亿	千	百	十	万	千	百	十	元	角	分	
合 计 金 额														

附原始凭证　　张

会计主管：　　　　记账：　　　　稽核：　　　　出纳：　　　　制单：

付款凭证

贷方科目：　　　　　　　　　　年　月　日　　　　　　　　　　______字第______号

摘　要	借方科目		金　额											记账符号
	总账科目	明细科目	亿	千	百	十	万	千	百	十	元	角	分	
合 计 金 额														

附原始凭证　　张

会计主管：　　　　记账：　　　　稽核：　　　　出纳：　　　　制单：

付款凭证

贷方科目： 年 月 日 ______字第______号

摘 要	借方科目		金 额											记账符号
	总账科目	明细科目	亿	千	百	十	万	千	百	十	元	角	分	
合 计 金 额														

附原始凭证 张

会计主管： 记账： 稽核： 出纳： 制单：

付款凭证

贷方科目： 年 月 日 ______字第______号

摘 要	借方科目		金 额											记账符号
	总账科目	明细科目	亿	千	百	十	万	千	百	十	元	角	分	
合 计 金 额														

附原始凭证 张

会计主管： 记账： 稽核： 出纳： 制单：

付款凭证

贷方科目：　　　　　　　　　　年　月　日　　　　　　　　　　____字第____号

摘要	借方科目		金额											记账符号
	总账科目	明细科目	亿	千	百	十	万	千	百	十	元	角	分	
合计金额														

附原始凭证　张

会计主管：　　　记账：　　　稽核：　　　出纳：　　　制单：

付款凭证

贷方科目：　　　　　　　　　　年　月　日　　　　　　　　　　____字第____号

摘要	借方科目		金额											记账符号
	总账科目	明细科目	亿	千	百	十	万	千	百	十	元	角	分	
合计金额														

附原始凭证　张

会计主管：　　　记账：　　　稽核：　　　出纳：　　　制单：

付款凭证

贷方科目：　　　　　　　　　年　　月　　日　　　　　　　　______字第______号

摘　　要	借方科目		金　　额											记账符号
	总账科目	明细科目	亿	千	百	十	万	千	百	十	元	角	分	
合　计　金　额														

附原始凭证　　张

会计主管：　　　　记账：　　　　稽核：　　　　出纳：　　　　制单：

付款凭证

贷方科目：　　　　　　　　　年　　月　　口　　　　　　　　______字第______号

摘　　要	借方科目		金　　额											记账符号
	总账科目	明细科目	亿	千	百	十	万	千	百	十	元	角	分	
合　计　金　额														

附原始凭证　　张

会计主管：　　　　记账：　　　　稽核：　　　　出纳：　　　　制单：

付款凭证

贷方科目：　　　　　　　　　　年　月　日　　　　　　　　____字第____号

<table>
<tr><td rowspan="2">摘　要</td><td colspan="2">借方科目</td><td colspan="11">金　额</td><td rowspan="2">记账符号</td></tr>
<tr><td>总账科目</td><td>明细科目</td><td>亿</td><td>千</td><td>百</td><td>十</td><td>万</td><td>千</td><td>百</td><td>十</td><td>元</td><td>角</td><td>分</td></tr>
<tr><td></td><td></td><td></td><td></td><td></td><td></td><td></td><td></td><td></td><td></td><td></td><td></td><td></td><td></td><td></td></tr>
<tr><td></td><td></td><td></td><td></td><td></td><td></td><td></td><td></td><td></td><td></td><td></td><td></td><td></td><td></td><td></td></tr>
<tr><td></td><td></td><td></td><td></td><td></td><td></td><td></td><td></td><td></td><td></td><td></td><td></td><td></td><td></td><td></td></tr>
<tr><td></td><td></td><td></td><td></td><td></td><td></td><td></td><td></td><td></td><td></td><td></td><td></td><td></td><td></td><td></td></tr>
<tr><td></td><td></td><td></td><td></td><td></td><td></td><td></td><td></td><td></td><td></td><td></td><td></td><td></td><td></td><td></td></tr>
<tr><td></td><td></td><td></td><td></td><td></td><td></td><td></td><td></td><td></td><td></td><td></td><td></td><td></td><td></td><td></td></tr>
<tr><td colspan="3">合　计　金　额</td><td></td><td></td><td></td><td></td><td></td><td></td><td></td><td></td><td></td><td></td><td></td><td></td></tr>
</table>

附原始凭证　张

会计主管：　　　　记账：　　　　稽核：　　　　出纳：　　　　制单：

付款凭证

贷方科目：　　　　　　　　　　年　月　日　　　　　　　　____字第____号

<table>
<tr><td rowspan="2">摘　要</td><td colspan="2">借方科目</td><td colspan="11">金　额</td><td rowspan="2">记账符号</td></tr>
<tr><td>总账科目</td><td>明细科目</td><td>亿</td><td>千</td><td>百</td><td>十</td><td>万</td><td>千</td><td>百</td><td>十</td><td>元</td><td>角</td><td>分</td></tr>
<tr><td></td><td></td><td></td><td></td><td></td><td></td><td></td><td></td><td></td><td></td><td></td><td></td><td></td><td></td><td></td></tr>
<tr><td></td><td></td><td></td><td></td><td></td><td></td><td></td><td></td><td></td><td></td><td></td><td></td><td></td><td></td><td></td></tr>
<tr><td></td><td></td><td></td><td></td><td></td><td></td><td></td><td></td><td></td><td></td><td></td><td></td><td></td><td></td><td></td></tr>
<tr><td></td><td></td><td></td><td></td><td></td><td></td><td></td><td></td><td></td><td></td><td></td><td></td><td></td><td></td><td></td></tr>
<tr><td></td><td></td><td></td><td></td><td></td><td></td><td></td><td></td><td></td><td></td><td></td><td></td><td></td><td></td><td></td></tr>
<tr><td></td><td></td><td></td><td></td><td></td><td></td><td></td><td></td><td></td><td></td><td></td><td></td><td></td><td></td><td></td></tr>
<tr><td colspan="3">合　计　金　额</td><td></td><td></td><td></td><td></td><td></td><td></td><td></td><td></td><td></td><td></td><td></td><td></td></tr>
</table>

附原始凭证　张

会计主管：　　　　记账：　　　　稽核：　　　　出纳：　　　　制单：

付款凭证

贷方科目：　　　　年　月　日　　　　＿＿字第＿＿号

摘　要	借方科目		金　额											记账符号
	总账科目	明细科目	亿	千	百	十	万	千	百	十	元	角	分	
合　计　金　额														

附原始凭证　张

会计主管：　　记账：　　稽核：　　出纳：　　制单：

付款凭证

贷方科目：　　　　年　月　日　　　　＿＿字第＿＿号

摘　要	借方科目		金　额											记账符号
	总账科目	明细科目	亿	千	百	十	万	千	百	十	元	角	分	
合　计　金　额														

附原始凭证　张

会计主管：　　记账：　　稽核：　　出纳：　　制单：

付款凭证

贷方科目：　　　　　　　　年　　月　　日　　　　　　　　______字第______号

摘　　要	借方科目		金　　额											记账符号
	总账科目	明细科目	亿	千	百	十	万	千	百	十	元	角	分	
合　计　金　额														

附原始凭证　　张

会计主管：　　　　记账：　　　　稽核：　　　　出纳：　　　　制单：

付款凭证

贷方科目：　　　　　　　　年　　月　　日　　　　　　　　______字第______号

摘　　要	借方科目		金　　额											记账符号
	总账科目	明细科目	亿	千	百	十	万	千	百	十	元	角	分	
合　计　金　额														

附原始凭证　　张

会计主管：　　　　记账：　　　　稽核：　　　　出纳：　　　　制单：

付款凭证

贷方科目：　　　　　　　　　　年　　月　　日　　　　　　　　　　＿＿＿字第＿＿＿号

摘　要	借方科目		金　额											记账符号
	总账科目	明细科目	亿	千	百	十	万	千	百	十	元	角	分	
合　计　金　额														

附原始凭证　　张

会计主管：　　　　记账：　　　　稽核：　　　　出纳：　　　　制单：

付款凭证

贷方科目：　　　　　　　　　　年　　月　　日　　　　　　　　　　＿＿＿字第＿＿＿号

摘　要	借方科目		金　额											记账符号
	总账科目	明细科目	亿	千	百	十	万	千	百	十	元	角	分	
合　计　金　额														

附原始凭证　　张

会计主管：　　　　记账：　　　　稽核：　　　　出纳：　　　　制单：

付款凭证

贷方科目： 年 月 日 ______字第______号

摘要	借方科目		金额											记账符号
	总账科目	明细科目	亿	千	百	十	万	千	百	十	元	角	分	
合计金额														

附原始凭证 张

会计主管： 记账： 稽核： 出纳： 制单：

付款凭证

贷方科目： 年 月 日 ______字第______号

摘要	借方科目		金额											记账符号
	总账科目	明细科目	亿	千	百	十	万	千	百	十	元	角	分	
合计金额														

附原始凭证 张

会计主管： 记账： 稽核： 出纳： 制单：

付款凭证

贷方科目：　　　　　　　　年　　月　　日　　　　　　　　______字第______号

摘　　要	借方科目		金　　额											记账符号
	总账科目	明细科目	亿	千	百	十	万	千	百	十	元	角	分	
合　计　金　额														

附原始凭证　　张

会计主管：　　　　记账：　　　　稽核：　　　　出纳：　　　　制单：

付款凭证

贷方科目：　　　　　　　　年　　月　　日　　　　　　　　______字第______号

摘　　要	借方科目		金　　额											记账符号
	总账科目	明细科目	亿	千	百	十	万	千	百	十	元	角	分	
合　计　金　额														

附原始凭证　　张

会计主管：　　　　记账：　　　　稽核：　　　　出纳：　　　　制单：

付款凭证

贷方科目：　　　　　　　　　年　　月　　日　　　　　　　　______字第______号

摘要	借方科目		金额											记账符号
	总账科目	明细科目	亿	千	百	十	万	千	百	十	元	角	分	
合计金额														

附原始凭证　　张

会计主管：　　　　记账：　　　　稽核：　　　　出纳：　　　　制单：

付款凭证

贷方科目：　　　　　　　　　年　　月　　日　　　　　　　　______字第______号

摘要	借方科目		金额											记账符号
	总账科目	明细科目	亿	千	百	十	万	千	百	十	元	角	分	
合计金额														

附原始凭证　　张

会计主管：　　　　记账：　　　　稽核：　　　　出纳：　　　　制单：

付款凭证

贷方科目：　　　　　　　　年　　月　　日　　　　　　　　______字第______号

摘　要	借方科目		金　额											记账符号
	总账科目	明细科目	亿	千	百	十	万	千	百	十	元	角	分	
合　计　金　额														

附原始凭证　　张

会计主管：　　　　记账：　　　　稽核：　　　　出纳：　　　　制单：

付款凭证

贷方科目：　　　　　　　　年　　月　　日　　　　　　　　______字第______号

摘　要	借方科目		金　额											记账符号
	总账科目	明细科目	亿	千	百	十	万	千	百	十	元	角	分	
合　计　金　额														

附原始凭证　　张

会计主管：　　　　记账：　　　　稽核：　　　　出纳：　　　　制单：

付款凭证

贷方科目：　　　　　　　　　　年　　月　　日　　　　　　　　　＿＿＿字第＿＿＿号

摘　要	借方科目		金　额											记账符号
	总账科目	明细科目	亿	千	百	十	万	千	百	十	元	角	分	
合 计 金 额														

附原始凭证　　张

会计主管：　　　　记账：　　　　稽核：　　　　出纳：　　　　制单：

付款凭证

贷方科目：　　　　　　　　　　年　　月　　日　　　　　　　　　＿＿＿字第＿＿＿号

摘　要	借方科目		金　额											记账符号
	总账科目	明细科目	亿	千	百	十	万	千	百	十	元	角	分	
合 计 金 额														

附原始凭证　　张

会计主管：　　　　记账：　　　　稽核：　　　　出纳：　　　　制单：

付款凭证

贷方科目：　　　　　　年　月　日　　　　　　＿＿字第＿＿号

<table>
<tr><td rowspan="2">摘　要</td><td colspan="2">借方科目</td><td colspan="11">金　额</td><td rowspan="2">记账符号</td></tr>
<tr><td>总账科目</td><td>明细科目</td><td>亿</td><td>千</td><td>百</td><td>十</td><td>万</td><td>千</td><td>百</td><td>十</td><td>元</td><td>角</td><td>分</td></tr>
<tr><td></td><td></td><td></td><td></td><td></td><td></td><td></td><td></td><td></td><td></td><td></td><td></td><td></td><td></td><td></td></tr>
<tr><td></td><td></td><td></td><td></td><td></td><td></td><td></td><td></td><td></td><td></td><td></td><td></td><td></td><td></td><td></td></tr>
<tr><td></td><td></td><td></td><td></td><td></td><td></td><td></td><td></td><td></td><td></td><td></td><td></td><td></td><td></td><td></td></tr>
<tr><td></td><td></td><td></td><td></td><td></td><td></td><td></td><td></td><td></td><td></td><td></td><td></td><td></td><td></td><td></td></tr>
<tr><td></td><td></td><td></td><td></td><td></td><td></td><td></td><td></td><td></td><td></td><td></td><td></td><td></td><td></td><td></td></tr>
<tr><td></td><td></td><td></td><td></td><td></td><td></td><td></td><td></td><td></td><td></td><td></td><td></td><td></td><td></td><td></td></tr>
<tr><td colspan="3">合 计 金 额</td><td></td><td></td><td></td><td></td><td></td><td></td><td></td><td></td><td></td><td></td><td></td><td></td></tr>
</table>

附原始凭证　　张

会计主管：　　记账：　　稽核：　　出纳：　　制单：

付款凭证

贷方科目：　　　　　　年　月　日　　　　　　＿＿字第＿＿号

<table>
<tr><td rowspan="2">摘　要</td><td colspan="2">借方科目</td><td colspan="11">金　额</td><td rowspan="2">记账符号</td></tr>
<tr><td>总账科目</td><td>明细科目</td><td>亿</td><td>千</td><td>百</td><td>十</td><td>万</td><td>千</td><td>百</td><td>十</td><td>元</td><td>角</td><td>分</td></tr>
<tr><td></td><td></td><td></td><td></td><td></td><td></td><td></td><td></td><td></td><td></td><td></td><td></td><td></td><td></td><td></td></tr>
<tr><td></td><td></td><td></td><td></td><td></td><td></td><td></td><td></td><td></td><td></td><td></td><td></td><td></td><td></td><td></td></tr>
<tr><td></td><td></td><td></td><td></td><td></td><td></td><td></td><td></td><td></td><td></td><td></td><td></td><td></td><td></td><td></td></tr>
<tr><td></td><td></td><td></td><td></td><td></td><td></td><td></td><td></td><td></td><td></td><td></td><td></td><td></td><td></td><td></td></tr>
<tr><td></td><td></td><td></td><td></td><td></td><td></td><td></td><td></td><td></td><td></td><td></td><td></td><td></td><td></td><td></td></tr>
<tr><td></td><td></td><td></td><td></td><td></td><td></td><td></td><td></td><td></td><td></td><td></td><td></td><td></td><td></td><td></td></tr>
<tr><td colspan="3">合 计 金 额</td><td></td><td></td><td></td><td></td><td></td><td></td><td></td><td></td><td></td><td></td><td></td><td></td></tr>
</table>

附原始凭证　　张

会计主管：　　记账：　　稽核：　　出纳：　　制单：

收款凭证

借方科目：　　　　　　　　　　　　年　　月　　日　　　　　　　　　　　＿＿＿字第＿＿＿号

摘　　要	贷方科目		金　　额											记账符号
	总账科目	明细科目	亿	千	百	十	万	千	百	十	元	角	分	
合　计　金　额														

附原始凭证　　张

会计主管：　　　　记账：　　　　稽核：　　　　出纳：　　　　制单：

收款凭证

借方科目：　　　　　　　　　　　　年　　月　　日　　　　　　　　　　　＿＿＿字第＿＿＿号

摘　　要	贷方科目		金　　额											记账符号
	总账科目	明细科目	亿	千	百	十	万	千	百	十	元	角	分	
合　计　金　额														

附原始凭证　　张

会计主管：　　　　记账：　　　　稽核：　　　　出纳：　　　　制单：

收款凭证

借方科目：　　　　年　月　日　　　　＿＿字第＿＿号

摘要	贷方科目		金额											记账符号
	总账科目	明细科目	亿	千	百	十	万	千	百	十	元	角	分	
合计金额														

附原始凭证　张

会计主管：　记账：　稽核：　出纳：　制单：

收款凭证

借方科目：　　　　年　月　日　　　　＿＿字第＿＿号

摘要	贷方科目		金额											记账符号
	总账科目	明细科目	亿	千	百	十	万	千	百	十	元	角	分	
合计金额														

附原始凭证　张

会计主管：　记账：　稽核：　出纳：　制单：

收款凭证

借方科目：　　　　年　月　日　　　　______字第______号

摘要	贷方科目		金额											记账符号
	总账科目	明细科目	亿	千	百	十	万	千	百	十	元	角	分	
合计金额														

附原始凭证　张

会计主管：　　记账：　　稽核：　　出纳：　　制单：

收款凭证

借方科目：　　　　年　月　日　　　　______字第______号

摘要	贷方科目		金额											记账符号
	总账科目	明细科目	亿	千	百	十	万	千	百	十	元	角	分	
合计金额														

附原始凭证　张

会计主管：　　记账：　　稽核：　　出纳：　　制单：

收款凭证

借方科目：　　　　　　　　　　年　月　日　　　　　　　　　　____字第____号

摘要	贷方科目		金额											记账符号
	总账科目	明细科目	亿	千	百	十	万	千	百	十	元	角	分	
合计金额														

附原始凭证　张

会计主管：　　记账：　　稽核：　　出纳：　　制单：

收款凭证

借方科目：　　　　　　　　　　年　月　日　　　　　　　　　　____字第____号

摘要	贷方科目		金额											记账符号
	总账科目	明细科目	亿	千	百	十	万	千	百	十	元	角	分	
合计金额														

附原始凭证　张

会计主管：　　记账：　　稽核：　　出纳：　　制单：

收款凭证

借方科目：　　　　　　　　　　年　　月　　日　　　　　　　　______字第______号

摘　要	贷方科目		金　额											记账符号
	总账科目	明细科目	亿	千	百	十	万	千	百	十	元	角	分	
合　计　金　额														

附原始凭证　　张

会计主管：　　　　记账：　　　　稽核：　　　　出纳：　　　　制单：

收款凭证

借方科目：　　　　　　　　　　年　　月　　日　　　　　　　　______字第______号

摘　要	贷方科目		金　额											记账符号
	总账科目	明细科目	亿	千	百	十	万	千	百	十	元	角	分	
合　计　金　额														

附原始凭证　　张

会计主管：　　　　记账：　　　　稽核：　　　　出纳：　　　　制单：

收款凭证

借方科目：　　　　年　月　日　　　　______字第______号

<table>
<tr><td rowspan="2">摘　要</td><td colspan="2">贷方科目</td><td colspan="11">金　额</td><td rowspan="2">记账符号</td></tr>
<tr><td>总账科目</td><td>明细科目</td><td>亿</td><td>千</td><td>百</td><td>十</td><td>万</td><td>千</td><td>百</td><td>十</td><td>元</td><td>角</td><td>分</td></tr>
<tr><td></td><td></td><td></td><td></td><td></td><td></td><td></td><td></td><td></td><td></td><td></td><td></td><td></td><td></td><td></td></tr>
<tr><td></td><td></td><td></td><td></td><td></td><td></td><td></td><td></td><td></td><td></td><td></td><td></td><td></td><td></td><td></td></tr>
<tr><td></td><td></td><td></td><td></td><td></td><td></td><td></td><td></td><td></td><td></td><td></td><td></td><td></td><td></td><td></td></tr>
<tr><td></td><td></td><td></td><td></td><td></td><td></td><td></td><td></td><td></td><td></td><td></td><td></td><td></td><td></td><td></td></tr>
<tr><td></td><td></td><td></td><td></td><td></td><td></td><td></td><td></td><td></td><td></td><td></td><td></td><td></td><td></td><td></td></tr>
<tr><td></td><td></td><td></td><td></td><td></td><td></td><td></td><td></td><td></td><td></td><td></td><td></td><td></td><td></td><td></td></tr>
<tr><td colspan="3">合　计　金　额</td><td></td><td></td><td></td><td></td><td></td><td></td><td></td><td></td><td></td><td></td><td></td><td></td></tr>
</table>

附原始凭证　张

会计主管：　　记账：　　稽核：　　出纳：　　制单：

收款凭证

借方科目：　　　　年　月　日　　　　______字第______号

<table>
<tr><td rowspan="2">摘　要</td><td colspan="2">贷方科目</td><td colspan="11">金　额</td><td rowspan="2">记账符号</td></tr>
<tr><td>总账科目</td><td>明细科目</td><td>亿</td><td>千</td><td>百</td><td>十</td><td>万</td><td>千</td><td>百</td><td>十</td><td>元</td><td>角</td><td>分</td></tr>
<tr><td></td><td></td><td></td><td></td><td></td><td></td><td></td><td></td><td></td><td></td><td></td><td></td><td></td><td></td><td></td></tr>
<tr><td></td><td></td><td></td><td></td><td></td><td></td><td></td><td></td><td></td><td></td><td></td><td></td><td></td><td></td><td></td></tr>
<tr><td></td><td></td><td></td><td></td><td></td><td></td><td></td><td></td><td></td><td></td><td></td><td></td><td></td><td></td><td></td></tr>
<tr><td></td><td></td><td></td><td></td><td></td><td></td><td></td><td></td><td></td><td></td><td></td><td></td><td></td><td></td><td></td></tr>
<tr><td></td><td></td><td></td><td></td><td></td><td></td><td></td><td></td><td></td><td></td><td></td><td></td><td></td><td></td><td></td></tr>
<tr><td></td><td></td><td></td><td></td><td></td><td></td><td></td><td></td><td></td><td></td><td></td><td></td><td></td><td></td><td></td></tr>
<tr><td colspan="3">合　计　金　额</td><td></td><td></td><td></td><td></td><td></td><td></td><td></td><td></td><td></td><td></td><td></td><td></td></tr>
</table>

附原始凭证　张

会计主管：　　记账：　　稽核：　　出纳：　　制单：

收款凭证

借方科目：　　　　年　月　日　　　　______字第______号

摘　要	贷方科目		金　额											记账符号
	总账科目	明细科目	亿	千	百	十	万	千	百	十	元	角	分	
合 计 金 额														

附原始凭证　张

会计主管：　　记账：　　稽核：　　出纳：　　制单：

收款凭证

借方科目：　　　　年　月　日　　　　______字第______号

摘　要	贷方科目		金　额											记账符号
	总账科目	明细科目	亿	千	百	十	万	千	百	十	元	角	分	
合 计 金 额														

附原始凭证　张

会计主管：　　记账：　　稽核：　　出纳：　　制单：

收款凭证

借方科目：　　　　　　　　　　　　年　　月　　日　　　　　　　　　　______字第______号

摘要	贷方科目		金额											记账符号
	总账科目	明细科目	亿	千	百	十	万	千	百	十	元	角	分	
合计金额														

附原始凭证　　张

会计主管：　　　　记账：　　　　稽核：　　　　出纳：　　　　制单：

收款凭证

借方科目：　　　　　　　　　　　　年　　月　　日　　　　　　　　　　______字第______号

摘要	贷方科目		金额											记账符号
	总账科目	明细科目	亿	千	百	十	万	千	百	十	元	角	分	
合计金额														

附原始凭证　　张

会计主管：　　　　记账：　　　　稽核：　　　　出纳：　　　　制单：

收款凭证

借方科目：　　　　　　　　年　月　日　　　　　＿＿字第＿＿号

摘　要	贷方科目		金　额											记账符号
	总账科目	明细科目	亿	千	百	十	万	千	百	十	元	角	分	
合　计　金　额														

附原始凭证　　张

会计主管：　　记账：　　稽核：　　出纳：　　制单：

收款凭证

借方科目：　　　　　　　　年　月　日　　　　　＿＿字第＿＿号

摘　要	贷方科目		金　额											记账符号
	总账科目	明细科目	亿	千	百	十	万	千	百	十	元	角	分	
合　计　金　额														

附原始凭证　　张

会计主管：　　记账：　　稽核：　　出纳：　　制单：

收款凭证

借方科目：　　　　　　　　年　　月　　日　　　　　　　　______字第______号

摘要	贷方科目		金额											记账符号
	总账科目	明细科目	亿	千	百	十	万	千	百	十	元	角	分	
合计金额														

附原始凭证　　张

会计主管：　　　　记账：　　　　稽核：　　　　出纳：　　　　制单：

收款凭证

借方科目：　　　　　　　　年　　月　　日　　　　　　　　______字第______号

摘要	贷方科目		金额											记账符号
	总账科目	明细科目	亿	千	百	十	万	千	百	十	元	角	分	
合计金额														

附原始凭证　　张

会计主管：　　　　记账：　　　　稽核：　　　　出纳：　　　　制单：

转账凭证

年　月　日　　　　　　______字第______号

摘要	总账科目	明细科目	借方金额											贷方金额											记账符号
			亿	千	百	十	万	千	百	十	元	角	分	亿	千	百	十	万	千	百	十	元	角	分	
合计																									

附原始凭证　张

会计主管：　　记账：　　稽核：　　制单：

转账凭证

年　月　日　　　　　　______字第　__号

摘要	总账科目	明细科目	借方金额											贷方金额											记账符号
			亿	千	百	十	万	千	百	十	元	角	分	亿	千	百	十	万	千	百	十	元	角	分	
合计																									

附原始凭证　张

会计主管：　　记账：　　稽核：　　制单：

转账凭证

年　　月　　日　　　　　　______字第______号

摘　要	总账科目	明细科目	借方金额											贷方金额											记账符号
			亿	千	百	十	万	千	百	十	元	角	分	亿	千	百	十	万	千	百	十	元	角	分	
合　计																									

附原始凭证　　张

会计主管：　　　　记账：　　　　稽核：　　　　制单：

转账凭证

年　　月　　日　　　　　　______字第______号

摘　要	总账科目	明细科目	借方金额											贷方金额											记账符号
			亿	千	百	十	万	千	百	十	元	角	分	亿	千	百	十	万	千	百	十	元	角	分	
合　计																									

附原始凭证　　张

会计主管：　　　　记账：　　　　稽核：　　　　制单：

转账凭证

年　　月　　日　　　　______字第______号

摘　　要	总账科目	明细科目	借方金额											贷方金额											记账符号
			亿	千	百	十	万	千	百	十	元	角	分	亿	千	百	十	万	千	百	十	元	角	分	
合　　计																									

附原始凭证　　张

会计主管：　　　　记账：　　　　稽核：　　　　制单：

转账凭证

年　　月　　日　　　　______字第______号

摘　　要	总账科目	明细科目	借方金额											贷方金额											记账符号
			亿	千	百	十	万	千	百	十	元	角	分	亿	千	百	十	万	千	百	十	元	角	分	
合　　计																									

附原始凭证　　张

会计主管：　　　　记账：　　　　稽核：　　　　制单：

转账凭证

年　　月　　日　　　　______字第______号

摘　要	总账科目	明细科目	借方金额											贷方金额											记账符号
			亿	千	百	十	万	千	百	十	元	角	分	亿	千	百	十	万	千	百	十	元	角	分	
合　计																									

附原始凭证　张

会计主管：　　　　记账：　　　　稽核：　　　　制单：

转账凭证

年　　月　　日　　　　______字第______号

摘　要	总账科目	明细科目	借方金额											贷方金额											记账符号
			亿	千	百	十	万	千	百	十	元	角	分	亿	千	百	十	万	千	百	十	元	角	分	
合　计																									

附原始凭证　张

会计主管：　　　　记账：　　　　稽核：　　　　制单：

转账凭证

年　月　日　　　　______字第______号

摘　要	总账科目	明细科目	借方金额											贷方金额											记账符号
			亿	千	百	十	万	千	百	十	元	角	分	亿	千	百	十	万	千	百	十	元	角	分	
合　计																									

附原始凭证　张

会计主管：　　　　记账：　　　　稽核：　　　　制单：

转账凭证

年　月　日　　　　______字第______号

摘　要	总账科目	明细科目	借方金额											贷方金额											记账符号
			亿	千	百	十	万	千	百	十	元	角	分	亿	千	百	十	万	千	百	十	元	角	分	
合　计																									

附原始凭证　张

会计主管：　　　　记账：　　　　稽核：　　　　制单：

转账凭证

年　　月　　日　　　　______字第______号

摘　　要	总账科目	明细科目	借方金额											贷方金额											记账符号
			亿	千	百	十	万	千	百	十	元	角	分	亿	千	百	十	万	千	百	十	元	角	分	
合　　计																									

附原始凭证　　张

会计主管：　　　　记账：　　　　稽核：　　　　制单：

转账凭证

年　　月　　日　　　　______字第______号

摘　　要	总账科目	明细科目	借方金额											贷方金额											记账符号
			亿	千	百	十	万	千	百	十	元	角	分	亿	千	百	十	万	千	百	十	元	角	分	
合　　计																									

附原始凭证　　张

会计主管：　　　　记账：　　　　稽核：　　　　制单：

转账凭证

年　　月　　日　　　　　　　　______字第______号

摘　　要	总账科目	明细科目	借方金额											贷方金额											记账符号
			亿	千	百	十	万	千	百	十	元	角	分	亿	千	百	十	万	千	百	十	元	角	分	
合　　计																									

附原始凭证　　张

会计主管：　　　　记账：　　　　稽核：　　　　制单：

转账凭证

年　　月　　日　　　　　　　　______字第______号

摘　　要	总账科目	明细科目	借方金额											贷方金额											记账符号
			亿	千	百	十	万	千	百	十	元	角	分	亿	千	百	十	万	千	百	十	元	角	分	
合　　计																									

附原始凭证　　张

会计主管：　　　　记账：　　　　稽核：　　　　制单：

转账凭证

年　　月　　日　　　　______字第______号

摘　要	总账科目	明细科目	借方金额											贷方金额											记账符号
			亿	千	百	十	万	千	百	十	元	角	分	亿	千	百	十	万	千	百	十	元	角	分	
合　计																									

附原始凭证　　张

会计主管：　　　　记账：　　　　稽核：　　　　制单：

转账凭证

年　　月　　日　　　　______字第______号

摘　要	总账科目	明细科目	借方金额											贷方金额											记账符号
			亿	千	百	十	万	千	百	十	元	角	分	亿	千	百	十	万	千	百	十	元	角	分	
合　计																									

附原始凭证　　张

会计主管：　　　　记账：　　　　稽核：　　　　制单：

转账凭证

年　月　日　　　　______字第______号

<table>
<tr><td rowspan="2">摘　要</td><td rowspan="2">总账科目</td><td rowspan="2">明细科目</td><td colspan="11">借方金额</td><td colspan="11">贷方金额</td><td rowspan="2">记账符号</td></tr>
<tr><td>亿</td><td>千</td><td>百</td><td>十</td><td>万</td><td>千</td><td>百</td><td>十</td><td>元</td><td>角</td><td>分</td><td>亿</td><td>千</td><td>百</td><td>十</td><td>万</td><td>千</td><td>百</td><td>十</td><td>元</td><td>角</td><td>分</td></tr>
<tr><td></td><td></td><td></td><td></td><td></td><td></td><td></td><td></td><td></td><td></td><td></td><td></td><td></td><td></td><td></td><td></td><td></td><td></td><td></td><td></td><td></td><td></td><td></td><td></td><td></td></tr>
<tr><td></td><td></td><td></td><td></td><td></td><td></td><td></td><td></td><td></td><td></td><td></td><td></td><td></td><td></td><td></td><td></td><td></td><td></td><td></td><td></td><td></td><td></td><td></td><td></td><td></td></tr>
<tr><td></td><td></td><td></td><td></td><td></td><td></td><td></td><td></td><td></td><td></td><td></td><td></td><td></td><td></td><td></td><td></td><td></td><td></td><td></td><td></td><td></td><td></td><td></td><td></td><td></td></tr>
<tr><td></td><td></td><td></td><td></td><td></td><td></td><td></td><td></td><td></td><td></td><td></td><td></td><td></td><td></td><td></td><td></td><td></td><td></td><td></td><td></td><td></td><td></td><td></td><td></td><td></td></tr>
<tr><td></td><td></td><td></td><td></td><td></td><td></td><td></td><td></td><td></td><td></td><td></td><td></td><td></td><td></td><td></td><td></td><td></td><td></td><td></td><td></td><td></td><td></td><td></td><td></td><td></td></tr>
<tr><td></td><td></td><td></td><td></td><td></td><td></td><td></td><td></td><td></td><td></td><td></td><td></td><td></td><td></td><td></td><td></td><td></td><td></td><td></td><td></td><td></td><td></td><td></td><td></td><td></td></tr>
<tr><td colspan="3">合　计</td><td></td><td></td><td></td><td></td><td></td><td></td><td></td><td></td><td></td><td></td><td></td><td></td><td></td><td></td><td></td><td></td><td></td><td></td><td></td><td></td><td></td><td></td></tr>
</table>

附原始凭证　张

会计主管：　　记账：　　稽核：　　制单：

转账凭证

年　月　日　　　　______字第______号

<table>
<tr><td rowspan="2">摘　要</td><td rowspan="2">总账科目</td><td rowspan="2">明细科目</td><td colspan="11">借方金额</td><td colspan="11">贷方金额</td><td rowspan="2">记账符号</td></tr>
<tr><td>亿</td><td>千</td><td>百</td><td>十</td><td>万</td><td>千</td><td>百</td><td>十</td><td>元</td><td>角</td><td>分</td><td>亿</td><td>千</td><td>百</td><td>十</td><td>万</td><td>千</td><td>百</td><td>十</td><td>元</td><td>角</td><td>分</td></tr>
<tr><td></td><td></td><td></td><td></td><td></td><td></td><td></td><td></td><td></td><td></td><td></td><td></td><td></td><td></td><td></td><td></td><td></td><td></td><td></td><td></td><td></td><td></td><td></td><td></td><td></td></tr>
<tr><td></td><td></td><td></td><td></td><td></td><td></td><td></td><td></td><td></td><td></td><td></td><td></td><td></td><td></td><td></td><td></td><td></td><td></td><td></td><td></td><td></td><td></td><td></td><td></td><td></td></tr>
<tr><td></td><td></td><td></td><td></td><td></td><td></td><td></td><td></td><td></td><td></td><td></td><td></td><td></td><td></td><td></td><td></td><td></td><td></td><td></td><td></td><td></td><td></td><td></td><td></td><td></td></tr>
<tr><td></td><td></td><td></td><td></td><td></td><td></td><td></td><td></td><td></td><td></td><td></td><td></td><td></td><td></td><td></td><td></td><td></td><td></td><td></td><td></td><td></td><td></td><td></td><td></td><td></td></tr>
<tr><td></td><td></td><td></td><td></td><td></td><td></td><td></td><td></td><td></td><td></td><td></td><td></td><td></td><td></td><td></td><td></td><td></td><td></td><td></td><td></td><td></td><td></td><td></td><td></td><td></td></tr>
<tr><td></td><td></td><td></td><td></td><td></td><td></td><td></td><td></td><td></td><td></td><td></td><td></td><td></td><td></td><td></td><td></td><td></td><td></td><td></td><td></td><td></td><td></td><td></td><td></td><td></td></tr>
<tr><td colspan="3">合　计</td><td></td><td></td><td></td><td></td><td></td><td></td><td></td><td></td><td></td><td></td><td></td><td></td><td></td><td></td><td></td><td></td><td></td><td></td><td></td><td></td><td></td><td></td></tr>
</table>

附原始凭证　张

会计主管：　　记账：　　稽核：　　制单：

转账凭证

年　　月　　日　　　　　　　　______字第______号

摘　　要	总账科目	明细科目	借方金额											贷方金额											记账符号
			亿	千	百	十	万	千	百	十	元	角	分	亿	千	百	十	万	千	百	十	元	角	分	
合　　计																									

附原始凭证　　张

会计主管：　　　　记账：　　　　稽核：　　　　制单：

转账凭证

年　　月　　日　　　　　　　　______字第______号

摘　　要	总账科目	明细科目	借方金额											贷方金额											记账符号
			亿	千	百	十	万	千	百	十	元	角	分	亿	千	百	十	万	千	百	十	元	角	分	
合　　计																									

附原始凭证　　张

会计主管：　　　　记账：　　　　稽核：　　　　制单：

转账凭证

年　　月　　日　　　　　　＿＿字第＿＿号

摘要	总账科目	明细科目	借方金额											贷方金额											记账符号
			亿	千	百	十	万	千	百	十	元	角	分	亿	千	百	十	万	千	百	十	元	角	分	
合计																									

附原始凭证　　张

会计主管：　　　　记账：　　　　稽核：　　　　制单：

转账凭证

年　　月　　日　　　　　　＿＿字第＿＿号

摘要	总账科目	明细科目	借方金额											贷方金额											记账符号
			亿	千	百	十	万	千	百	十	元	角	分	亿	千	百	十	万	千	百	十	元	角	分	
合计																									

附原始凭证　　张

会计主管：　　　　记账：　　　　稽核：　　　　制单：

转账凭证

年　　月　　日　　　　　　　　＿＿字第＿＿号

摘　　要	总账科目	明细科目	借方金额											贷方金额											记账符号
			亿	千	百	十	万	千	百	十	元	角	分	亿	千	百	十	万	千	百	十	元	角	分	
合　　计																									

附原始凭证　　张

会计主管：　　　　记账：　　　　稽核：　　　　制单：

转账凭证

年　　月　　日　　　　　　　　＿＿字第＿＿号

摘　　要	总账科目	明细科目	借方金额											贷方金额											记账符号
			亿	千	百	十	万	千	百	十	元	角	分	亿	千	百	十	万	千	百	十	元	角	分	
合　　计																									

附原始凭证　　张

会计主管：　　　　记账：　　　　稽核：　　　　制单：

转账凭证

年　月　日　　　　______字第______号

摘要	总账科目	明细科目	借方金额											贷方金额											记账符号
			亿	千	百	十	万	千	百	十	元	角	分	亿	千	百	十	万	千	百	十	元	角	分	
合计																									

附原始凭证　张

会计主管：　　记账：　　稽核：　　制单：

转账凭证

年　月　日　　　　______字第______号

摘要	总账科目	明细科目	借方金额											贷方金额											记账符号
			亿	千	百	十	万	千	百	十	元	角	分	亿	千	百	十	万	千	百	十	元	角	分	
合计																									

附原始凭证　张

会计主管：　　记账：　　稽核：　　制单：

转账凭证

年　　月　　日　　　　　　　　______字第______号

摘要	总账科目	明细科目	借方金额											贷方金额											记账符号
			亿	千	百	十	万	千	百	十	元	角	分	亿	千	百	十	万	千	百	十	元	角	分	
合计																									

附原始凭证　　张

会计主管：　　　　记账：　　　　稽核：　　　　制单：

转账凭证

年　　月　　日　　　　　　　　______字第______号

摘要	总账科目	明细科目	借方金额											贷方金额											记账符号
			亿	千	百	十	万	千	百	十	元	角	分	亿	千	百	十	万	千	百	十	元	角	分	
合计																									

附原始凭证　　张

会计主管：　　　　记账：　　　　稽核：　　　　制单：

转账凭证

年　月　日　　　　______字第______号

摘要	总账科目	明细科目	借方金额											贷方金额											记账符号
			亿	千	百	十	万	千	百	十	元	角	分	亿	千	百	十	万	千	百	十	元	角	分	
合计																									

附原始凭证　张

会计主管：　　记账：　　稽核：　　制单：

转账凭证

年　月　日　　　　______字第______号

摘要	总账科目	明细科目	借方金额											贷方金额											记账符号
			亿	千	百	十	万	千	百	十	元	角	分	亿	千	百	十	万	千	百	十	元	角	分	
合计																									

附原始凭证　张

会计主管：　　记账：　　稽核：　　制单：

转账凭证

年　　月　　日　　　　　　　　　　＿＿字第＿＿号

摘要	总账科目	明细科目	借方金额											贷方金额											记账符号
			亿	千	百	十	万	千	百	十	元	角	分	亿	千	百	十	万	千	百	十	元	角	分	
合计																									

附原始凭证　　张

会计主管：　　　　记账：　　　　稽核：　　　　制单：

转账凭证

年　　月　　日　　　　　　　　　　＿＿字第＿＿号

摘要	总账科目	明细科目	借方金额											贷方金额											记账符号
			亿	千	百	十	万	千	百	十	元	角	分	亿	千	百	十	万	千	百	十	元	角	分	
合计																									

附原始凭证　　张

会计主管：　　　　记账：　　　　稽核：　　　　制单：

转账凭证

年　　月　　日　　　　______字第______号

摘　　要	总账科目	明细科目	借方金额											贷方金额											记账符号
			亿	千	百	十	万	千	百	十	元	角	分	亿	千	百	十	万	千	百	十	元	角	分	
合　　计																									

附原始凭证　　张

会计主管：　　　　记账：　　　　稽核：　　　　制单：

转账凭证

年　　月　　日　　　　______字第______号

摘　　要	总账科目	明细科目	借方金额											贷方金额											记账符号
			亿	千	百	十	万	千	百	十	元	角	分	亿	千	百	十	万	千	百	十	元	角	分	
合　　计																									

附原始凭证　　张

会计主管：　　　　记账：　　　　稽核：　　　　制单：

转账凭证

年　　月　　日　　　　______字第______号

摘要	总账科目	明细科目	借方金额											贷方金额											记账符号
			亿	千	百	十	万	千	百	十	元	角	分	亿	千	百	十	万	千	百	十	元	角	分	
合计																									

附原始凭证　　张

会计主管：　　　　记账：　　　　稽核：　　　　制单：

转账凭证

年　　月　　日　　　　______字第______号

摘要	总账科目	明细科目	借方金额											贷方金额											记账符号
			亿	千	百	十	万	千	百	十	元	角	分	亿	千	百	十	万	千	百	十	元	角	分	
合计																									

附原始凭证　　张

会计主管：　　　　记账：　　　　稽核：　　　　制单：

转账凭证

年　月　日　　　　______字第______号

摘　要	总账科目	明细科目	借方金额											贷方金额											记账符号
			亿	千	百	十	万	千	百	十	元	角	分	亿	千	百	十	万	千	百	十	元	角	分	
合　计																									

附原始凭证　张

会计主管：　　记账：　　稽核：　　制单：

转账凭证

年　月　日　　　　______字第______号

摘　要	总账科目	明细科目	借方金额											贷方金额											记账符号
			亿	千	百	十	万	千	百	十	元	角	分	亿	千	百	十	万	千	百	十	元	角	分	
合　计																									

附原始凭证　张

会计主管：　　记账：　　稽核：　　制单：

转账凭证

年　月　日　　　　______字第______号

摘要	总账科目	明细科目	借方金额											贷方金额											记账符号
			亿	千	百	十	万	千	百	十	元	角	分	亿	千	百	十	万	千	百	十	元	角	分	
合计																									

附原始凭证　张

会计主管：　　　记账：　　　稽核：　　　制单：

转账凭证

年　月　日　　　　______字第______号

摘要	总账科目	明细科目	借方金额											贷方金额											记账符号
			亿	千	百	十	万	千	百	十	元	角	分	亿	千	百	十	万	千	百	十	元	角	分	
合计																									

附原始凭证　张

会计主管：　　　记账：　　　稽核：　　　制单：

转账凭证

年　月　日　　　　______字第______号

摘要	总账科目	明细科目	借方金额											贷方金额											记账符号
			亿	千	百	十	万	千	百	十	元	角	分	亿	千	百	十	万	千	百	十	元	角	分	
合计																									

附原始凭证　张

会计主管：　　记账：　　稽核：　　制单：

转账凭证

年　月　日　　　　______字第______号

摘要	总账科目	明细科目	借方金额											贷方金额											记账符号
			亿	千	百	十	万	千	百	十	元	角	分	亿	千	百	十	万	千	百	十	元	角	分	
合计																									

附原始凭证　张

会计主管：　　记账：　　稽核：　　制单：

转账凭证

年　　月　　日　　　　　　　　______字第______号

摘　　要	总账科目	明细科目	借方金额											贷方金额											记账符号
			亿	千	百	十	万	千	百	十	元	角	分	亿	千	百	十	万	千	百	十	元	角	分	
合　　计																									

附原始凭证　　张

会计主管：　　　　记账：　　　　稽核：　　　　制单：

转账凭证

年　　月　　日　　　　　　　　______字第______号

摘　　要	总账科目	明细科目	借方金额											贷方金额											记账符号
			亿	千	百	十	万	千	百	十	元	角	分	亿	千	百	十	万	千	百	十	元	角	分	
合　　计																									

附原始凭证　　张

会计主管：　　　　记账：　　　　稽核：　　　　制单：

转账凭证

年　月　日　　　　______字第______号

摘要	总账科目	明细科目	借方金额											贷方金额											记账符号
			亿	千	百	十	万	千	百	十	元	角	分	亿	千	百	十	万	千	百	十	元	角	分	
合计																									

附原始凭证　张

会计主管：　　记账：　　稽核：　　制单：

转账凭证

年　月　日　　　　______字第______号

摘要	总账科目	明细科目	借方金额											贷方金额											记账符号
			亿	千	百	十	万	千	百	十	元	角	分	亿	千	百	十	万	千	百	十	元	角	分	
合计																									

附原始凭证　张

会计主管：　　记账：　　稽核：　　制单：

转账凭证

年　　月　　日　　　　　　　　______字第______号

摘　　要	总账科目	明细科目	借方金额											贷方金额											记账符号
			亿	千	百	十	万	千	百	十	元	角	分	亿	千	百	十	万	千	百	十	元	角	分	
合　　计																									

附原始凭证　　张

会计主管：　　　　记账：　　　　稽核：　　　　制单：

转账凭证

年　　月　　日　　　　　　　　______字第______号

摘　　要	总账科目	明细科目	借方金额											贷方金额											记账符号
			亿	千	百	十	万	千	百	十	元	角	分	亿	千	百	十	万	千	百	十	元	角	分	
合　　计																									

附原始凭证　　张

会计主管：　　　　记账：　　　　稽核：　　　　制单：

转账凭证

年　月　日　　　　　　______字第______号

摘要	总账科目	明细科目	借方金额											贷方金额											记账符号
			亿	千	百	十	万	千	百	十	元	角	分	亿	千	百	十	万	千	百	十	元	角	分	
合计																									

附原始凭证　张

会计主管：　　　　记账：　　　　稽核：　　　　制单：

转账凭证

年　月　日　　　　　　______字第______号

摘要	总账科目	明细科目	借方金额											贷方金额											记账符号
			亿	千	百	十	万	千	百	十	元	角	分	亿	千	百	十	万	千	百	十	元	角	分	
合计																									

附原始凭证　张

会计主管：　　　　记账：　　　　稽核：　　　　制单：

转账凭证

年　　月　　日　　　　　　　　　　______字第______号

摘　　要	总账科目	明细科目	借方金额											贷方金额											记账符号
			亿	千	百	十	万	千	百	十	元	角	分	亿	千	百	十	万	千	百	十	元	角	分	
合　　计																									

附原始凭证　　张

会计主管：　　　　　　记账：　　　　　　稽核：　　　　　　制单：

转账凭证

年　　月　　日　　　　　　　　　　______字第______号

摘　　要	总账科目	明细科目	借方金额											贷方金额											记账符号
			亿	千	百	十	万	千	百	十	元	角	分	亿	千	百	十	万	千	百	十	元	角	分	
合　　计																									

附原始凭证　　张

会计主管：　　　　　　记账：　　　　　　稽核：　　　　　　制单：

转账凭证

年　月　日　　　　______字第______号

摘要	总账科目	明细科目	借方金额											贷方金额											记账符号
			亿	千	百	十	万	千	百	十	元	角	分	亿	千	百	十	万	千	百	十	元	角	分	
合计																									

附原始凭证　张

会计主管：　　记账：　　稽核：　　制单：

转账凭证

年　月　日　　　　______字第______号

摘要	总账科目	明细科目	借方金额											贷方金额											记账符号
			亿	千	百	十	万	千	百	十	元	角	分	亿	千	百	十	万	千	百	十	元	角	分	
合计																									

附原始凭证　张

会计主管：　　记账：　　稽核：　　制单：

转账凭证

年　　月　　日　　　　______字第______号

摘要	总账科目	明细科目	借方金额											贷方金额											记账符号
			亿	千	百	十	万	千	百	十	元	角	分	亿	千	百	十	万	千	百	十	元	角	分	
合计																									

附原始凭证　　张

会计主管：　　　　记账：　　　　稽核：　　　　制单：

转账凭证

年　　月　　日　　　　______字第______号

摘要	总账科目	明细科目	借方金额											贷方金额											记账符号
			亿	千	百	十	万	千	百	十	元	角	分	亿	千	百	十	万	千	百	十	元	角	分	
合计																									

附原始凭证　　张

会计主管：　　　　记账：　　　　稽核：　　　　制单：

转账凭证

年　月　日　　　　______字第______号

摘要	总账科目	明细科目	借方金额											贷方金额											记账符号
			亿	千	百	十	万	千	百	十	元	角	分	亿	千	百	十	万	千	百	十	元	角	分	
合计																									

附原始凭证　张

会计主管：　　记账：　　稽核：　　制单：

转账凭证

年　月　日　　　　______字第______号

摘要	总账科目	明细科目	借方金额											贷方金额											记账符号
			亿	千	百	十	万	千	百	十	元	角	分	亿	千	百	十	万	千	百	十	元	角	分	
合计																									

附原始凭证　张

会计主管：　　记账：　　稽核：　　制单：

转账凭证

年 月 日 ______字第______号

摘要	总账科目	明细科目	借方金额											贷方金额											记账符号
			亿	千	百	十	万	千	百	十	元	角	分	亿	千	百	十	万	千	百	十	元	角	分	
合计																									

附原始凭证 张

会计主管： 记账： 稽核： 制单：

转账凭证

年 月 日 ______字第______号

摘要	总账科目	明细科目	借方金额											贷方金额											记账符号
			亿	千	百	十	万	千	百	十	元	角	分	亿	千	百	十	万	千	百	十	元	角	分	
合计																									

附原始凭证 张

会计主管： 记账： 稽核： 制单：

转账凭证

年　　月　　日　　　　　　　　　　______字第______号

摘　要	总账科目	明细科目	借方金额											贷方金额											记账符号
			亿	千	百	十	万	千	百	十	元	角	分	亿	千	百	十	万	千	百	十	元	角	分	
合　计																									

附原始凭证　　张

会计主管：　　　　　记账：　　　　　稽核：　　　　　制单：

转账凭证

年　　月　　日　　　　　　　　　　______字第______号

摘　要	总账科目	明细科目	借方金额											贷方金额											记账符号
			亿	千	百	十	万	千	百	十	元	角	分	亿	千	百	十	万	千	百	十	元	角	分	
合　计																									

附原始凭证　　张

会计主管：　　　　　记账：　　　　　稽核：　　　　　制单：

转账凭证

年　月　日　　　　______字第______号

摘　要	总账科目	明细科目	借方金额											贷方金额											记账符号
			亿	千	百	十	万	千	百	十	元	角	分	亿	千	百	十	万	千	百	十	元	角	分	
合　计																									

附原始凭证　张

会计主管：　　记账：　　稽核：　　制单：

转账凭证

年　月　日　　　　______字第______号

摘　要	总账科目	明细科目	借方金额											贷方金额											记账符号
			亿	千	百	十	万	千	百	十	元	角	分	亿	千	百	十	万	千	百	十	元	角	分	
合　计																									

附原始凭证　张

会计主管：　　记账：　　稽核：　　制单：

转账凭证

年　月　日　　　　______字第______号

摘要	总账科目	明细科目	借方金额											贷方金额											记账符号
			亿	千	百	十	万	千	百	十	元	角	分	亿	千	百	十	万	千	百	十	元	角	分	
合计																									

附原始凭证　张

会计主管：　　记账：　　稽核：　　制单：

转账凭证

年　月　日　　　　______字第______号

摘要	总账科目	明细科目	借方金额											贷方金额											记账符号
			亿	千	百	十	万	千	百	十	元	角	分	亿	千	百	十	万	千	百	十	元	角	分	
合计																									

附原始凭证　张

会计主管：　　记账：　　稽核：　　制单：

转账凭证

年　　月　　日　　　　______字第______号

摘　要	总账科目	明细科目	借方金额											贷方金额											记账符号
			亿	千	百	十	万	千	百	十	元	角	分	亿	千	百	十	万	千	百	十	元	角	分	
合　计																									

附原始凭证　　张

会计主管：　　　　记账：　　　　稽核：　　　　制单：

转账凭证

年　　月　　日　　　　______字第______号

摘　要	总账科目	明细科目	借方金额											贷方金额											记账符号
			亿	千	百	十	万	千	百	十	元	角	分	亿	千	百	十	万	千	百	十	元	角	分	
合　计																									

附原始凭证　　张

会计主管：　　　　记账：　　　　稽核：　　　　制单：

转账凭证

年　月　日　　　　＿＿字第＿＿号

摘要	总账科目	明细科目	借方金额											贷方金额											记账符号
			亿	千	百	十	万	千	百	十	元	角	分	亿	千	百	十	万	千	百	十	元	角	分	
合计																									

附原始凭证　张

会计主管：　　　记账：　　　稽核：　　　制单：

转账凭证

年　月　日　　　　＿＿字第＿＿号

摘要	总账科目	明细科目	借方金额											贷方金额											记账符号
			亿	千	百	十	万	千	百	十	元	角	分	亿	千	百	十	万	千	百	十	元	角	分	
合计																									

附原始凭证　张

会计主管：　　　记账：　　　稽核：　　　制单：

转账凭证

年　　月　　日　　　　　　　　______字第______号

摘　　要	总账科目	明细科目	借方金额											贷方金额											记账符号
			亿	千	百	十	万	千	百	十	元	角	分	亿	千	百	十	万	千	百	十	元	角	分	
合　　计																									

附原始凭证　　张

会计主管：　　　　　　记账：　　　　　　稽核：　　　　　　制单：

转账凭证

年　　月　　日　　　　　　　　______字第______号

摘　　要	总账科目	明细科目	借方金额											贷方金额											记账符号
			亿	千	百	十	万	千	百	十	元	角	分	亿	千	百	十	万	千	百	十	元	角	分	
合　　计																									

附原始凭证　　张

会计主管：　　　　　　记账：　　　　　　稽核：　　　　　　制单：

转账凭证

年　月　日　　　　______字第______号

摘要	总账科目	明细科目	借方金额											贷方金额											记账符号
			亿	千	百	十	万	千	百	十	元	角	分	亿	千	百	十	万	千	百	十	元	角	分	
合计																									

附原始凭证　张

会计主管：　　记账：　　稽核：　　制单：

转账凭证

年　月　日　　　　______字第______号

摘要	总账科目	明细科目	借方金额											贷方金额											记账符号
			亿	千	百	十	万	千	百	十	元	角	分	亿	千	百	十	万	千	百	十	元	角	分	
合计																									

附原始凭证　张

会计主管：　　记账：　　稽核：　　制单：

转账凭证

年　　月　　日　　　　　　　　＿＿字第＿＿号

摘　要	总账科目	明细科目	借方金额											贷方金额											记账符号
			亿	千	百	十	万	千	百	十	元	角	分	亿	千	百	十	万	千	百	十	元	角	分	
合　计																									

附原始凭证　　张

会计主管：　　　　记账：　　　　稽核：　　　　制单：

转账凭证

年　　月　　日　　　　　　　　＿＿字第＿＿号

摘　要	总账科目	明细科目	借方金额											贷方金额											记账符号
			亿	千	百	十	万	千	百	十	元	角	分	亿	千	百	十	万	千	百	十	元	角	分	
合　计																									

附原始凭证　　张

会计主管：　　　　记账：　　　　稽核：　　　　制单：

转账凭证

年　月　日　　　　______字第______号

摘要	总账科目	明细科目	借方金额											贷方金额											记账符号
			亿	千	百	十	万	千	百	十	元	角	分	亿	千	百	十	万	千	百	十	元	角	分	
合计																									

附原始凭证　张

会计主管：　记账：　稽核：　制单：

转账凭证

年　月　日　　　　______字第______号

摘要	总账科目	明细科目	借方金额											贷方金额											记账符号
			亿	千	百	十	万	千	百	十	元	角	分	亿	千	百	十	万	千	百	十	元	角	分	
合计																									

附原始凭证　张

会计主管：　记账：　稽核：　制单：

转账凭证

年　月　日　　　　______字第______号

摘　要	总账科目	明细科目	借方金额											贷方金额											记账符号
			亿	千	百	十	万	千	百	十	元	角	分	亿	千	百	十	万	千	百	十	元	角	分	
合　计																									

附原始凭证　张

会计主管：　　记账：　　稽核：　　制单：

转账凭证

年　月　日　　　　______字第______号

摘　要	总账科目	明细科目	借方金额											贷方金额											记账符号
			亿	千	百	十	万	千	百	十	元	角	分	亿	千	百	十	万	千	百	十	元	角	分	
合　计																									

附原始凭证　张

会计主管：　　记账：　　稽核：　　制单：